Gilbert und Christa Haufs-Brusberg

Balduins Burgen

Gilbert und Christa Haufs-Brusberg

Balduins Burgen

Eine Reise in die kurtrierische Vergangenheit

spee

Die Deutsche Bibliothek – CIP-Einheitsaufnahme

Haufs-Brusberg, Gilbert:
Balduins Burgen : eine Reise in die kurtrierische Vergangenheit /
Gilbert und Christa Haufs-Brusberg. – 1. Aufl. – Trier : Spee-Verl., 1997

ISBN 3-87760-059-X

1. Auflage 1997
Umschlaggestaltung: Wolfgang Heid
Umschlagmotiv: Burg Eltz
(Foto: Landesbildstelle Rheinland-Pfalz)
Gesamtherstellung: Paulinus-Druckerei GmbH, Trier
ISBN 3-87760-059-X

Inhalt

ERSTE REISE

Regierungsbezirk Trier mit Abstechern

ZWEITE REISE

Regierungsbezirk Koblenz mit Abstechern

Dritte Reise

Saarland, Regierungsbezirk Rheinhessen bis Bayern

Die erste Reise

Regierungsbezirk Trier mit Abstechern

Balduin von Luxemburg

Trier und Kreis Trier-Saarburg

Der Beginn einer Karriere
Der Palast zu Trier ***

Karriere zu machen war im Grunde allen Söhnen des luxemburgischen Grafen Heinrich VI. vorbestimmt, eines tüchtigen Mannes, der in schwierigen Zeiten des Reiches seine Grafschaft und die Interessen seiner Familie zusammenhielt. 1285 wird Balduin geboren, als jüngster von vier Söhnen und sechs Töchtern. Wenn das Mittelalter Familiengeschichte ist, dann nicht ganz unwesentlich eine solche hervorragender Frauen und Mütter. Das, was sich die junge Witwe Loretta von Sponheim im Juni 1328 mit unserem Kurfürsten leistet, geht an Mut und Verzweiflung über das hinaus, was Beatrix, die Tochter Baldewins von Avesnes, die Mutter unseres Kurfürsten, an erfolgreicher Erziehung zustandebringt. Ihr Mann fällt am 5. Juni 1288 in der Schlacht von Worringen. Ein Heldenstück persönlichen Mutes und großer Tapferkeit, wir kommen hierauf noch zurück. Beatrix zieht ihre Kinder groß und sorgt für deren standesgemäße Ausbildung.

Balduinsbrunnen in Trier

Diether von Nassau hatte 1307 abgewirtschaftet – in jeder Beziehung: Der Glanz des erzbischöflichen Stuhls war verblaßt, Diether kaum vierzehn Tage tot, das Trierer Domkapitel machte sich Gedanken über die Wahl eines Erzbischofes. Nicht immer bewiesen die Angehörigen dieses Ur-Trierer Wahlgremiums, die Söhne einiger Niederadelsfamilien aus Eifel, Hunsrück und Stadt, eine so glückliche Hand wie am 7. Dezember des Jahres 1307.

Balduin war erst 22 Jahre alt, als ihn die Nachricht seiner mehrheitlichen Wahl in Paris erreichte. Dorthin war er bereits mit dreizehn Jahren, um 1299, auf Betreiben seiner Mutter und in Begleitung hervorragender Lehrer, geschickt worden. Dort blieb er, im Zeitalter Ludwigs des Schönen, ungefähr fünf Jahre und studierte Grammatik, Logik, Dialektik, Rhetorik, Poetik, Naturwissenschaften und Mathematik, auch Astronomie.

Er hatte sich für den geistlichen Stand entschieden. Überzeugend war die Wahl wohl auch für die widerspenstigen Trierer Domherren, weil Balduin, ausgestattet mit dem fürstlichen Erbe seines Vaters und einer einflußreichen, finanziell höchst interessanten Verwandtschaft, Gewähr dafür bot, daß das, was Diether von Nassau in wirtschaftlicher und politischer Hinsicht angerichtet hatte, wieder in geordnete Bahnen gelenkt werden konnte. Die Herren der Kurie, die meist aus einfachem Adel des Trierer Landes stammten, hatten sich nicht verrechnet.

Jetzt aber endlich zu unserer ersten Burg: dem Palast zu Trier. Der Einzug in Trier erfolgte nicht unmittelbar nach der Wahl zum Erzbischof, denn zunächst hatte die Ernennung zu er-

Basilika

folgen. Dies geschah am 12. Februar 1308 durch Papst Clemens V.
Am 11. März wird Balduin vom Papst in der Kathedrale zu Poitiers zum Bischof geweiht. Dann ist es soweit: Am 2. Juni 1308 zieht der 22jährige in Trier ein. Der Jubel der Trierer ist sicherlich echt und gut gemeint, ruhen doch Hoffnungen auf bessere wirtschaftliche und politische Verhältnisse auf diesem jungen Mann. Über die Einzelheiten des feierlichen Einzugs sind wir bestens informiert, ließ unser Kurfürst doch später die wesentlichen Etappen seines Lebens als Anhang zu seinem Lebenswerk, dem »Codex Balduineum« zeichnen und colorieren. Die Festlichkeiten fanden sicherlich in der Kathedralkirche statt. Wohnung bezog Balduin in der Herrscherresidenz par excellence: der zu einer Burg umgebauten Palastbasilika. Dieser von Kaiser Konstantin, dem ersten »großen Trierer«, errichtete, monumentale Backsteinbau mißt immerhin ca. 70 x 30 Meter und wies auch Anfang des 14. Jahrhunderts, »unserem Jahrhundert« also, eine Mauerhöhe von fast 30 Metern auf. Von der römischen Dachkonstruktion (30 Meter lichte Weite!) war sicherlich nichts mehr vorhanden, denn spätestens nach dem gründlichen Zerstörungswerk der Normannen, am 5. April 882, stürzte der verblaßte Glanz der römischen Weltstadt in Glut und Asche zusammen. Den bis zu 2,70 Meter hohen Backsteinwänden der kaiserlichen Palastaula konnte dies kaum schaden. Wie in anderen monumentalen römischen Ruinen der Stadt Trier, wir werden die Barbarathermen noch besuchen, machten sich die ritterlichen Baumeister das Vorhandene zunutze und bauten die Basilika in eine Burg um. Die riesige Apsis wurde zu einem Turm umgestaltet, der auf einer Zeichnung aus dem Jahre 1616 als »Heidenturm« mit einem hohen Dach zu sehen ist.
Die großen, lichten Fenster des römischen Prachtbaues waren natürlich zugemauert, so daß der Bau nunmehr eine unvergleichliche Sicherheit inmitten der Landeshauptstadt bot. Von hier aus nahmen die Erzbischöfe und Kurfürsten die Regierungsgeschäfte wahr. Schon seit 902 stehen unserem Erzbischof die Einkünfte aus der königlichen Pfalz zu, damit sicherlich auch der Palast selbst. Hunold II. von Isenburg-Braunsberg mußte sich in die Basilika zurückziehen, auf der Flucht vor einem streitbaren Trierer Adligen, Rudolf von der Brücken, der das Pech hatte, nur von einer Minderheit der

Basilika, Innenansicht

Domkurie zum Erzbischof gewählt zu werden. Seine Heimstatt werden wir noch besuchen.
Der Nachfolger, Heinrich von Finstingen, kräftig dreinschlagend, rücksichtslos, baute auch den Palast wehrhaft aus. Von ihm stammt möglicherweise die Befestigung mit vier kleinen Türmen an den Ecken des gewaltigen Langhauses. Zwei Keller wurden gefunden, einer unter der Apsis, einer an der Südostecke (die Apsis zeigt nach Norden), von denen einer als Schatzkammer diente. Wir haben uns das Innere der Palastaula mit Häusern zugebaut vorzustellen, die sich im Schatten der riesigen Außenmauern drängen. In der Mitte der Längsachse war durch eine mächtige Mauer ein Hof geschaffen worden. Von Balduin ist überliefert, daß er Verhandlungen »in der Schlafkammer des Palastes« führte. Die Suche nach Balduins Palast kann bereits in einem bequemen Stuhl, ein Glas Moselwein goutierend, auf dem Platz vor der Westwand der Basilika sitzend, enden, denn an mittelalterlichen Bauresten ist so gut wie nichts mehr vorhanden, wobei aber der mittelalterliche Eingang noch aufgespürt werden kann.
Er ist zur Stadtseite, in der Westwand, vor der wir uns ermattet niedergelassen haben, zu finden, indem wir das siebente durch Pfeilervorlagen begrenzte Fensterfeld von oben (Norden) abzählen. Der Eingang muß recht bescheiden gewesen sein, dafür aber sicher.
Natürlich wird unser Palast mit drei *** als unbedingtes »must« des Balduinreisenden dekoriert.

Das Warmluftbad
Burg Brücken

Vom Zentrum der Macht, dem Palast aus, ist der Platz, wo das Trierer Adelsgeschlecht »von der Brücken« oder vornehmer »milites de ponte« hauste, in 15 Minuten per pedes zu erreichen. Wer die Südallee in Richtung Mosel spaziert, entlang der ehemaligen mittelalterlichen Stadtmauer, der sieht bald, daß die Reste der Barbarathermen außerhalb der mittelalterlichen Stadtmauer lagen. Hier hatte sich das Trierer Ministerialengeschlecht einquartiert, nicht weit von der römischen Moselbrücke entfernt. Die damals noch über drei Geschosse hochragenden römischen Mauern der Badeanlage boten mit einigen Ergänzungen Wohnung und Schutz für eine ganze Familie. Von dem mittelalterlichen Bau ist außer der Trümmeranlage, die einem ganz eigenen Dornröschenschlaf mitten in der Stadt frönt, nichts mehr zu sehen. Ein Treppenturm an der Nord-West-Ecke des Tepidariums (Warmluftbad) ist mit 6 x 6 Meter auf einer Darstellung aus dem 17. Jahrhundert noch ebenso zu sehen wie romanische Fenstereinbauten.
Die durchaus noch imposanten römischen Reste sind mit den mittelalterlichen Bauten seit 1366 zum Abbruch gekommen und noch 1610 zum Bau des Jesuitenkollegs steinbruchmäßig verwendet worden, so auch die beiden verbliebenen mittelalterlichen Bergfriede der alten Grafenbehausung, von denen der kleinere »Richardsturm« benannt wurde. Dennoch lohnt sich der Besuch der nur noch unterirdisch zu besichtigenden Anlage. Unser Kurfürst hatte besonderes Interesse an dieser Burg unmittelbar vor den Mauern seiner Residenzstadt, probten doch gerade die Adelsgeschlechter des Trierer Landes den Widerstand – auf ihre althergebrachten Freiheitsrechte pochend. Wichtig war für Balduin also die vertragliche Einbindung, die dann am 27. Februar 1330 über Haus und Turm Brücke mittels eines Lehensvertrages mit Johann von Oeren, der auch Trierer

Bürger war, geregelt wird. Die umfangreiche Burganlage ist Gegenstand des besonderen Interesses unseres Erzbischofs, erscheint sie doch in der Urkundensammlung der Lehensverhältnisse noch öfter: am 10. Dezember desselben Jahres als Turm, nur sechs Jahre später als »Haus oder Befestigung innerhalb der Burg Brücken«, am 1. Januar 1340 nochmals als Haus oder Befestigung, diesmal »zwischen den Türmen nahe bei den Mauern«.
Verträge hin, Verträge her, noch 1351 (also wenige Jahre vor seinem Tode) beklagt er sich bitterlich über Burg Brücken, weil »etzliche burgere teil haben zu Brucke, und ez von uns mit entphan, das doch unser und unseres stiftes eigen ist und zumale von uns zu lehen ruret.«

Burg Euren

Der Quälgeist

Wenn der Weg das Ziel sein soll, erinnern wir uns bei der Überquerung der Mosel, daß die römischen Pfähle, die die älteste noch benutzte Brücke nördlich der Alpen trugen, aus dem Jahre 16 v. Chr. stammen, daß die erste steinerne Brücke, also auch die ursprünglich hölzerne Fahrbahn, von Balduin herrührt. Die Umwandlung in einen reinen Steinbau ist dendrochronologisch auf das Frühjahr (!) 1347 festgelegt worden. Für Balduin war dieser monumentale Verkehrsbau nur die Konsequenz nach der weithin bewunderten Errichtung der Moselbrücke von Koblenz zwischen 1332 und 1338.
Es ist typisch für unseren Kurfürsten, diese wichtige Brücke auch noch bewehrt zu haben: mit zwei Tortürmen, nämlich auf den Steinpfeilern Nr. 2 und Nr. 6, von der Angriffseite (Westen) her gesehen.
Fahren wir nun nach Euren und beginnen dort mit der »guten Nachricht«. Am 3. Juli 1332 erhalten Bonifaz von Schönecken und sein Bruder Gerhard Turm und Hof in Euren als Offenhaus des Trierer Erzstiftes zu Lehen. Ersterer ist übrigens ein Enkel des bekannten Trierer Schultheißen Bonifaz, der 1300 bei einem Volksaufstand die Stadt verlassen mußte. Die Burg selbst ist schon im 11. Jahrhundert als »Steinhaus« bezeugt und spielt im 15. Jahrhundert eine Rolle, als der raublustige Junker Spies von Falkenhain mit einigen anderen Gesellen die Burg überfällt und die Gegend beunruhigt.
Kurfürst Johann II. muß mit Soldaten vor die Burg rücken und mehrere Raufgesellen gefangennehmen, die dann die Urfehde beschwören, also einen Friedensvertrag, eine Art Unterwerfung, zu erklären hatten. Ganz interessant ist, daß als Zeuge in dieser Urkunde ein Johann Boos von Waldeck auftaucht, Sprößling einer Trierer Familie, die noch bei Clemens Wenzeslaus bis ins Jahr 1794 eine Rolle spielt. Die Burg wurde zum ersten Mal 1589 abgebildet – als Kopie einer noch älteren Darstellung. Zu erkennen ist die Eurener Kirche, der »Dreibein«, also der Galgen des Hochgerichtes, rechts davon ein schwerer, viereckiger Wehrturm mit je zwei Fenstern im Obergeschoß.
Er dürfte so ähnlich ausgesehen haben wie der Frankenturm in der Dietrichstraße in Trier. Wer mehr von diesem interessanten Gebäude wissen will, ist auf einige Aufsätze in der Eurener Chronik aus den 20er Jahren dieses Jahrhunderts angewiesen, während die zuverlässige Reihe »Kunstdenkmäler der Rheinprovinz«, die uns ansonsten aus nahezu jeglicher Informations-Zwickmühle hinausführte und sich als geliebter Mentor erwies, hier als Quelle völlig versagt. Dom und Sakralbauten sind verdienstvoll beschrieben, die wichtigen Profanbauten fehlen hingegen. Lediglich ein un-

vollständiges Manuskript ist aufzutreiben. Unserem Kurfürsten, »Erfinder« seines Balduineums, würden die Haare zu Berge stehen. Schließlich begegnen wir bei ihm immer wieder einem wesentlichen Charakterzug, seiner konsequenten Tüchtigkeit oder tüchtigen Konsequenz, die nach Möglichkeit nichts unvollendet läßt.
»Hochherzig, gerecht, Licht des Vaterlandes, von feinem Verstand« stand auf der verschwundenen Grabinschrift.
Aber damit sind wir schon viel zu weit. Wenn wir uns weiter mit der kurtrierischen Lehensburg Euren beschäftigen wollen, bleibt es bei der weiteren traurigen Nachricht, daß die Wasserburg am 4. Februar 1776 nach einem Sturmwind einstürzte.
Die Fenstersteine sollen vielleicht im alten Schulhaus eingemauert worden sein. Der Standort der Burg wird verdienstvoll von einem Lehrer, wie sollte es anders sein, ausgemacht, und zwar zwischen dem Helenenbrunnen ausgangs des Ortes und der Burgmühle am Ortseingang. Aufzufinden ist nur noch die »Burgmühlenstraße«.

Wiederentdecktes Pfalzel **
Die säkularisierte kurfürstliche Burg

Der zu Trier gehörende Stadtteil ist zu entdecken, indem sportlich in die Pedale getreten wird. Linksseitig der Mosel, an den mächtigen, roten Sandsteinfelsen entlang, führt ein gut ausgebauter Fahrradweg in das ehemalige Dorf, welches nach wie vor eher städtischen Charakter hat. Wer mit dem Fahrrad die Hochwassertore passiert und an das nördliche Ende von Pfalzel gelangt, erblickt dort beeindruckende Bastionen nebst Graben der ehemaligen Stadtmauer. Die Burgstadt war im 16. Jahrhundert mit sechs für Feuerwaffen gedachten Bastionen versehen worden, fertiggestellt unter Kurfürst Johann III. von Metzenhausen (1531–1540), übrigens eine interessante, auf religiösen Ausgleich bedachte Persönlichkeit. Obwohl Pfalzel ihm eines seiner wichtigsten Kulturdenkmäler zu verdanken hat, erinnert keine Straße an diesen Mann, dafür gibt es aber so bedeutende Wortschöpfungen wie »Zur Wallmauer« oder »Ringstraße« oder »Mäusheckerweg«. Von letzterer herkommend, stößt man auf mittelalterliche Stadtmauerreste, wo einmal ein veritables Stadttor vorhanden war, welches den Bombennächten des Jahres 1944 zum Opfer fiel. Das Tor ist immerhin noch angedeutet.
Schon ein kurzer Rundgang offenbart den herrschaftlichen Charakter dieser kleinen Stadt und ihre architektonische Geschlossenheit, die durch die noch vorhandenen Teile der Stadtmauer bestimmt wird. In praktisch jeder Straße sind architektonische Kleinodien zu entdecken. Wir aber sind auf der Suche nach unserer erzbischöflichen Burg. In der Nähe des ehemaligen kurtrierischen Amtshauses, welches wunderbar restauriert wurde, stoßen wir auf die Burgstraße und sind natürlich sofort hellwach, zunächst jedoch auf einem Holzweg. Besser ist der Zugang von der Stiftstraße her zu nehmen, denn die Stadt hat den ehemaligen westlichen Burggraben, der mit Wasser gefüllt war, durch einen Gehweg erschlossen. Der Gehweg führt zum westlichen Burgtor, dem Zugang zur Burg.
Von außen kommend, sollte man vor diesem fast 14 Meter hohen, rechteckigen Turm verharren: Sandsteinquader, zwei Wappen des Erzbischofs Johann von Baden (1450–1503) und ein spitzbogiger Durchgang zum ehemaligen Innenhof der Burg.
Die grauen Sandsteinquader sind mit Rundstäben und sauber gehauenen Hohlkehlen profiliert. Rechts und links schließt sich die Burgmauer an.

Auf der rechten Seite der Mauer befinden sich Gruppenfenster mit sorgfältig gehauenen Dreipaßblenden.
Alles ist gut erkennbar – ohne restauriert zu sein. Die Burg ist insgesamt »vermauert«, also von Wohnhäusern eingenommen, die sich in die stolzen mittelalterlichen Reste des Wehrbaus hineingesetzt haben. Nördlich, das heißt links vom Torturm, ist noch sehr schön einer der beiden Dreivierteltürme zu erkennen, nunmehr auch, wie alles in Pfalzel, genutzt. Der Turm ist leider von einem Pultdach verunziert. Wie einfach wäre es, diesen Turm wieder auf halbe Höhe aufzubauen.
So haben wir aber vom Westen her, aus den Hinterhöfen und Gärten der anliegenden Häuser, einen guten Eindruck von einer Längsseite der ehemaligen Wasserburg, die ein Rechteck vom 64 x 35,50 Meter bildete. Das große Palasgebäude ist moselseitig durch zwei riesige, fast schon modern und nachträglich eingefügt scheinende Rechteckfenster auf der Südseite, von der Stiftstraße aus, zu erkennen. Um den Umfang der Anlage, insbesondere den zweiten nördlichen Halbturm zu entdecken, spaziert man am besten durch das Burgtor in das Innere bis zur hervorragend restaurierten Stiftskirche. Vom Kirchplatz aus ist der gesuchte Halbturm gut zu sehen. Er ist in ein gepflegtes Wohnhaus integriert – oder soll man besser sagen, das Wohnhaus hat sich eingenistet. Wenn wir uns jetzt die Standorte des Burgtores, der westlichen Burgmauer und der beiden Halbtürme vergegenwärtigen, so wird das große Rechteck deutlich. Mit etwas Phantasie ist der Burggraben wiederhergestellt, Wasser eingelassen – und plötzlich fehlt doch noch etwas: natürlich der Bergfried.
Ein Stich vom Palentz des Jahres 1549, den man sich im Restaurant des Stiftsklosters zeigen lassen sollte, weist einen solchen als das höchste und imposanteste Gebäude der Burg aus. Nachgewiesen wurde er aber nur in Kellerresten: In Haus Nr. 10 wurde Sandstein mit römischem Ziegel-Mauerwerk rechts vom Eingang freigelegt. Dies könnten die spärlichen Reste des Mauerwerkes sein.
Daß hier römische Ziegel auftauchen, ist überhaupt kein Wunder, haben wir doch bei der Burg derer von Brücken erfahren, was mit römischem Mauer-

Pfalzel

werk geschehen ist. Die Römer hatten einen schloßartigen Bau errichtet: das Palatiolum. Diese Palastanlage war in der Ausdehnung weit größer als die mittelalterliche Burg, die im 12. Jahrhundert hineingebaut wurde. Graf Albero von Montreuil (1131–1152), der »Teufel von Metz«, zerschnitt die römischen Ruinen und baute in den weiter östlichen Teil die Stiftskirche ein. Albero blieb nichts anderes übrig, denn ein Ludwig de Ponte hatte den Palast besetzt, der, wie wir ja wissen, schier uneinnehmbar war.

Dies alles ist mit wachen Augen noch sehr schön in natura zu erkennen, denn in den letzten Jahren hat sich das Wort Denkmalpflege herumgesprochen. Das Fahrrad parkt derweil vor den Arkaden des Kreuzgangflügels des ehemaligen Stiftes, dessen Inneres aus zwei Gründen einlädt, zum Schauen und zum Rasten, denn ein guter Schoppen Wein wird hier kredenzt. Im Sommer ist es Brauch, mit dem »Pfalzeler Bötchen« von Zurlauben aus die Hochseefahrt nach Pfalzel anzutreten, im Garten des ehemaligen Stiftes die Ruhe zu genießen und der allen Unkenrufen zum Trotz florierenden Moselschiffahrt zuzuschauen.

Ein erster Höhepunkt

Balduins Landesburg Ramstein * * *

Von Trier aus fährt man über Ehrang, dann links kyllaufwärts, in Richtung Kordel. Alle Kinder sollten dem Vater gleich lieb sein, dennoch gibt es immer wieder Lieblinge. Von allen Burgen, die wir aufsuchten, entdeckten, verbissen suchten oder nie fanden, sind uns diese und jene plötzlich in besonders angenehmer Erinnerung geblieben. Ramstein ist ein Kleinod. Das Tal der Kyll weitet sich, und ein Buntsandsteinblock schiebt sich auf halber Höhe der dunkel bewaldeten Berge in das Tälchen vor. Am vorderen Ende des Sandsteinriffs steht der viereckige Wohnturm, zum Teil auf einer bis zu fünf Meter überragenden Felsplatte. Die Ruine wurde in jüngster Zeit wieder gesichert und ordentlich verfugt. Das Fahrrad kann man mitnehmen. Das Auto sollte man aber am Fuße der Burg auf einem Parkplatz stehen lassen und der Versuchung widerstehen, über einen bequemen Weg bis vor das Gasthaus der jetzigen Besitzer der Burg zu fahren. Der kurze und unproblematische Aufstieg über den südwestlichen Weg lohnt, schon wegen des imponierenden Anblickes vom Fuße des Burgfelsens gegen einen – bisweilen – stahlblauen Himmel und, Liebe zum Detail, wegen zweier Gesichter, die auf eigenartige Weise in die beiden, zum Teil noch aufrechtstehenden, sandsteinernen Wegbegrenzungen eingehauen sind. Der Zugang zur Burg selbst führt am Gasthof vorbei, der anstelle der Zehntscheune errichtet wurde, am ersten Felsen, der vor dem Burgfelsen durch einen künstlichen Halsgraben getrennt ist.

Burg Ramstein

Das Material des mühsam von Leibeigenen geschaffenen, künstlichen Burggrabens diente auch hier zum Bau des Gebäudes, welches sich unmittelbar vor uns erhebt, auf praktisch gleicher Ebene.
Der Zugang ist durch eine Holzbrücke gewährleistet.
Sicherlich war früher eine Fallbrücke vorhanden. Die rechteckige Burg füllt praktisch den gesamten Hauptfelsen aus, der nach allen Seiten hin steil abfällt. Der Eingang kann deshalb ebenerdig liegen, auch das Erdgeschoß hat schon Fenster. Der rechteckige, trapezförmige Wohnturm mißt nur 8,20 x 10,35 Meter, könnte also noch heute, deshalb wohl die geheime Liebe zur Burg, einer Familie eine angenehme Wohnstatt bieten. Das Haus war etwa 25 Meter hoch. Jedes der vier Geschosse hatte einen großen, wärmenden Kamin.
Die Zugänge zu den einzelnen Etagen sind jetzt noch gut zu erkennen. Sie führen durch enge Treppentürme.
Von der Burg aus konnte man also unmittelbar den durch das Tal führenden Weg beherrschen.
Der rechteckige Bau zeigt an zwei Ecken Tournellen, also Türmchen. Ein düsterer Rundturm oder ein fensterloser, nur mit Schießscharten versehener Bergfried fehlt. Auch die Fenster fallen auf, unterstellt, sie seien zur Zeit Balduins bereits so ausgeführt worden, wie es angesichts der gotischen Dreipaßblenden denkbar ist. Die Fenster sind recht groß, das Gebäude im Inneren hell. Dies ist eine angenehme Wohnburg, keine kalte Festung.
Dem Bau liegt ein klarer, einheitlicher Plan zugrunde, auf den Balduin ganz sicher persönlichen Einfluß hatte. Schließlich legte er ganz besonderen Wert auf die Ausführungen der Wehrbauten in seinem Erzstift, die er als Grundpfeiler seiner Macht oder seines Verständnisses einer gottgefälligen

Ramstein, Innenansicht

Herrschaft betrachtete. Hiervon ist, unter hohen Kastanienbäumen sitzend, noch heute überwältigend viel zu spüren.
Wie es sich für eine Burg dieser Zeit gehört, sind Wehrerker und Schießscharte vorhanden. Gut zu erkennen sind auch die Rudimente der Holzerker. Kurzum, wer sich in die Mitte der teilweise und glücklicherweise wieder gesicherten, 1,35 Meter dicken Außenwände stellt, kann schauen und schauen und träumen, wie hier im 14. Jahrhundert eine Burg erbaut wurde.
Kurfürst Diether haben wir schon erwähnt. Er war es, der es nicht fertigbrachte, diese Burg ordentlich wiederherzustellen. Dies mußte von Balduin übernommen werden, nachdem ein Ritter sie rechtswidrig besetzt hatte. Eine Unmenge Nachrichten haben wir über den jeweils baufälligen Zustand der Burg und die Verpflichtung des einen wie des anderen Besitzers, sie wieder herzurichten. 1674 wurde die Burg durch List genommen und etwas später angezündet. 1673 hatten fran-

zösische Truppen das Erzstift besetzt. Die Stadt Trier mußte mit 31000 Reichstalern Federn lassen, das Land wurde grausam verheert.
Nunmehr können wir aber von der Terrasse des Gasthauses aus einen friedlichen Blick in das Kylltal genießen. Die Terrasse selbst ist das Überbleibsel einer halbbogenförmigen Wehrmauer, die auch auf der gegenüberliegenden, nördlichen Seite des Burgberges vorhanden war.
Im Flur der Gaststätte entdecken wir ein sehr schönes Wappen des Erzbischofs Richard von Greiffenklau vom ehemaligen Brunnen, das wir wie folgt (mühsam) entziffern:
»Richart Griffenclau vonn Volraczs Ertzbischoff zu Trier und Choerfürst hait mich thoen dringen usz diessem Filschen springen. Anno XVC XXII«.
Greiffenklau ließ 1522 von einer zuverlässigen, munter springenden Quelle eine geheime Tonrohrleitung herleiten. Richard von Greiffenklau-Vollraths, 1511–1531, werden wir noch einmal auf Ehrenbreitstein begegnen, das heißt, seiner wunderschönen Kanone.
Richard führte im Grunde die Politik Balduins fort, nämlich die der Selbständigkeit gegenüber Kaiser und Reichsritterschaft. Mit letzteren hatte Richard es auch handgreiflicherweise zu tun, denn Franz von Sickingen hob an, die Trierer Bürger von dem »schweren antichristlichen Gesetz der Pfaffen zu befreien und zu evangelischer Freiheit zu erlösen«. Aus der Erlösung wurde, wie bekannt, nichts. Trier blieb katholisch.
Vom Garten aus, so von unten aus betrachtet, bietet diese Burg schon einen ersten Schritt zu Balduin, so wie wir ihn weiter auch kennenlernen werden: Die Burg befindet sich nicht auf einsamer, windumpeitschter, sondern auf halber Höhe, dem Tal zugeneigt auf einem Felsvorsprung.
Erhaben, dennoch nicht einsam.

Die Burg eines Amtmannes
Das uneinnehmbare Welschbillig *

Mitten in einen römischen Ruderteich hinein setzten die trierischen Kurfürsten ihre Landesburg. Dieser künstliche Teich war in einen nach Osten abfallenden Hang hineingebaut worden. Er diente einer römischen Prachtvilla zur Zierde. Der Teich selbst war mit einer großen Zahl von Hermenbüsten verziert, von denen siebzig im Trierer Landesmuseum vorhanden und zum Teil zu besichtigen sind. Es handelt sich um Portraitdarstellungen von Römern, Griechen, Germanen, Dakern usw. Noch in den letzten Jahren fanden Welschbilliger Bauern den einen oder anderen Kalksteinkopf beim Pflügen im Feld. Die Anlage der Wasserburg ist noch sehr schön zu sehen, wenn auch die neue katholische Pfarrkirche – die im Gegensatz zu der nicht mehr vorhandenen alten keine besondere Tradition hat – den südlichen Teil der Burg, also Mauern und Graben, völlig überbaut.
Die Wasserburg wurde in den jetzigen Formen wohl von Erzbischof Arnold II. von Isenburg-Braunsberg (1242–1259) erstellt, während zuvor lediglich ein Turm, besetzt mit vier Knechten, zwei Wächtern und einem Pförtner vorhanden war. Die Burg war uneinnehmbar, wovon wir, vor dem Haupttor stehend, einen Eindruck gewinnen, wenn wir den Blick nach links richten.
Die Burg war fast quadratisch und besaß vier Dreiviertel-Rundtürme an den Ecken der Umfassungsmauern.
Das Burgtor ist im Grunde ein eigenständiges Torhaus mit zwei Türmen und vier Geschossen. Glücklicherweise sind Erhaltungsarbeiten vorgenommen worden, so daß noch die charakteristischen Dreipaßverblendungen der nur fünfundzwanzig Zentimeter breiten, aber sehr hohen Fenster im ersten Geschoß ebenso zu sehen sind

wie das Einstiegsloch für das Gefängnis im Sockelgeschoß und das Treppentürmchen für das Obergeschoß. Kurzum, es handelt sich um ein mit Sorgfalt gebautes, eigenes Verteidigungswerk.
Dieses schützt den Eingang, der nunmehr mittels einer steinernen Brücke, die einen neun Meter breiten Graben überwindet, zu erreichen ist. Wer durch das Tor in das Innere der Burg marschiert, an den Wachstübchen vorbei, steht vor dem kurtrierischen Amtshaus des Johann Hugo von Orsbeck (1676–1711), der gegen Ludwig XIV. einen äußerst schweren Stand hatte, indes aber das tat, was er tun konnte, wenn auch oft notgedrungen von Ehrenbreitstein aus. Von dort aus mußte er zusehen, wie die Franzosen das Erzstift gnadenlos verwüsteten, so auch 1689 die Stadt Welschbillig. Jawohl: Stadt! Auf dem alten Stadtsiegel ist neben dem trierischen Kreuz sehr schön die Burg mit einer mächtigen Stadtmauer zu erkennen. Immerhin war Welschbillig nicht nur Sitz eines von Balduin im Zuge seiner berühmten »Verwaltungsreform« errichteten Amtes, vielmehr erhielt das damalige kurtrierische Landstädtchen bereits 1291 das Recht der Reichsstädte. Wall, Graben und Mauern, Türme und Stadttore wurden jahrhundertelang stolz gepflegt.
Vielleicht bildete sich sogar so etwas wie städtische Kultur, denn das Trierer Jesuitenkolleg unterhielt dort ein Haus, die sogenannte »Welschbilliger Universität«. Dieses städtische Bewußtsein ist in jüngerer Vergangenheit nicht mehr gepflegt worden. Von der Einebnung des südlichen Teils der Burg abgesehen, sind sogar die Stadtmauern weitgehend verschwunden oder verbaut, die stolzen Tore ebenfalls. In letzter Zeit jedoch versucht die Gemeinde, das Andenken an eine bemerkenswerte Vergangenheit durch Aufmauern des einen oder anderen

Welschbillig

Stückes der Stadtmauer zu wecken. Wer Mauern nur als lieblose Steine und nicht als Ausdruck des Wirkens unserer Vorfahren sieht, muß eben noch viel lernen. Wer seine Vergangenheit nicht kennt, lebt nur für den Augenblick, kann nicht wissen, was künftig Bestand haben wird. Man denke sich in Welschbillig die Reste der kurfürstlichen Burg weg, wovon unterscheidet sich dann das Dorf noch von anderen?
Immerhin, das Bewußtsein scheint sich zu ändern. Mauern, die einmal Bedeutung hatten, werden nicht mehr wahllos niedergerissen. Nicht mehr werden alte Türen durch Aluminium ersetzt, Natursteinfassaden mit Eternit verplattet, Sandsteinfenstergewände herausgerissen und modern vergrößert, jedes bei der Straßenerweiterung störende alte Haus schlichtweg abgerissen, ausradiert.
In einem Museum leben will natürlich keiner, aber ebensowenig in einer gesichtslosen Allerweltssiedlung, die

modern, bequem und anonym ist. Das alles überlegen wir uns, während wir durch das Dorf spazieren und die alten Grenzen, die alte Stadtmauer suchen. Wir finden auch den einen oder anderen freundlichen Hausbesitzer, der uns die Augen öffnet für Teile von Türmen und Toren in den jetzigen Wohnhäusern, die zum Teil auch schon von den betreffenden Hausbesitzern selbst kenntlich gemacht, farblich abgesetzt wurden.
Ein interessantes Beispiel ist wohl das ehemalige Trierer Tor (Schanktor).
Es tut sich also doch etwas im Bewußtsein der Bürger von »Pilliche«.

Der versteckte Adelssitz
Die Wasserburg Föhren ***

Von der im Landkreis Trier-Saarburg am nördlichsten gelegenen Burg Welschbillig aus fahren wir über Ehrang zurück, passieren den fünften römischen Meilenstein (Quint) und gelangen in das Dorf Föhren, um einen uralten Adelssitz, noch immer als solcher bewohnt, aufzuspüren. Die nachmalig gräfliche Familie Kesselstatt hat diesem Dorf eine noch heute durch verschiedene Bauwerke nachwirkende Atmosphäre verliehen.
Das Schloß selbst liegt recht versteckt, von bewaldeten Bergen umgeben in einer Talsenke.
Wir lassen uns die Lage beschreiben, suchen dennoch zunächst vergebens, um dann vor dem Außentor ausruhen zu können. Wir setzen uns vor einen von Linden beschatteten Säulenbaldachin und lassen das Ambiente auf uns wirken. Wer höflich fragt, dem öffnen sich auch private Türen, dem erschließt sich auch die ehemalige Wasserburg. Das, was Ritter Cono von Kuntzich (bei Thionville) am 1. Januar 1340 unserem Kurfürsten verkaufte und sich als Lehen im Gegenzug bestätigen ließ, nämlich ein »castrum seu fortalicium«, ist noch als Südflügel der Wasserburg vorhanden. Die drei anderen Flügel sind im 17. Jahrhundert erneuert und schloßartig ausgebaut worden. Wunderschön zu erkennen ist der ehemalige Wassergraben, der die fast quadratische, nicht allzu große Burg beschützt.
Die ganze Anlage ist schlichtweg traumhaft zu nennen. Es ist zwar in jedem Jahrhundert dazugebaut worden, das Ganze stellt aber eine in Harmonie gewachsene Vielfalt adeliger Wohnkultur dar. Das Schloß bietet das Bild eines nicht restaurierten, dennoch angemessen gepflegten Anwesens, fernab jener Bauwut, die, das Alte geringschätzend, Traditionen vergißt, um sich selbst zu überschätzen. Das hat es hier nicht gegeben. Hier ist offensichtlich konservativ gebaut worden. Wer diesen oder ähnlichen Gedanken nachzuhängen vermag, dem wird bei dieser Burg das Herz aufgehen.
Der Name Kesselstatt leitet über zu einem Stichwort, einem der wichtigen im Zusammenhang mit unserem Kurfürsten überhaupt, den »Baduineen«.
Rechtssicherheit war zu Beginn der Herrschaft unseres jungen Kurfürsten ein Fremdwort, im Reich wie im Erzstift. Die »Buchhaltung« war unter dem Grafen Diether von Nassau (1300–1307) in völliger Unordnung zurückgelassen worden. Die bis zum Ende des Kurfürstentums unübertroffene epochale Leistung Balduins war es, eine vorzüglich arbeitende Kanzlei in Trier einzurichten, besetzt mit hervorragenden Juristen, um dem Prinzip der Schriftlichkeit zum Durchbruch zu verhelfen, damit dem sicherlich ständig schwelenden Streit über die Beweisbarkeit von Rechten und Privilegien usw. ein Ende gesetzt werden konnte. Hier manifestiert sich auch ein wichtiger, vielleicht der herausragende Wesenszug unseres Kurfürsten, die Konsequenz der Durchsetzung

eines als richtig erkannten Gedankens. Vereinfachende, formularmäßige Erklärungen waren gefragt. Balduin ließ zunächst einmal sammeln, systematisch darstellen, ließ Register anlegen, damit verzweifelnde Beamte halbwegs zurechtkommen konnten. Dies alles war, rückschauend betrachtet, ohne jegliche Computerhilfe eine Herkulesarbeit. Neuere Urkunden atmen noch heute den Geist dieses Systematikers, denn die Beurkundung wesentlicher Rechtsgeschäfte, insbesondere die Bindungen im Lehenswesen sind formalisiert, so daß es zu Auslegungsschwierigkeiten bei der Interpretation der Lehensreverse eigentlich nicht mehr kommen konnte. Auf die Vielzahl von Rittern und Freiherrn, die ihre Burg Balduin überlassen mußten, werden wir noch später zurückkommen, sie beurkundeten einen klar formulierten Rechtsakt, der alles wesentliche enthielt, nämlich das Entgelt für die Übertragung des Eigentums und die Zug um Zug erfolgte Belehnung, also praktisch die Übertragung des Nießbrauchs an dem nunmehr im Eigentum des Erzstiftes stehenden Grundbesitz, der Burg mit allen Rechten und Pflichten. Mehr als 2000 Urkunden wurden ausgestellt, und die Urkundensammlung »Balduineum Kesselstatt« entstand. Dieses Balduineum Kesselstatt wird heute im zentralen Staatsarchiv der ehemaligen DDR, Dienststelle Merseburg, aufbewahrt. Alsdann sind drei verbesserte Abschriften hergestellt worden.

Der Kurfürst befand sich sein Leben lang im Sattel oder auf dem Moselschiff, unterwegs in seinem Herrschaftsgebiet. Von Trier aus, hinter seinem Schreibtisch sitzend oder am Schreibpult stehend, auch höchstselbst den Gänsekiel schwingend, vielleicht sogar eine der ersten Zwickerbrillen nutzend und allso regierend, wird man ihn sich nicht vorstellen dürfen. Klugerweise ließ sich Balduin eine der vier Ausgaben seiner Urkundensammlung als Reiseexemplar, als »Brevier«, herstellen. Damit hatte er auch unterwegs einen sofortigen Zugriff auf die wichtigsten Urkunden und Privilegien. Dieses Reiseexemplar (Balduineum III) war das Praktikerhandbuch, ab 1330 entstanden, während die 37 Blätter der Bilderchronik von Kaiser Heinrichs Romfahrt dem zuletzt entstandenen Balduineum I beigefügt sind, welches nicht zum Mitreisen bestimmt war. Die drei letztgenannten Balduineen

Föhren

befinden sich heute wohlbehütet im Landeshauptarchiv Koblenz. Wir werden noch hinreichend Gelegenheit haben, auf dieses Meisterwerk der Verwaltungskunst zurückzugreifen.

Wohnen im kurfürstlichen Hochhaus
Klüsserath

Wer meint, in einem kleinen Moseldörfchen sei die kurfürstliche Wasserburg schnell zu finden, befindet sich auf einem Holzweg, zumindest dann, wenn er am westlichen Ortseingang beginnt. Die Hauptstraße zählt mehr als zweihundert Hausnummern, und unsere Burg befindet sich im letzten Drittel. Das rechteckige, unverputzte Gebäude ragt immer noch herrschaftlich massiv über die umgebenden Winzerhäuser. Der nur noch andeutungsweise, aber immerhin mit etwas Phantasie wieder mit dem Wasser der Salm zu füllende Graben wird von einer dreibogigen Brücke überspannt und führt in den vier Geschosse aufragenden, aus grobem Schieferbruchstein bestehenden Wohnturm. Aus den Schießscharten hat man Fenster gebrochen, die Geschoßwerke in Wohnungen unterteilt, für Klüsserath fast schon ein Wohnhochhaus. Wir treffen den freundlichen Hausbesitzer an, der uns den hohen, die gesamte Grundfläche umfassenden, gewölbten Weinkeller und die Kaminplatte mit dem Wappen des Erzbischofs Johann Hugo von Orsbeck (1676–1711) zeigt. Ein nur wenige Meter entfernter, idyllischer Brunnen lädt zum Verweilen ein. Unserem »Reisebalduineum« entnehmen wir, daß der »turn mit der vesten« von dem Freiherrn Dietrich von Daun am 7. Mai 1338 als Lehen des Erzstiftes anerkannt wurde. Er blieb aber nicht im Lehensbesitz dieser Familie, sondern hatte ständig wechselnde Besitzer, bis die Wasserburg zu Beginn des 19. Jahrhunderts von der französischen Verwaltung versteigert wurde und in bürgerliche Hände kam.

Klüsserath

Ein Moselwinzer erzählt uns vom traurigen Schicksal der Burg nach dem letzten Krieg, dem Ausverkauf des Inventars, dem Verschleudern von handgeschriebenen Büchern, Kettenhemden, Waffen, Ritterrüstungen, Takenplatten. Schon damals gab es den Gedanken, ein Heimatmuseum einzurichten, aber der Zeitgeist war noch nicht reif. Erst langsam geschieht im Bereich des Brunnens Denkmalpflegerisches.

Eitelsbach
Die Karthäuser *

Von Klüsserath aus suchen wir nunmehr die südlich der Mosel gelegenen Burgen der Stadt bzw. des Landkreises auf. Im Stadtteil Ruwer gelangen wir über enge Sträßchen zwischen Weinbergen hindurch nach Eitelsbach. Balduin war nicht nur ein weltlicher Fürst, sondern auch ein geistlicher Herr und, obwohl das eine mit dem anderen nicht immer einhergehen mußte, doch außerordentlich gläubig. Am 3. Juni 1350 dispensiert in Avignon ein Kardinal unseren Erzbischof im Auftrage des Papstes von dem Verbot, in der Osterfastenzeit Milchspeisen zu essen.
Dies ist aber nicht das Interessante an der Urkunde, wichtiger ist die Rück-

seite, sie weist einen Vermerk unseres Erzbischofs von eigener Hand auf: »quod edam lacticina – daß ich Milchspeisen essen darf«. Die eigene Handschrift unseres Kurfürsten begegnet uns auch zu Beginn seiner Karriere, das erste Mal in einem eigenhändigen Einlageverzeichnis von der Romfahrt (1310–1313), auf der er seinen Bruder, Kaiser Heinrich VII., begleitete. Im Zusammenhang mit Eitelsbach stoßen wir auf die persönliche Handschrift und dann auch noch auf das authentische Portrait bei dem Stichwort »Karthäuser«.

Schauen wir uns aber zunächst einmal in Eitelsbach um. Jetzt noch ist das spätgotische Burghaus, umgeben von einem Wassergraben, vorhanden. Unser »turris« wurde samt Umfassungsmauern allerdings um 1753 niedergerissen.

Noch im 19. Jahrhundert war das Burghaus von allen Seiten von Wasser umgeben, zu dem eine lange Steinbrücke auf die Mittelachse der Westseite zuführte. Diese ursprüngliche Lage kann noch leicht nachempfunden werden, fließt doch der von Osten kommende Eitelsbach nach wie vor unmittelbar am Haus vorbei und speist den Fischweiher. Das Burghaus selbst ist vom Hof aus leider durch eine neugotisch vorgesetzte Fassade (mit Verlaub) verunstaltet, mit der Steinbrücke ist der Graben zugeschüttet und ein gepflasterter Hof vorhanden. Aber immerhin, ein idyllischer Fleck. Inmitten von Reben und Wäldern liegt dieses »Schlößchen« in einem sehr gepflegten, parkähnlich angelegten Tälchen, das architektonische Herz eines vorzüglich geführten, weltweit gerühmten Weingutes.

Noch am 16. Dezember 1337 bestätigt ein Trierer Schöffenmeister das Lehensverhältnis mit Balduin. Den Turm und den dazugehörigen Hof schenkte der Erzbischof dann aber der von ihm gegründeten Karthause ad St. Albanum in Trier.

1084 hatte Bruno von Köln, Kanzler des Erzstiftes Reims, im Felsental Cartusia bei Grenoble La Chartreuse, das Mutterkloster des Ordens gegründet. Die Mönche lebten streng getrennt in einzelnen Hütten und Zellen mit Schweigegebot. Daß Balduin als glühender Verehrer dieses Ordens geschildert wird, hellt das Wesen und die Charakterzüge unseres Kurfürsten ganz wesentlich auf. Die Karthäuser unterwerfen sich dem Gebot der strengsten Einfachheit. Der Orden ist bis heute nicht reformiert worden, also auch nicht deformiert. Er ist immer noch durch und durch mittelalterlich. Noch heute unterwerfen sich 431 Männer in Marienau in der Schweiz

Eitelsbach

dem Verzicht auf Haupthaar, der Einsamkeit, Einfachheit und Schlichtheit. Immer noch endet ein »Leben, um zu beten« wie vor 900 Jahren ohne Sarg bei einem namenlosen Kreuz.
Balduin rief im Jahr 1330 Angehörige des Karthäuser-Ordens nach Trier und übereignete ihnen die Kapelle St. Alban außerhalb der Stadt. Zur Sicherung der wirtschaftlichen Existenz erhielten die Karthäuser auch den Turm Eitelsbach und den Hof. Die Klosteranlage St. Alban ist verschwunden, überlebt haben zwei Chorgestühlwangen, die sich jetzt im Bischöflichen Dom- und Diözesanmuseum in Trier in vorzüglicher Präsentation befinden. Eine Eichenholzwange stellt den Grafen Heinrich von Luxemburg dar, also den Bruder unseres Kurfürsten, der nach der Kaiserkrönung (1313) noch in Italien verstarb, zur Bestürzung des ganzen deutschen Reiches. Die zweite Chorgestühlwange stellt unseren Kurfürsten dar, im vollen erzbischöflichen Ornat, das Modell der Karthäuser Kirche im rechten Arm, das kurtrierische Wappen oberhalb des Hauptes. Das Wichtigste an diesem Eichenholz ist aber die Feststellung, daß diese Wange aus einer Eiche stammt, die zwischen 1323 und 1335 im Gebiet der mittleren Mosel geschlagen wurde. Der kürzlich verstorbene Dendroarchäologe Ernst Hollstein fand mit seiner Untersuchung diese Sensation heraus. Angesichts der individuellen Züge, die das Bildnis aufweist, wäre der Schluß auf eine abstrakte Darstellung unseres Kurfürsten schlicht lebensfremd. Daraus folgt ein unbedingtes Muß eines jeden Balduinverehrers: Das erste Stockwerk des Museums in der Windstraße in Trier aufsuchen und Balduin in personam ins Auge blicken. Als sich die Chorwange noch in der Trierer Kirche St. Gangolf befand, war sie bemalt. Sicherlich wirkte das Portrait so noch lebensnaher, aber auch so meinen wir, den strengen, gleichzeitig gütigen Gesichtsausdruck als Charakterzug erkennen zu können.
Wir sind jetzt in Eitelsbach zu den Karthäusern abgeschweift und unserem Kurfürsten doch wieder einen Schritt näher gekommen.

Balduin von Luxemburg

Sommerau
*Die Stadtadelsburg ***

Von Eitelsbach führt uns der Weg über Mertesdorf, Kasel und Waldrach, immer die Ruwer hinauf, nach Sommerau. Das Dörfchen liegt unmittelbar am Flüßchen in einem Talkessel, den die Ruwer einst in einer großen Schleife umfloß. Inmitten dieser Flußschleife ragt ein Schieferfelsen auf, der – als idealer Standort – von einer Burgruine gekrönt wird. Die Anlage selbst ist etwa 40 x 10 Meter groß. Hinter einem noch gut zu erkennenden Halsgraben erhebt sich der immer noch 16 Meter hohe Bergfried, an den sich Reste eines Wohnbaus anfügen. Der Bergfried, noch sehr schön von innen zu sehen, war bewohnbar,

Sommerau

mehrere Kamine sorgten für heimelige Wärme. Der Bau wird in das frühe 14. Jahrhundert datiert. Schon 1303 ist die Feste Sommerau von dem Erzbischof von Trier zu Lehen aufgetragen worden. Der Trierer Stadtritter Johann Walram bestätigt in einer Urkunde vom 16. März 1330 die Lehensabhängigkeit für Burg und Befestigung.

Sommerau, Innenansicht

Die Ruine fügt sich romantisch in die nunmehr trockengelegte Ruwerschleife ein, die auf besonnten Hängen von Weinbergen umrahmt wird. Immer noch sind Fischteiche erkennbar, während die Ruwer den Weg jetzt abkürzt, unmittelbar durch das kleine Dörfchen fließt und eine Mühle speist. Die Burgruine selbst macht einen gepflegten Eindruck. Eine ordentliche Beschilderung fehlt freilich und dem Dorf selbst eine gemütliche Gaststätte – zum Verweilen und Nachlesen bei einem Pokal Ruwerwein.

Schloß Geißberg
Die Hungerburg

Um es gleich vorwegzunehmen: Nach dieser Burg haben wir wirklich lange gesucht! Aber von vorne: Am 16. Dezember 1337 bestätigt Ordolph, genannt Scholer, das Lehensverhältnis bezüglich seiner Burg Eitelsbach, die wir schon kennen, des weiteren aber auch seines Turmes Geißberg. Die Lage der Burg wurde auf einer Karte – die anläßlich des 700. Geburtsjahres unseres Kurfürsten für eine Ausstellung im Trierischen Landesmuseum vom 1. Juni bis 1. September 1980 erstellt wurde – zwischen Eitelsbach und Sommerau an der Ruwer dargestellt. Diese Quellen haben sich bei unserer Burgensuche immer als zuverlässig erwiesen. Die Burg in der Örtlichkeit zu finden, war damit allerdings nicht möglich. Das »ehemalige Schloß Geißberg«, auch Hungerburg genannt, findet sich dann in den Kunstdenkmälern des Landkreises Trier aus dem Jahre 1936 unter dem Ort Pluwig. Von der Burg ist lediglich eine Ansicht der Trümmer aus dem 16. Jahrhundert vorhanden. Es handelte sich damals um eine kleine Burganlage im Oval, mit einem dreiflügeligen Burghaus auf der Nordseite und einem davorliegenden Hof von 64 Fuß Länge. Im Landeshauptarchiv in Koblenz soll sich diese Zeichnung befinden. Da aber in der Örtlichkeit keinerlei Reste mehr vorhanden sind, haben wir die Suche nach der vorhandenen Ansicht auf später verschoben.

»Klein-Schliemann«
Die Renaissance der Grimburg * * *

Unsere Reise führt uns weiter südlich über Schillingen und Kell nach Sauscheid. Sollte der geneigte Leser dieses Dorf nicht auf der Karte finden, so mag er Grimburg anfahren. Das Dorf hat den Namen der starken trierischen Landesburg erst in diesem Jahrhundert usurpiert. Im Dorf selbst ist die Lage der Burgruine im Wadrilltal gut ausgeschildert. Geschichtsbewußt sollte man durch die nach dem Amtmann Johann Kachel von Grimburg benannte Straße fahren. Die heutige Gemeinde Grimburg führt das Wappen des Amtsvorstehers von 1339 als Gemeindewappen. Es zeigt auf blauem Schild einen sechszackigen, weißen Stern mit einem weißen Kreuz belegt. Südlich fahrend, über gutausgebaute Feldwege, gelangen wir nach wenigen Kilometern zu der im Wiederaufbau begriffenen, hochinteressanten Ruine. Sie liegt auf einer nach

Grimburg

Süden gerichteten Bergnase und ist von Norden her erreichbar. Die Anlage ist 230 Meter lang und 100 Meter breit, umgeben von wildromantischem Bergland und dichten Wäldern. Noch vor zwanzig Jahren befanden sich Vorburg und Hauptburg mit dem Bergfried in einem desolaten, ruinösen, im Grunde auch skandalösen Zustand. Nicht jedem kann die Kenntnis und Phantasie unterstellt werden, wie dem Leser dieses Reiseberichtes, aus einem Schutthaufen in Gedanken eine mächtige Burg aufwachsen zu lassen. Privater Initiative ist es zu verdanken, daß aus dem Steinbruch eine gepflegte Anlage wird. Seit 1978 kümmert sich der »Förderverein Grimburg« um die Restaurierung der immer noch vorhandenen imposanten Reste unserer kurtrierischen Vergangenheit. Von der nördlichen Einfahrt her sind der erste Burggraben wie Mauerreste der äußeren Burgmauer und der Dreivierteltürme zu erkennen. Von dem Tor zur Vorburg, dem »Hundstor«, ist noch ein Pfeiler erhalten. Wir betreten diese Vorburg, die, immer noch von Wald überwuchert, eine Siedlung schützte, der im Jahre 1332 durch Kaiser Ludwig dem Bayer das Stadtrecht von Frankfurt verliehen wurde. Hier, in dieser Vorburg, waren auch ein Turm, Haus und Graben vorhanden, über den der Edelknecht Johann von Neumagen von unserem Erzbischof im Jahre 1329 einen Lehensrevers erhielt.

Zum ersten Male auf unserer Reise stehen wir hier vor den eindrucksvollen steinernen Zeugen einer damals wie heute genial anmutenden, hocheffizienten Regierungstätigkeit. Die von Erzbischof Johann I. (1190–1212) – einem ungemein interessanten Mann mit spannender Geschichte – erbaute Burg diente der Sicherung des erfolgreichen Ausbaus landesherrlicher Macht.

Balduin erhob die Feste im Zuge der später noch zu erörternden kurtrierischen Ämterorganisation zum Sitz eines eigenen Amtes. Auf der Grimburg versahen 16 Burgmannen ihren Dienst, übrigens neben Montabaur die höchte Anzahl an Verwaltungspersonal. Diese Herren bewohnten also Burg und „Stadt Grimburg" in einer wildreichen, wilden Waldgegend.

Die Hauptburg ist in den Mauerzügen wiederhergestellt, insbesondere der schwere Halsgraben mit der Burgkapelle, dem Palasgebäude mit Keller und Küche und natürlich, jetzt hoch aufragend, aussichtsturmähnlich, das wichtigste Gebäude: der Bergfried. Dieser maß an der Rückseite 13 Meter

Grimburg: Reste der Vorburg

und an der West- und Ostseite ca. 10 Meter bei einer Mauerstärke von 2,25 Meter und einer vorgemauerten Ummantelung von zusätzlich 1 Meter auf der Angriffsseite, dort insgesamt 2,75 Meter. Der Bau besteht heute, nach offensichtlicher Verstärkung auf der Westseite zur Abwehr von Feuergeschützen, aus drei Ebenen, die oben (damit es mal was zu mäkeln gibt) nach unserem Gefühl etwas unglücklich, unhistorisch abschließen.

Zu beachten ist, gänsehauterregend, noch der Hexenturm, der an die schreckliche Zeit der Verfolgung unschuldiger Frauen (und Männer) gerade im kurtrierischen Amte Grimburg erinnert – Gott sei Dank nicht in »unserem Jahrhundert«.

Berühmte Gäste auf der Grimburg waren Kaiser Maximilian, der von Richard von Greiffenklau eingeladen worden war, und Franz von Sickingen, der von ihm wahrlich nicht eingeladen war, vielmehr von seinem unfreiwilligen Gastgeber am 2. Mai 1523 auf seiner Burg Nanstein regelrecht zusammengeschossen wurde. Selbstverständlich wird der Burgenfahrer von einer sorgfältigen Tafel über Geschichte und Aufbau der Burganlage verwöhnt. Bravo!

Verwickelte Rechtsverhältnisse
Das Offenhaus Züsch

Um es vorweg zu sagen, unserer Burg wegen lohnt ein Ausflug nach Züsch bei Hermeskeil nicht. Dort stand zwar auf dem nordwestlichen Vorsprung des Klefberges unsere trierische Burg, doch haben sich keinerlei Reste erhalten. Wir haben noch nicht einmal den Burggraben wiedergefunden. Die Burg ist wahrscheinlich im Dreißigjährigen Krieg mit dem Dorf zerstört worden. Verwickelt sind die Rechtsverhältnisse deshalb, weil das Erzstift Eigentümer der Burg war, welches die

Burg an die Raugrafen zu Lehen gegeben hatten, die wiederum das Lehen an die Vögte von Hunolstein, deren Stammsitz wir auch noch aufsuchen werden, weitergegeben hatten.
Am 5. April 1309 übertrugen Ritter Boemund, Vogt von Hunolstein, und seine Ehefrau Catharina, die damals Hausfrau hieß, Balduin das »domus«, also das befestigte »Haus Schussal« nebst Zubehör zu Eigentum und empfingen es als Lehen mit der Bestimmung zurück, das Burggrafenamt dortselbst zu warten. Dies ist modellhaft einer der vielen Fälle von Ankäufen durch den finanzkräftigen Kurfürst, um die Burg und die damit verbundenen Rechte als Lehen wieder zurückzugeben. Der Kauf erfolgte meist zu dem zehnfachen Ertrag, wobei nunmehr der neue Lehensmann nicht mehr als Eigentümer, aber immerhin als Besitzer und Nutznießer, jeweils differierende besondere Vereinbarungen mit Balduin abschloß, wie etwa das Verbot, das Lehen weiterzugeben, die Verpflichtung der baulichen Unterhaltung, keine Feinde des Erzbischofs aufzunehmen, die Burg jederzeit Balduin zu öffnen. Möglicherweise gab es auch Vereinbarungen über das Erbrecht, auch über die weibliche Erbfolge usw.

Wiltingen
Das Castrum Bernrot

Wir wenden uns nunmehr, nach dem Ausflug in den »Hundsbuckel«, der Saar zu. Nach dem fertiggestellten Ausbau der »Großschiffahrtsstraße Saar« liegt das Weindorf Wiltingen an einer Saarschleife, die von der Schiffahrt aber nicht mehr benutzt wird, denn mittels eines Stichkanals und eines Hebewerkes wird der Saarbogen abgekürzt. Mit dem Ausbau der Saar einhergegangen ist aber die Erstellung eines einladenden Radweges, der auch noch weitergeführt werden sollte. In Wiltingen selbst weist lediglich noch die Straße »In der Burg« darauf hin, daß hier ein »domus cum turri seu fortalitium« stand, also ein befestigtes Haus mit Turm. Dieses besaß im Jahre 1337 Jakob, genannt der Junge, Schöffe in Trier zu Lehen. Die Grundmauern des von einem Wassergraben umgebenen Anwesens sollen im 19. Jahrhundert freigelegt worden sein, zu sehen ist aber heute leider rein gar nichts mehr.

Graf Siegfried von Luxemburg
*Die Saarburg ****

Bedenkt man, daß die Saarburg oftmals Residenz der Trierer Kurfürsten war, dann beherrscht die Ruine das Saarstädtchen immer noch zu Recht. 964 bereits wird diese zu den ältesten Höhenburgen im Westen Deutschlands zählende Anlage als Eigentum von Graf Siegfried II., dem Stammvater des Hauses Luxemburg, benannt. Gleich von welcher Seite wir uns der Stadt nähern, das Turmhaus mit 16 Metern Fronthöhe behauptet sich immer noch nach so vielen Zerstörungen und Schicksalsschlägen. Wir lassen den Wagen im breiten Burggraben stehen und gehen die neuangelegte, leider, wie so oft nicht dem ursprünglichen Zufahrtsweg entsprechende Straße hinauf.

Saarburg

Das erste Geheimnis birgt der links stehende größere Mauerrest. Dort ist nämlich der nunmehr vermauerte, unterirdische Zugang zur Burg noch zu erkennen. Nachdem wir das Turmhaus betreten haben, stellen wir erstaunt fest, daß dieses zunächst als rechteckiger Wohnturm gebaut worden war, als dreigeschossiges, festes Haus, dessen Wohnräume aber später, mit der Entfernung der Decken, einem runden, festen Turm, der mitten hineingesetzt wurde, weichen mußten! Zum Wohnen diente dann das ehemals stolze und große Gebäude, in dessen Ruinen sich heute die Gaststätte befindet. Wir betreten den runden Turm im Inneren des Turmhauses durch das Gefängnis, also das gewölbte Kellergeschoß, um dann den Turm zu besteigen. Von oben ist ein herrlicher Rundblick auf das Saartal freigegeben, das, wie wir meinen, durch die Kanalisierung zumindest vom äußeren Anschein her nicht so gelitten hat, wie die Naturschützer kassandraartig vorhergesagt haben. Wir werden aber noch ganz andere Aussichten »genießen«, wie beispielsweise den »Betonblick« in Idar-Oberstein. Hier ist die Begrünung der Saar gut gelungen, wir meinen, das Tal hat insgesamt gewonnen. Wir befinden uns also in einer kurfürstlichen Residenz: Die Bewohner von Niederleuken mußten die Betten in der Kammer des Erzbischofs herrichten, wenn dieser nach Saarburg kam. So ließ es sich Erzbischof Bruno, Graf von Lauffen (1102–1124), urkundlich bestätigen. Hier oben, auf dem starken Turm stehend, soll auch der Wächter Heinrich Mumme (nomen est omen) erwähnt werden, der von Balduins Vorgänger, Diether, eine, damals offensichtlich ebenso wie heute begehrte Steuerbefreiung als Dank dafür erhielt, daß er bei der Belagerung der Burg ganz alleine den großen Turm verteidigt hatte. Im Restaurant läßt sich sehr an-

Saarburg

genehm auf Heinrich anstoßen, ebenso auch auf den Grafen Siegfried von Luxemburg, den wir in der Stammtafel dieses berühmten Grafengeschlechtes aber gerade nicht als Urgroßvater unseres Kurfürsten Balduin ausmachen können. So einfach ist das nicht, denn 1136 war das Geschlecht der Grafen von Luxemburg im Mannesstamm erloschen. Graf Heinrich von Namur erbte hierauf Ermesinde, aber nicht Namur, sondern nur die Grafschaft Luxemburg. Sie, also Ermesinde, ist die »Stammutter« über zwei gräfliche Heinriche bis zu Balduin. Mit den Geburtsdaten ist es immer schwierig, denn Geburtsurkunden lassen sich selten finden. So wissen wir von Balduin auch nur, daß er 1285 in der »kleinen Burg« das Licht der Welt erblickte, sein Bruder Heinrich, seit dem 15. November 1308 Deutscher König, seit dem 29. Juni 1312 Kaiser des Römischen Reiches, wurde »um« 1278 geboren, der Bruder Walram anscheinend überhaupt nicht, zumindest ist kein Datum überliefert, bei der Schwester Margarete, Priorin zu Marienthal, ist dieses Datum ebenso

wenig bekannt wie bei der Schwester Felicitas. Also sind wir schon dankbar, daß wir das Datum 1285 haben.
Der jetzige Großherzog von Luxemburg ist so gut wie überhaupt nicht mit den mittelalterlichen Grafen von Luxemburg verwandt, wissen wir doch, daß das heutige Luxemburger Herrscherhaus ein Kind des tanzenden Wiener Kongresses ist. Beschwingt vom Saarwein, das Auto zurückgelassen, sollte man das Städtchen genießen, in welchem sich im Bereich des Wasserfalls einiges an Stadtsanierung getan hat.

Wincheringen
Der Glockenturm

Von Saarburg aus gelangen wir nach Wincheringen. Von den Weinbergen aus ist ein guter Blick auf die ehemalige Wasserburg möglich.
Noch heute ragt der Wehrturm der Burg unübersehbar in die Höhe. Er bewacht aber nun einen Friedhof und wurde selbst in einen Glockenturm umfunktioniert. Unmittelbar daneben befindet sich ein dreigeschossiges Herrschaftshaus aus dem 16. Jahrhundert mit einem Warsbergischen Wappen. »Hus« Wincheringen wird als Lehen am 31. Dezember 1341 von unserem Kurfürsten zugunsten des Ritters Wierich von Freistorf bezeugt. Diesen Ritter hatte Balduin im Zuge einer Auseinandersetzung mit dem Grafen Johann von Dhaun für sich gewonnen, indem er 134 Pfund schwarze Turnosen bei einem Juden für ihn bezahlte und außerdem 50 Pfund aus der ersten Beute im wildgräflichen Kriege versprochen hatte. Diese Art von Zugewinn an Macht ist für die Art der Regierung unseres Kurfürsten symptomatisch. Der effektvolle Einsatz seiner erdrückenden wirtschaftlichen Überlegenheit Rittern und Freiherrn gegenüber, die oft völlig verschuldet waren, wechselt allerdings mit dem brutalen Zugriff durch Feuer und Schwert, schwere Belagerungsmaschinen und sogar durch den Einsatz der allerersten Feuerwaffen. Wir werden auch dies noch auf unserer Reise erleben.

Wincheringen

Freudenburg
Der blinde König **

Zum Abschluß unserer Reise zu den 17 im Landkreis Trier gelegenen kurtrierischen Burgen besuchen wir das Dorf Freudenburg. Es ist untrennbar mit dem Namen des großen Ritterkönigs Johann dem Blinden verbunden. Schauen wir uns aber zunächst einmal um. Zum großen Teil ist die Ortsbefestigung noch vorhanden. Sie beschützt mit ihren Vogesensandsteinmauern den 1358 als Stadt erwähnten Ort. Der ursprüngliche Eingang, das »Stadttor«, ist neben einem neuerlichen Durchbruch noch vorhanden.
Der Weg führt durch den immer noch mittelalterlich anmutenden Ort zur Kirche und zum Friedhof und endet dann vor einem tiefen, 16 Meter breiten Halsgraben, der die Spitze der Felszunge, auf der sich die Burg befindet, abtrennt.
Noch gut zu sehen ist der ursprüngliche Eingang, zu dem eine Holzbrücke führte. Dort, wo wir nunmehr die immer noch steil aufragende Ruine betreten, drängt sich ein schwerer, mit

2,15 Meter dicken Mauern bewehrter Rundturm, der in den weiteren Verlauf der Burgmauer integriert war. Wir werden diese Art des Burgbaus noch in Bernkastel-Kues und auf der Baldenau wiedererkennen. Die Ruine ist immer noch mit drei Stockwerken erkennbar. Sie besitzt sehr schöne Details, insbesondere unsere Dreipaßblenden aus dem 14. Jahrhundert. In letzter Zeit wurde die Sicherung der restlichen Mauern vorgenommen, so daß einem weiteren Verfall zunächst einmal Einhalt geboten ist. Mehr noch, uns scheint, daß im Vergleich mit den Aufrissen und der Fotografie in den »Kunstdenkmälern des Kreises Saarburg« eine Verbesserung zum Zustand der 30er Jahre erkennbar ist. Dies ist höchst erfreulich. Dem interessierten Besucher hilft die Tafel mit den wichtigsten Daten.

Doch kommen wir auf König Johann zurück. Der Name taucht öfter im Ortsbild auf, die Bürger scheinen sich nicht ohne Stolz auf diesen Mann zu besinnen: Balduins Bruder Heinrich hatte drei Kinder, den am 10. August 1296 geborenen Sohn Johann, des weiteren die Tochter Maria, die Karl IV., König von Frankreich heiratete und Beatrix, die Karl II. Robert, König von Ungarn ehelichte. Sein Vater trat ihm die Regierung der Grafschaft Luxemburg ab, nachdem er mit 14 Jahren mündig (!) geworden war. Durch Heirat der Erbin des Königreiches Böhmen geriet er an die Königskrone, die ihm sein Vater, schließlich Deutscher König und Kaiser, verlieh.

Hiermit handelte sich Johann eine Unmenge Schwierigkeiten ein, denn bei aller Sympathie, die jedem aufdrängt, der sich mit diesem Mann beschäftigt, muß doch festgestellt werden, daß er ganz einfach nicht in der Lage war, politisch zu denken und zu handeln, erst recht nicht, mit dem böhmischen Adel zurechtzukommen. Die Probleme häuften sich so sehr,

Freudenburg

daß Johanns Onkel, unser Kurfürst Balduin, nach Prag reisen und helfend eingreifen mußte. Der ständige Ortswechsel Luxemburg – Prag kam dem nicht gerade als stetig zu bezeichnenden Wesen Johanns sicherlich entgegen, war aber einer kontinuierlichen Herrschaft nicht dienlich. Zur Sicherung des Einflußbereiches der Grafschaft Luxemburg erbaute Johann 1337 die Freudenburg. Auch stammt der Name von ihm: Weitere Burgengründungen werden wir an ebenfalls dieser Konstellation wiedererkennen, so die Burg Freudenstein (bei Brockscheid in der Eifel) und die Burg Freudenkoppe (bei Neroth). Viel Freude hatte Johann an diesen Burgen nicht, denn auch in finanzieller Hinsicht befand er sich ständig in der Klemme. Ausgeholfen hat, wie so oft, Onkel Balduin von Trier, der ganz im Gegensatz zu seinem Neffen eben wußte, wie man mit Geld umzugehen hatte. Die stolze, sicherlich auch teure Anlage mußte er bereits am 6. Juni 1342 für 10 000 Florentinergulden unserem Kurfürsten verkaufen.

Johann hatte, wie Balduin, in Paris studiert und war mit dem französischen Königshaus verbunden. So war es für ihn keine Frage, dem französischen König beizustehen, als König Eduard von England nach kühner Landung in der Normandie Anspruch auf die französische Krone erhob.

Nachdem dieser die Somme bei Remy, in der Nähe von Abbéville, unweit der

Flußmündung überschritten hatte, kam es am 26. August 1346 zur Entscheidungsschlacht bei Crecy.
Militärtaktisch wirkte sich erstmalig der massive Einsatz englischer Bogenschützen gegen schwere, gepanzerte Reiter aus, und psychologisch, daß zum ersten Mal in offener Schlacht zwei Bombarden in das französische Ritterheer krachten, für welches sich nur noch die Frage Flucht oder Tod stellen konnte. Für Johann stellte sich diese Frage indes nicht.
Obwohl er bereits in Schlesien nach dem Litauenzug neun Jahre zuvor das rechte und dann drei Jahre später nach vergeblicher Operation in Montepellier das linke Auge verloren hatte, stürzte er sich in das dichteste Gewühl der Schlacht: »Das wird, will es Gott, nicht geschehen, daß Böhmens König aus der Schlacht flieht; ich werde siegen oder sterben: meinen Sohn Carl schirmet! Gott sei mit uns!«
Mutig um sich schlagend, sank er dann in völlig verzweifelter Situation vom Pferde und starb wenige Stunden später im Zelt des englischen Königs. Die Tugenden, die sich in der Vorstellung der Romantik mit dem Rittertum verbanden, haben in Johann ein glänzendes Beispiel gefunden. In Luxemburg ist Jean l'Aveugle unvergessen! Die sterblichen Überreste dieses Helden wurden zunächst nach Luxemburg gebracht, gelangten dann ins ehemalige Kloster Mettlach und wurden am 26. August 1838, 492 Jahre nach seinem Tode, in der Klause bei Kastel, einer wenige Kilometer von Freudenburg entfernten Grabkapelle beigesetzt. Der in Mettlach wohnende Fabrikant Johann Franz. Boch bewahrte in einer Holzkiste die Überreste des blinden Königs auf, als der spätere preußische König Friedrich Wilhelm IV. bei ihm wohnte und ganz fasziniert die Lebensgeschichte Johanns erfuhr.
Der »Romantiker auf dem Königsthron« ließ von dem großen Architekten Schinkel auf dem Sandsteinfelsen bei Staadt-Kastel, hoch über der Saar ein würdiges Königsgrab erbauen. Wer heute die Klause besucht und des blinden Königs gedenkt, wird den tiefen Eindruck mit uns teilen, den diese Grabstätte vermittelt. 1946 wurden die Gebeine von der französischen Besatzung in den Dom zu Luxemburg gebracht. Der Sarkophag in Kastel ist leer, zurückgeblieben ist die Nachbildung der böhmischen Königskrone auf der Grabplatte.

Freudenburg

Luxemburg

Born
Wohnen in seiner schönsten Form

Die nun beginnende Reise durch das Großherzogtum Luxemburg und die belgische Provinz Luxembourg führt uns zunächst, vielleicht eine halbe Stunde Wegs von Trier entfernt, nach Born an die Sauer.
Jahrhundertelang lag die luxemburgische Grenze zum Kurfürstentum Trier unmittelbar vor den Toren der Stadt Trier, wovon heute noch im Trierer Vorort Zewen der unveränderte, mittelalterlich verbliebene, leider völlig heruntergekommene Grenzturm zeugt.
Somit war das Flüßchen Sauer erst zur Grenze geworden, nachdem 1815 auf dem Wiener Kongreß die Neuordnung der europäischen Staaten nach Napoleon stattfand.
Born lag also nicht an der Grenze, sondern in der Grafschaft selbst.
Die Villa Burne, genauer ein Haus oder Turm, war »sita supra fluvium suram«, also oberhalb des Flusses Sauer gelegen.
Der Wohnturm, also die Burg, wurde am 22. März 1328 dem Ritter Johann, genannt Scholere von Born, zu Lehen bestätigt. In dem Dörfchen selbst, welches im Sommer von holländischen Feriengästen beherrscht wird, ist heute noch eine erst neuerlich hergerichtete, herrschaftliche Villa mit Park zu sehen, wobei allerdings keinerlei mittelalterliche Baureste, auch kein Wall oder Graben mehr erkennbar sind.
Diese neuzeitliche Villa Burne befindet sich schräg gegenüber der Kirche – übrigens eine bauliche Situation, die wir oft beim Auffinden unserer mittelalterlichen Burgen antreffen konnten.
Bereits 1286 findet ein Heinrich von Born Erwähnung, während im sechzehnten Jahrhundert die Herrschaft von Stein von Reichenstein an von Hattstein übergeht. Unsere Burg geht wohl 1705 durch die Armee Marlboroughs unter, um als kleines Schloß wieder zu erstehen, nach langem Dornröschenschlaf heute wieder in Privatbesitz, frisch herausgeputzt, aber leider kein Mittelalter mehr.
Daß der Fluß trennt, läßt sich schon an der Küche erfahren, denn zwischen diesseits und jenseits liegen Welten zwischen der Qualität der *cuisine*.
Schon in dem kleinen Örtchen kann man sehr ordentlich auf französische Art tafeln.

Bertrange
Bertrange

Hier war es besonders schwierig, das »richtige«, nämlich »unser« Bertrange zu finden, an dessen Burg unser Erzbischof ein Zehntel Anteil besaß und diesen am 23. November 1338 dem Freiherrn Johann von Walferdingen zu Lehen bestätigte. Es gibt nämlich zwei Bertrange: einmal eine Gemeinde wenige Kilometer westlich der Stadt Luxemburg und dann ein kleines Dorf in Frankreich an der Mosel, wenige Kilometer südlich von Diedenhofen-Thionville – und das Schlimme: in beiden Orten befinden sich Burganlagen. Von der letzteren ist zwar nur noch der eindrucksvolle, kreisrunde, sehr tiefe, mit Wasser gefüllte Graben und eine Brücke vorhanden. Die jetzigen Eigentümer haben uns aber auf einer alten schwarz-weißen Fotografie eindrucksvoll gezeigt, wie das Anwesen vor der Zerstörung im Zweiten Weltkrieg aussah. Der Hof liegt völlig versteckt, von außen fällt lediglich ein wildwuchernder Park hinter einer langen Mauer auf. Wer aber über diese Umfassungsmauer blickt, sieht vor sich einen zehn Meter steil abfallen-

Bertrange

den Graben, zehn Meter breit und völlig mit Wasser gefüllt, kreisrund und in der Mitte eine Insel, verbunden mit der uralten Brücke, auf der früher, nach dem Foto zu urteilen, ein Torturm stand. Nun, nach der Urkunde muß es sich aber um das luxemburgische Bertringen handeln, der Propstei wegen.

Dieses »Bartringen« feierte vor zehn Jahren sein 700jähriges Jubiläum, denn mit einer vorhandenen Urkunde aus dem Jahr 1278 wird Peter von Aspelt, der spätere Erzbischof und Kurfürst von Mainz, eine der wichtigsten Gestalten seiner Zeit, zum Pfarrer von Bartringen ernannt.

Diesem Peter, in Trier geboren, aus niedrigem Adel, einer luxemburgischen Ministerialenfamilie entstammend, hat unser Kurfürst unendlich viel zu verdanken.

Nicht zu Unrecht wird er neben Dante Alighieri und Kaiser Heinrich VII. auf einem Bronzerelief am Sockel des Balduindenkmals in Trier verewigt. Als Arzt, Kaplan am Hofe Rudolfs von Habsburg, Kanzler des Königreiches Böhmen und 1296 Bischof von Basel erarbeitet er sich eine Stellung, die gewöhnlich nur einem Sproß aus hochadeliger Familie zustand.

In der Gemeindeverwaltung hilft man uns noch weiter auf die Sprünge, fotokopiert seitenweise aus französischen Werken, die uns interessieren, kurzum, auch hier ist festzustellen, daß die Verwaltung den Geschichtsreisenden durchaus freundlich empfängt.

Zu Bartringen haben wir weiter festgestellt, daß zwei Brüder, Gottfried und Wyrich, an der Spitze der Edelleute schritten, welche den Krönungsfeierlichkeiten beiwohnten, als Heinrich VII. von Luxemburg 1312 in Rom zum »Caesar« gekrönt wurde, wenn auch ohne Papst, etwas hastig und flugs Rom wieder verlassend.

Die Gemeindeverwaltung befindet sich vis-à-vis der Burg, die »D'Schlass« genannt wird.

Das Gebäude wird von der Kommune benutzt.

Am Eingang ist eine sehr große, alte Takenplatte zu sehen. »D'Schlass« wird früher von einem Graben umgeben worden sein, jetzt natürlich aufgepflastert.

Über dem Türstock ist die Zahl 1582 mit Wappen zu erkennen. Wir nutzten die Gelegenheit unseres »Auslandsaufenthaltes«, die französische Küche zu versuchen. Auch aus letzterem Grunde können wir, viele Stunden später, Luxemburg dem Burgreisenden empfehlen.

Mussy

Die trockene Geschichte

Um es kurz zu machen: Am 31. Dezember 1342 trägt Graf Heinrich von Bar das »castrum Mussy« Balduin zu Lehen auf. So, und jetzt dürfen Sie auf der Karte suchen – wir haben es »in situ« getan.

Die Burg könnte in Mussy-la-Ville gestanden haben, einem Dörfchen, welches wir, von Bertrange aus nach Westen fahrend, bei Pitange über die luxemburgisch-belgische Grenze, dann circa dreißig Kilometer von Bertrange entfernt, tatsächlich auch finden.
Eine, genauer mehrere Nachfragen nach dem hinlänglich erprobten »Verhaltensmuster« führen zu überhaupt keinem Ergebnis. Auch auf der Mairie kann man uns nicht weiterhelfen.
Dies gilt auch für die Lokalisierung der Burg auf einer Karte von Richard Laufner, das »Werden des kurtrierischen Territoriums bis zum Tode Erzbischof Balduins 1854«, an dem Flüßchen Chiers, ganz nahe bei Longuyen.

Herboumont

Die alte Reichsfestung **

Von Mussy fahren wir weiter westlich nach Herboumont.
Wir befinden uns hier im Tal der Semois, nicht weit entfernt von Bouillon, einem herrlichen Waldgebiet mit Bergen, Wasser, verträumten Straßen, kurzum: einem idealen Erholungsgebiet – und mitten drin liegt unsere Burg. Sie ist fünfzehn Kilometer nordwestlich von Florenville an der Route Nationale 484, Richtung Bertrix zu finden und jederzeit geöffnet. Auf einer hervorspringenden Bergnase ragt sie in das Flußtal hinein, eine starke Festung. Auf dem Bergrücken, mit einem tiefen Wallgraben umgeben, befinden sich zwei mächtige Mauern und, herzwärmend: Seit 1973 wird ausgegraben und restauriert – zu einem bescheidenen Maß und relativ langsam, aber immerhin...
Die Burg wurde bereits 1268 als Besitz des Jehan Orgeo erwähnt: »daß ihm der Fels gehöre, und dort eine Burg zu erbauen«, was er auch heftig

Herboumont

in die Tat umsetzte: Bis zu elf Meter dicke Mauern werden auch den Leser erstaunen, die Monumentalität der Anlage sowieso. Die Architektur ist klar, trapezförmig, dem Fels angeglichen, gerade, hohe Verteidigungsmauern und Dreiviertel-Ecktürme, sozusagen »staufisch«. Der Rittersaal empfiehlt sich natürlich durch den vorhandenen Schieferfußboden und die Reste eines stattlichen Kamins – Beweise für die Bedeutung der Burg.
Im 15. und 16. Jahrhundert fanden größere Verstärkungen der Verteidigungsanlagen statt, wie mehrere Meter breite Artilleriewälle und die beiden schweren Türme. Diese konnten aber die Eroberung durch den Herzog von Nevers für König Henri II. von Frankreich nicht verhindern, nachdem dieser eine Bresche in die Mauer schießen ließ.
1657 kam dann das Aus, die alte Geschichte, durch diesen »sonnigen« König.

Herboumont

Unsere Verbindung besteht in der Urkunde vom 14. Juni 1353, in der das Eigentum des Erzbischofs bestätigt und Graf Gottfried von Cluny Lehen erhält. Wohl wissend, daß Balduin am 21. Januar 1354 im Alter von 68 Jahren verstirbt, würdigen wir diese als eine seiner letzten Urkunden.

Mageret

Marcouray ?

Wir bleiben in der belgischen Provinz Luxembourg, wenden uns weiter nach Norden, denn am 6. Mai 1346 bestätigt Balduin als Lehnsherr den Ritter Ponzetus von Marcerey. Da gibt es dann ein Marcouray in den Ardennen, wenige Kilometer nördlich von La Roche und ein Mageret, wenige Kilometer östlich von Bastogne.
Wir entschließen uns zu letzterem, da der Propst von Bastogne in der Urkunde erwähnt wird. Das nutzt aber nichts, denn das Dorf selbst ist öd und leer, zumindest für Leute mit unserer Intention.
Wir beenden also unseren Ausflug ins westliche Ausland an dieser Stelle, raten noch einmal herzlich an, Herboumont zu besuchen und fahren über romantische Straßen nach Trier zurück, wo wir unseren ersten Ausflug in unsere kurfürstliche Vergangenheit beenden wollen.

Kreis Bitburg-Prüm

Kyllburg

Die Buchhaltung des Amtmannes

Wir beginnen unseren zweiten Ausflug beim Amtssitz des langjährigen trierischen Amtmannes Jakob von Dudeldorf, im Luftkurort Kyllburg. In waldreicher Umgebung liegt der Ort, seit 1956 wieder Stadt, auf einem von der Kyll in großer Schleife umflossenen Bergrücken. Wer sich das Panorama aus einiger Entfernung anschaut, muß einfach zustimmen, daß die Örtlichkeit zu einer Befestigung herausfordert.

Schon 1239 errichtete Erzbischof Theoderich oder Dietrich II., Graf von Wied (1212–1242), in Kyllburg eine Trutzburg gegen Malberg, gegen den Grafen von Luxemburg und gegen den Abt von Prüm. Noch ein Wort zu diesem Theoderich: Wie die meisten seiner Nachfolger war er im Grunde ein treuer Parteigänger des deutschen Königs und Kaisers gegen die Interessen des Papstes.

Theoderich wird oft als »erster Kurfürst« Triers bezeichnet, trotzte er doch Kaiser Friedrich II., »stupor mundi« genannt, im Jahre 1220 und 1231/32 weitgehende landesherrliche, ursprünglich königliche Rechte ab.

Das Königtum zog sich fast ganz aus dem geistlichen Territorium zurück.

Zum ersten Mal erscheint auch die Bezeichnung »domini terrae« im Sinne der landesherrlichen Gewalt. Auch durfte niemand mehr das Recht haben, gegen die Reichsgrafen auf bischöflichem Land Befestigungen (Burgenbauregal) anzulegen. Theoderich hatte dieses Reichsgesetz an erster Stelle unterzeichnet, was allein schon Bände spricht.

Dieser tatkräftige »erste Kurfürst« ist also auch der Vater unseres Amtssitzes Kyllburg.

Von der Burg selbst ist leider nur noch ein Bergfried erhalten, ohne Dach fast 24 Meter hoch, quadratisch, fünfgeschossig, mit dem alten Zugang im zweiten Geschoß auf der Hofseite.

Aufgefunden haben wir dort eine schmetterlings- und vogelkundliche Ausstellung. Wir empfinden den neuen Dachaufbau als nicht übermäßig gelungen. Er erinnert zu sehr an einen Glockenturm. Die Wehrhaftigkeit ist dem hoch aufragenden, wuchtigen Bauwerk genommen. Sonstige Überreste der starken Landesburg sind im Grunde nicht mehr zu erkennen. Die Burg öffnet sich zur Straße hin. Ein schlecht eingefügter Schulneubau aus dem Ende des 19. Jahrhunderts zerstört die alte Harmonie. Interessant ist lediglich der Bergfried.

Das Städtchen selbst glänzt aber mit ordentlicher Gastronomie. Wir legen deshalb eine Rast ein und kommen auf Jakob von Dudeldorf zu sprechen.

Kyllburg

Die herausragende epochale Leistung Balduins bestand in der Erschaffung von »Ämtern«, also Verwaltungsbezirken rund um eine Landesburg. Ein Amtmann sorgte mit vom Erzstift bezahlten Kriegsknechten für Schutz, Frieden und Gerechtigkeit im Amtsbezirk. Diese Einteilung der Ämter blieb bis zum Ende des Kurfürstentums 1794 im wesentlichen unverändert bestehen.

Der Amtmann wurde gewöhnlich aus dem einheimischen Adel bestimmt und erhielt eine schriftlich fixierte Besoldung. Anfangs erledigte dieser Ritter auch die Finanzverwaltung, was aber zu Problemen führte, da diese Herren, wohl innerlich immer noch auf ihre Selbständigkeit pochend, oftmals »Mein und Dein« verwechselten. Balduin höchstpersönlich überprüfte die Abrechnung des Kyllburger Amtmannes vom 18. März 1330, denn er korrigierte eigenhändig, handschriftlich die Urkunde, wonach dem Erzbischof 99 Malter Getreide, 78 Pfennige Geld und 30 Malter Hafer geschuldet wurden. Es kam aber noch schlimmer. 1338 mußte festgestellt werden, daß er 700 Pfund schuldig geblieben war, worauf dessen Güter in Konz dem Erzbischof übereignet wurden.

Diese Vorfälle mögen Grund und Anlaß für Balduin gewesen sein, eine Trennung der Amtsbefugnisse vorzunehmen. Tatsächlich wurde einem zweiten bischöflichen Beamten, dem »Kellner«, die Eintreibung und Verwaltung der Geld- und Naturalabgaben übertragen. Dieser erledigte die gesamten Kassengeschäfte, zahlte Lehen, Burglehen und Löhne an die Diener aus, führte Bau- und Reparaturmaßnahmen durch, finanzierte die Verpflegung des Erzbischofs und seiner Umgebung und erhielt dafür ein ehrliches Dienstgeld, wie der Amtmann, der Vertreter des Erzbischofs vor Ort war.

Diese Verwaltung funktionierte. Sie war die Grundlage für die wirtschaftliche Gesundung des Erzstiftes.

Schloß Malberg

Würde bringt Bürde *

Wenige Kilometer von Kyllburg, das Flüßchen hinunter, im immer noch wildromantischen Kylltal, thront klotzig auf einer langgestreckten Landzunge das Doppelschloß Malberg. Im Tal schließt sich das Dorf an. Das Schloß selbst besteht aus einem Altbau und einem Herrenhaus und stammt so, wie es jetzt dort thront, aus dem 18. Jahrhundert. Das Schloß befand sich in privatem, jetzt öffentlichem Besitz, wird aber weder benutzt, noch, so scheint es, gepflegt. So ist dort zur Zeit eine Besichtigung nicht möglich, wir erfreuen uns am äußeren westlichen Burgtor und dessen mittelalterlich anmutenden Abwehrmasken. Wir haben das Auto im Dorf stehen lassen und sind den Schloßweg – an hübschen spätgotischen Burghäusern entlang, an der Schloßkapelle vorbei – am Nordhang des Burgberges hinaufgewandert.

Die Edelherren von Malberg besaßen an der Stelle, wo sich heute das Schloß erhebt, zwei dicht nebeneinandergelegene Burgen. Die untere oder vordere Burg war im Besitz des Erzbischofs von Trier, ausweislich einer Urkunde, die 1402 die Verhältnisse regelte. Die obere Burg hatten deren von Malberg dem Grafen bzw. dem Herzog von Luxemburg zu Lehen aufgetragen, wobei der Trierer Bischof aber ebenfalls einen Lehensanteil besaß. Wegen der aus diesem schwierigen Verhältnis entstehenden Streitigkeiten ist dann ab 1404 eine Regelung zwischen Trier und Luxemburg getroffen worden, daß beide gleiche Rechte an beiden Burgen haben sollten und beide die

Schloß Malberg

Herren von Malberg als Erbburggrafen anerkannten. Balduin nutzte die ständige Geldverlegenheit Johanns des Blinden rigoros aus und ließ sich 1314 von ihm bestätigen, daß die Grafschaft Luxemburg kein Recht mehr auf die Burg Malberg habe. Balduin selbst bestimmte dann auch die Burggrafen. Von den beiden mittelalterlichen Burgen ist keinerlei Überrest mehr vorhanden. Dennoch beeindruckt die heruntergekommene Schloßanlage, auch wegen ihrer Einbindung in die reizvolle Landschaft.
Letztere zu erschließen haben wir uns an diesem Tage vorgenommen, wobei uns der Geländewagen brave Dienste tut. Waldwege, schier unwegsam, wie solche im Kylltal selbst, reizen die Abenteuerlust, neue Perspektiven des Schlosses, abseits der asphaltierten Straßen, zu entdecken.

Liessem
Der Bruch des Landfriedens

Die ehemalige Wasserburg ist ein wunderschönes Beispiel eines im wesentlichen unveränderten Landadelsitzes aus dem 14. Jahrhundert.
Der heutige Bauernhof innerhalb des nur aus wenigen Häusern bestehenden Ortes ist von Malberg aus westlich zu erreichen.
Obwohl, schlichtweg brutal, die asphaltierte Kreisstraße unmittelbar an den dreigeschossigen Wohnbau aus dem 16. Jahrhundert und den quadratischen Turm aus dem 14. Jahrhundert herangeführt wurde und eine »wunderschöne«, nutzlos breite und teure Brücke über den Ehlenzbach das Ambiente elend beeinträchtigt, ist mit etwas Phantasie der Wassergraben wiederhergestellt, die in »unserem Jahrhundert« starke Burg trotzig wiedererweckt. Das Haus befindet sich im Eigentum unseres Erzbischofs, der es zunächst einem Trierer Stadtritter, dann einem Gerhard von Schönecken belehnt.
Dieser zwingt unseren Kurfürsten im Jahre 1353, also noch kurz vor seinem Tode, am 21. Januar 1354, ein Exempel zu statuieren. Die von Balduin in fast fünfzigjähriger Regierungszeit unermüdlich verfolgte, teilweise hemdsärmelig durchgesetzte Befriedung des dann trierischen Territoriums mittels vielfältiger Verträge, wird von diesem Gerhard gebrochen:
Aus Böhmen waren Soldaten unterwegs, die König Johann von Frankreich zur Hilfe eilen sollten. Auf ihrem Weg kamen sie durch kurtrierische Lande, befanden sich bereits hinter Trier auf luxemburgischem Gebiet, als Gerhard den Zug überfiel und gefangennahm. Balduin reagierte sofort und klagte ihn im Dinghaus zu

Liessem

Koblenz wegen Bruch des Landfriedens an.
Es erging ein »Versäumnisurteil«, da Gerhard innerhalb der gerichtlichen Frist nicht erschien. Mit diesem Urteil in Händen verpflichtete Balduin auf seine Kosten eine Reihe von Gefolgsleuten, die dann für ihn die damals starke Festung einnahmen und zerstörten. Die Burg ist dann wenig später wiederaufgebaut worden.
Wir lernen hier also zum ersten Mal die Konsequenz der Landfriedensregelung kennen, staatsrechtlicher Verträge, die der Befriedung eines gewissen Raumes und der dort ansässigen Personen, Kaufleuten und Pilgern, zur Förderung von Handel und Verkehr dienten. Bei Verletzung der fixierten Rechte kam es zu einem Gerichtsverfahren, und der Spruch ist dann von einer Art Polizeitruppe dieses Landfriedens exekutiert worden. Balduin selbst nutzte dieses Mittel des Landfriedens in vielfacher Hinsicht zur Festigung seiner Herrschaft, ganz besonders zur Förderung des wirtschaftlichen Verkehrs. So einigte er sich mit seinen Nachbarn beispielsweise auch auf eine gemeinsame Münzprägung.

Prüm-zur-Lay

Der fünfeckige Bergfried *

Über kleine Straßen des Bitburger Landes fahren wir an die Prüm.
Wenige Kilometer vor Irrel, in landschaftlich reizvoller Umgebung, stehen auf steiler Felsklippe die sehr schön gesicherten Überreste der Burg, die angeblich zur Zeit Karls des Großen bereits gegründet wurde.
Wir lassen den Wagen auf dem Parkplatz des ehemaligen Forsthauses und gelangen zu dem Felsvorsprung, der noch durch einen Graben nach Osten hin abgesichert ist. Es gibt immer wieder Lieblingsbauwerke, was sich oft einer objektiven Beurteilung entzieht. Dieser Bergfried aus dem 12. bis 13. Jahrhundert ist fünfeckig, wobei die Spitze zur Angriffseite hin zeigt. Ein ungewöhnlicher, bemerkenswerter Turm, wie etwa der in Grenzau.
Zwar ist auch hier der Bergfried (leider) nur durch eine nachträglich ebenerdig eingebrochene, brutale Öffnung zu betreten. Der Originaleingang im ersten Obergeschoß ist aber immer noch gut zu erkennen. Von der Mauerkrone des Bergfrieds aus haben wir einen herrlichen Blick ins Prümtal.
Von dem Palasbau ist noch der Südgiebel vollständig erhalten und durch eine Eisenplattform auch im ersten Obergeschoß zu betreten. Hübsch sind die Fenstersitznischen, man kann sich gut vorstellen, wie dort die »Hausfrau« sitzt und stickt oder spinnt und ins Tal nach dem von der Jagd heimkehrenden Ritter schaut.
Diese Burg, weit im angestammten luxemburger Territorium liegend, erwarb unser Kurfürst im Jahre 1332 gegen Belehnung eines Ritters. Am 14. April 1351 besitzen, nach der Urkunde unseres »Reisebalduineums«, Gottfried von Meisenburg (Luxemburg) und seine Frau Katharina von Homburg die kleine Burg zu Lehen.
Hier beenden wir unsere Rundreise zu den vier im Landkreis Bitburg gelegenen Burgen.

Prüm-zur-Lay

Kreis Daun

Daun
Das Raubnest

Das verschlafene Eifelstädtchen setzt auf Fremdenverkehr und bietet mit dem Hotel »Kurfürstliches Amtshaus« die in dieser Gegend sicherlich beste Herberge. Wessen Reisekasse noch nicht vollkommen an Erschöpfung leidet, wir befinden uns schließlich erst zu Beginn unserer zweiten Fahrt, mag hier auf Schloß Daun kurfürstliche Atmosphäre schnuppern.
Von der mittelalterlichen Burg selbst ist nur noch der steile Aufgang vorhanden, was nicht Erfolg der Ausräucherung des Raubnestes durch Balduin und Wilhelm von Köln ist, sondern vielmehr Opfer der Raubbrennerpolitik Ludwigs XIV., der 1689 das Schloß und die Stadt niederbrannte. Balduin hatte den Herrn Schyls oder feiner Aegidius von Daun oder unfeiner und treffender »den tollen Gilles«, mittels Lehensvertrag an sich gebunden, was letzterem aber offensichtlich nicht schmeckte. Der Herr von Daun pflegte sein Portemonnaie mittels Straßenräuberei aufzufüllen, was Handel und Wandel, damit auch den Steuereinnahmen des Erzstiftes zuwider laufen mußte. Mit im Spiel war der Erzbischof von Köln, denn die zwei Kollegen hatten am 2. September 1350 ein Bündnis geschlossen.
1353 rücken die beiden vereinigten erzbischöflichen Truppen vor und gewinnen die Burg. Wegen der bei diesem Kriegszug entstandenen Kosten halten sich die beiden Erzbischöfe an den Verursacher und teilen sich die Burg auf. Als »Ganerbenburg« war sie baulich und rechtlich bereits unter verschiedenen Familienzweigen aufgeteilt, und zwar dergestalt, daß unser Kurfürst nunmehr die Burg Nanstein erhielt.
Wurde ein drittes Tor durchschritten, gelangte man in die dahinterliegende

Daun

Altenburg und das Haus Rodenmachern, das Wilhelm von Köln zufiel. Der als Turmfaylche benannte Bergfried sollte dann gemeinschaftlich verwaltet werden. »Sollte« deshalb, weil es unserem Fuchs Balduin gelang, von Karl IV. das alleinige Eigentum über Daun zu ergattern. Pech für Köln!
Bei dieser Burg haben wir es zum ersten Mal mit einer »Ganerbenburg« zu tun, deren schönstes Beispiel noch heute die Burg Eltz darstellt: Verschiedene Familien bewohnen eigene Häuser, die teilweise eigene Befestigungen und Türme besitzen. Auch das Nebeneinander des trierischen Erzstiftes und des kölnischen wird uns noch öfter begegnen, so insbesondere an der Mosel bei der Burg Thurandt. Die Fundamentreste des hohen Turmes sind übrigens erst im 19. Jahrhundert bei Errichtung der evangelischen Kirche endgültig ausgelöscht worden. Angenehm berührt immerhin noch die Tatsache, daß das »Kurfürstliche Amtshaus« (von 1712), mit seinem schönen Wappen des Trierer Erzbischofs Karl Joseph, Sohn des Herzogs von Lothringen (1711–1715), wieder etwas kurfürstliche Atmosphäre vermittelt. Daun wurde durch Balduin Sitz eines kurtrierischen Amtes, der siebente Amtssitz, den wir nach Welschbillig, Pfalzel, Grimburg, Saarburg, Malberg und Kyllburg aufspüren. Im Städtchen selbst erfreuen wir uns an der Entfernung des Asphaltbelages der Straßen zugunsten einer hübschen Pflasterung, wenn auch die Restaurierung und Renovierung einiger bemerkenswerter Häuser zurückbleibt.
Des öfteren begegnet uns der Name »Graf Leopold von Daun«. Er war der letzte einer beachtlichen Reihe von Edelleuten »vom Daune«, die Berühmtheit erlangten, indes er mit der uradligen Familie gleichen Namens nichts mehr zu tun hatte, sondern von der Daun-Dunegin abstammte. Im Siebenjährigen Krieg bescherte er dem Preußenkönig Friedrich II. zwei empfindliche Niederlagen als österreichischer Feldmarschall.

Altendaun
Das Versteckspiel

Also, die komplizierten, tatsächlichen und rechtlichen Verhältnisse der Burg Daun in Ehren, aber hier wird es noch verwirrender. Der Stammsitz derer von Dune, auch unseres »Schylz«, war eine Burg, etwas mehr als nur vier Kilometer südlich bei Schalkenmehren gelegen. »Alt-Dune« wurde von dem Freiherrn Aegidius am 11. November 1341 unserem Kurfürsten aufgetragen als »neues Haus, das er bauen soll auf dem Berge bei Daun, genannt Altendune«. Die Burg wurde tatsächlich neu erbaut, denn aus einem Teilungsvertrag zwischen zwei Brüdern ist eine recht genaue Beschreibung überliefert. So bestand die Burg aus zwei Türmen, einer Pforte mit einem Haus darüber, einem Pütz (Brunnen) und einer Brücke. Oberhalb der Burg selbst wird ein Felsen beschrieben, der nicht bebaut werden dürfe.
Tatsächlich finden wir auch die Stelle: Wir halten uns auf der Straße, die das Totenmaar und das Schalkenmehrener Maar auf dem Bergkamm passiert und stoßen bereits wenige hundert Meter weiter auf einen stark bewaldeten, herausragenden Berg. Die Zufahrt befindet sich rechts der Straße und ist wenig später durch ein in diesem Moment glücklicherweise offenstehendes Eisentor gesperrt. Die Stätte, wo die Burg stand, ist nunmehr leicht zu identifizieren. Alles ist modern überbaut, aber immerhin wurde das Bauverbot des überragenden Felsens bis heute eingehalten.
Noch im 19. Jahrhundert waren die Ruinen eines festen Hauses zu erken-

nen, die aber leider völlig weggeräumt worden sind. Mittelalterliche Reste sind somit keine mehr vorhanden. Dennoch vermittelt die Stätte immer noch einen greifbaren Eindruck von der rauhen Wehrhaftigkeit eines alten Raubrittergeschlechtes.
Selbstverständlich ist von hier aus ein Rundgang um das beeindruckende Totenmaar, wobei wir zur Verstärkung des »nominellen Eindrucks« den Herbst mit möglichst schlechtem Wetter, dafür aber guter (englischer) Kleidung und einer Übernachtung in Schalkenmehren empfehlen können.

Freudenkoppe
*Die Wandervögel **

Von Daun aus ist westlich, über immer noch romantische Straßen, der weithin aufragende Nerother Kopf (647 m) zu erreichen. Neroth selbst war in der Eifelgegend noch bis vor dem letzten Kriege durch die »Mausefallenindustrie« bekannt. Wirklich, Nerother Marketender zogen durchs Land und verkauften die Drahtgestelle zum Einfangen der damals noch weit verbreiteten kleinen, possierlichen grauen Hausgenossen.
Damit ist es heute, wie die meisten Damen meinen, glücklicherweise vorbei. Vom Dorf aus fahren wir – diesmal sind wirklich der Geländewagen oder Schusters Rappen angesagt – östlich, den Ort verlassend in Richtung Neunkirchen. Einem Parkplatz gegenüber geht es auf einem den steinigen Untergrund verratenden Weg dem Berg entgegen. Nach einem Hinweisschild haben wir vergebens gesucht. Der Aufgang zur Burg, der sogar befahren werden kann, befindet sich gegenüber der riesigen Tuffsteingrube. Der Aufstieg lohnt, denn wirklich ideal gelegen, lassen sich auf der Kuppe die tiefen Ringwälle, erhebliche Wehrmauern, der Bergfried respektive das

Freudenkoppe

feste Haus in Ruinen und außerhalb des Wehrbereichs, im Hang gelegen, ein stattliches Burghaus entdecken. Letztes wurde im Bestand gesichert.
Es stammt aus dem 15. Jahrhundert, während der Bergfried bzw. das feste Haus aus der Entstehungszeit um 1340 datiert. Der Eingangsbereich selbst ist leider durch einen Mühlsteinbruch verschwunden. Die romantische Höhle ist dafür Geburtsort der »Nerother Wandervögel«, die 1921 von den Brüdern Oeldermann (1941 im KZ Dachau umgekommen) begründet wurden. An Silvester finden meist in tiefem Schnee immer noch Treffen statt, die bei dieser Umgebung an Romantik kaum mehr zu überbieten sind.
So erfreulich die Sicherung des Burghauses ist, so notwendig erscheint uns die Pflege des Burgberinges selbst, denn die Anlage ist mit der Übergabe der übrigen »Freudenburgen« seit 1346 Trierische Landesburg.

Freudenstein
*Geisenburg? **

Ein »officium nobile« ist in diesem Zusammenhang der Besuch, mehr, die veritable Entdeckung der dritten »Freudenburg«. Nur wenige Kilometer südlich erreichen wir das Glockengießerdörfchen Brockscheid.
Im Dorf selbst sind (endlich einmal) kleine, feine Wegweiser zur »Geisen-

Freudenstein

burg« aufgestellt, und zwar so, daß sie auch gefunden werden muß. Nach ungefähr zwei Kilometern Feld-Waldweg, der mit dem Pkw befahrbar, mit unserem Geländewagen aber leichter zu bewältigen ist, treffen wir auf die sehr eindrucksvollen Reste dieser ansehnlichen, starken, an Neroth erinnernden Burg. Nicht nur zwei Erdwälle mit jeweils ca. 100 Meter langen Gräben, nein, der Burghügel selbst ist gut zu erkennen. Endlich einmal hat jemand das Gelände von Büschen und Bäumen befreit.

Auch beginnen Arbeiten, die Fundamente freizulegen. Angesichts der zaudernden Literaturbeschreibungen eine freudige Überraschung!

Obwohl Balduin mit seinem königlichen Neffen, dem erblindeten König Johann von Böhmen, immerhin die höchst erfolgreiche adelige Familie teilte, mußten beide erst reichlich Muskeln spielen lassen, um sich gegenseitig klar zu machen, wo die Reviergrenzen seien. König Johann hatte die Ostgrenze der ererbten Grafschaft Luxemburg mit einer Reihe von Burgen gesichert, so Freudenberg, Freudenkoppe und hier Freudenstein bei Brockscheid. So geheimnisvoll die stattliche Anlage in der herrlichen Landschaft des Liesertales bezaubert, so geheimnisvoll ist die Geschichte der Burg immer noch. Noch im 19. Jahrhundert war nach durchgeführten Grabungen nicht deutlich, daß es sich hier um die im Zusammenhang mit Johanns Burgen urkundlich erwähnte Burg Freudenstein handele. Dies ist erst später erkannt worden. Die Burg selbst hatte nur eine kurze Geschichte. Bereits Johann's Sohn Wenzel – der als Karl IV. am 11. Juli 1346 zum König und am 5. April 1347 zum Kaiser avancierte und aus vier Ehen zehn Kinder hervorbrachte – mußte die Burg an Balduin zu Eigentum abtreten, nachdem schon Freudenburg von seinem Vater für 6333 Gulden versetzt worden war. Auch hieraus ist zu ersehen, daß sich Balduin für das trierische Erzstift gegen die mächtige Grafschaft Luxemburg Burg um Burg durchsetzte. Dies muß 1346 geschehen sein. Wahrscheinlich war die Burg aber bereits 1348 schon wieder zerstört, möglicherweise im Zuge einer Auseinandersetzung zwischen Balduin und dem luxemburgischen Lehensmann Wilhelm von Manderscheid, auf den wir noch zu sprechen kommen.

Was hier mitten im Walde langsam und gemächlich ausgegraben wird, ist also authentisches 14. Jahrhundert, hier atmet der Geist Balduins und der Luxemburger. Wir haben die Burg bereits mehrfach aufgesucht, auch im Winter lohnt der lange Fußmarsch durch den Schnee von Brockscheid aus. Mit etwas Phantasie ausgestattet, entsteigt Johann mit seiner starken Festung dem Trümmerfeld – ein »Muß« für jeden »kleinen Schliemann«.

Kreis Bernkastel-Wittlich

Burg Landshut
Der abgebrannte Schlapphut **

Eher tränenblind als geblendet von der Sorgfalt im Umgang mit der Tradition, stoßen wir auf unserer Rundreise nunmehr im Kreis Bernkastel-Wittlich, im ehemaligen Kreisstädtchen Bernkastel-Kues, auf Burg Landshut. Das vom Verkehr geplagte, äußerst reizvolle Weinhandelsstädtchen hat eine Kurfürstentradition, die ihresgleichen sucht.

Bevor wir uns der Ruine nähern, vergegenwärtigen wir uns der stolzen Geschichte der Burg, die im Mittelalter von ihrer Lage und der Stärke ihrer Mauern her als uneinnehmbar galt. Ursprünglich luxemburgisch, wurde die Burg von dem trierischen Erzbischof Poppo von Babenberg (1016–1047) erobert. Er machte die Burg mit dem zu ihren Füßen ruhenden Ort für immer trierisch. Der Name Poppo (er kann wirklich nichts dafür) ist verbunden mit dem Wiederaufbau des Domes in Trier, der auch sein Schicksal werden sollte, denn er starb im Juni 1047 an einem Sonnenstich, als er, um die Bauarbeiten zu besichtigen, auf dem Domturm stand. Poppo war also das Kunststück gelungen, diese Burg einzunehmen und zu zerstören.

Der rücksichtslose, kriegerische und kraftvolle Erzbischof Heinrich II. von Finstingen (1260–1286) ist auch in Bernkastel seinem Ruf gerecht geworden und errichtete eine neue, starke Burg. Der im Erzstift mehr gefürchtete als geliebte, gewalttätige Landesherr dachte hierbei wohl auch nicht nur an die Abwehr äußerer Feinde, sondern auch an die Bezwingung der eigenen Landeskinder – wie in Koblenz, auf diese blutige Geschichte kommen wir noch. Der Nachfolger unseres Kurfürsten, Boemund II. von Saarbrücken

Burg Landshut

Landshut, Innenansicht

(1354–1362) hingegen war ein eher friedfertiger Erzbischof, der den Krieg, Mord und Brand seinem Koadjutor, Kuno von Falkenstein, überließ. Auf ersteren ist es zurückzuführen, daß die Wahl des deutschen Königs dann endgültig, so wie es Balduin bereits 1338 in Rhens durchgesetzt hatte, schriftlich in der Goldenen Bulle fixiert, durch die sieben Kurfürsten und nicht durch alle Reichsfürsten zu erfolgen hatte und keiner Bestätigung des Papstes bedurfte. So geschehen Weihnachten 1356 in der Kathedrale zu Metz.

Auf ihn geht auch die Sage vom weltbekannten Doctor-Wein zurück, soll er doch nicht von einem Schlückchen Medizin seiner Doktoren, sondern durch einen ganzen Humpen des von dem Hunolsteiner kredenzten Bernkasteler Wein genesen sein. Balduin vollendet diese »Superburg«, wobei bei Betrachtung des Grundrisses auffällt, daß Ähnlichkeit mit der um 1320 errichteten Baldenau besteht, nämlich, wir hatten es bereits bei der Freudenburg erwähnt, auch hier ist der runde, mächtige Bergfried in die Ringmauer integriert. Vom unentbehrlichen, von uns immer mitgeführten »Dominikus, Baldewin von Lützelburg«, wissen wir, daß unser Kurfürst auch um die personelle Ausstattung der Burg, die gleichzeitig Amtssitz war, ständig bemüht ist. Es sind noch eine ganze Reihe von Urkunden vorhanden, wonach die Burgbesatzung nebst Bezahlung, Verpflegung usw. geregelt wird, so wie es nun einmal Balduins Art war.

Für das Städtchen im Schatten der Burg folgten segensreiche Zeiten bis zum Dreißigjährigen Krieg, der Pest und den Schweden, und dann natürlich den Franzosen, die 1674 Bernkastel mit 2000 Mann erfolglos angriffen. Dann kam aber für unsere Burg der schicksalhafte 8. Januar: »Anno 1692 ereignete sich im dortigen Burgschlosse eine unverhoffte und entsetzliche Feuersbrunst, wodurch dasselbe ganz abbrannte und S. Kurfürstlichen Durchlaucht, dem Erzbischof Johann Hugo von Orsbeck zu Trier, an Seltenheiten, schönen Schildereien und anderen Kostbarkeiten über 70.000 Taler Wertschaden »geschah«. Die Burg blieb Ruine, leider bis heute, obwohl »Landshut« geheißen. Die immer noch imposante Anlage steht im Eigentum der Stadt.

Zu Johann Hugo von Orsbeck (1676–1711) darf nicht unerwähnt bleiben, daß dieser dem Kurfürstentum in einer schrecklichen Zeit vorstand, in welcher der Sonnenkönig, unter anderem durch einen General Melac, noch heute in der Pfalz ein Schimpfwort, systematisch zerstörte, was Generationen errichtet hatten, so auch unsere eigene Ruine, Schloß Veldez, nur 5 km entfernt.

Johann Hugo bezog, nach Ehrenbreitstein geflohen, ganz entschieden gegen Frankreich und für das Reich Stellung, wodurch die trierischen Lande ganz erheblich unter den französischen Truppen zu leiden hatten. Aber ausnahmsweise, wie wir gehört haben, hat sich der französische Sonnenkönig am Feuer von Schloß Landshut nicht die Hände gewärmt. Verdient hatte es unser Kurfürstentum sicherlich nicht, diese Behandlung durch die Franzosen.

In militärischer Hinsicht ist das Kur-Trier nie besonders in Erscheinung getreten. Eine militärische Tradition besteht, wir denken hier an Preußen, überhaupt nicht. Zwar haben sich die »Petermänner« oftmals, auch bei Balduin wacker schlagen müssen, aggressive Landespolitik ging aber von den geistlichen Kurfürstentümern Trier, Köln und Mainz im großen Stil nie aus.

So finden wir heute noch keine einzige Sammlung von kurtrierischen Waffen. Wir kennen nur einen Schild mit einem kurtrierischen Kreuz auf Burg Stolzenfels und die berühmte, riesige Kanone »Greiff« auf der Festung Ehrenbreitstein. Beides werden wir noch besuchen. Ein Militärstaat war Kur-Trier also glücklicherweise nie, im Gegenteil, es befand sich ständig in der Defensive gegenüber dem westlichen Nachbarn.

Landesburg Manderscheid
Die Rhombe **

Wir bleiben bei den Franzosen, beginnen unsere tour d'horizon im burgenreichen Landkreis Bernkastel-Wittlich im Norden, im Luftkurort Manderscheid an der Lieser. Das Ende der ursprünglich luxemburgischen Oberburg soll nicht weiter erwähnt werden, wir hatten schon in Bernkastel, zu Unrecht, die Brandstifter gemutmaßt. Der von uns bereits erwähnte Haudegen Heinrich von Finstingen hatte die heute immer noch schwer zugängliche Burg bereits zum Sitz eines Amtmannes gemacht. Im Dorf selbst, welches in »unserem Zeitalter« bereits als Stadt bezeichnet wird, läßt es sich guter Gastronomie wegen angenehm verweilen. Der im Tal gelegene Stammsitz der mächtigen Grafen von Manderscheid, Lehensmänner der Grafen von Luxemburg, ist sicherlich eine der sehenswertesten Burgruinen unserer gesamten Reise. Nicht nur der idyllischen Lage wegen, nicht nur der modellhaften Anlage mit den vielen Toren der verwinkelten Wehrmauern bis hinauf zum viereckigen, immer noch 18 Meter hohen Bergfried aus dem 12. Jahrhundert wegen, nein, bemerkenswert ist die private Initiative des Eifelvereins, der seit 1899 die Ruine immer wieder sichert und teilweise restauriert. Hier ist Liebe spürbar und Sorgfalt sichtbar. Obwohl nicht trierisch, gehört sie zu unseren »Lieblingsburgen«. An dieser Burg hatte sich Balduin die Zähne ausgebissen, denn er begann im Jahre

Manderscheid

1346 mit der Belagerung, die zwei Jahre, fünf Monate und 15 Tage dauerte! Mit nur wenig Phantasie läßt sich vom Tal aus, am besten bei einer Tasse Kaffee angenehm verweilend und die aufragenden Mauern betrachtend, ausmalen, daß unser Kurfürst hier ganz erhebliche militärische Probleme hatte, da sicherlich auch mit Katapulten, wie etwa bei der Burg Eltz, wegen der Unzugänglichkeit der Niederburg wenig auszurichten war.

Wir wollen uns aber nicht ebenso vergebens wie unser Kurfürst an der Burg Niedermanderscheid festhaken, sondern die kurtrierische Oberburg besuchen.

Über einen sehr schönen, wildromantischen Wanderweg gelangen wir zu den (nur noch gesicherten) Ruinen des von einstigem Glanz zeugenden, fast unzugänglichen Verwaltungs- und Herrschaftsmittelpunkt. Wir haben schon fünfeckige Bergfriede erlebt, quadratische, hier begegnet uns aber etwas ganz besonderes: ein Rhombus. Der restaurierte, fünf Stockwerke hohe Turm weist ungefähr gleiche Seiten von etwa neun Metern auf. Von Manderscheid aus betrachtet, erkennt man diesen höchst eigenartigen Grundriß nicht, wir meinten, es mit einem rechteckigen Turm zu tun zu haben. Wer auf dem Burgplateau steht, erkennt jedoch das zusammengedrückte Viereck. Erkennbar, aber leider in seiner Funktion nicht hergestellt, ist der im zweiten Obergeschoß liegende Eingang. Die Turmanlage stammt aus der Zeit des Erzbischofs Hillin von Fallemannien (1152–1169). Dieser mußte sich gegen die Trierer Bürgerschaft und den pfalzgräflichen Obervogt, der sich mit den Trierern verbündet hatte, hart auseinander- und letztlich durchsetzen. Hillin hatte auch im Verhältnis zum Papst seine Probleme, weil er Kaisertreue zeigte – wie übrigens die allermeisten unserer Erzbischöfe und Kurfürsten. Es ist leider immer noch positiv erwähnenswert, daß die Gemeinde eine ordentliche Tafel an dem Aussichtspunkt erstellt hat, auf der die Geschichte der kurtrierischen Landesburg, der Oberburg und der gräflichen Niederburg hinreichend und leserlich dargestellt ist. Erwähnenswert deshalb, weil dieses Minimum an Geschichtsservice oft, sogar meistens, fehlte.

Manderscheid

Musweiler

Die Kuhwiese

Wir fahren die Salm hinab über Großlittgen, dann rechts weiter nach Musweiler. Eine einzige Straße führt in das kleine Dorf hinein, dieselbe wieder hinaus. Wilhelm von Manderscheid erhält am 6. März 1318 von Balduin in einem Lehensvertrag sein »domus sine castrum« bestätigt, also nicht übermäßig viel. Dieses »Haus ohne Burg« war ein Turm auf einem kreisrunden Erdhügel mitten in einemEntenteich.

So jedenfalls stellt sich die Örtlichkeit »Weiherchen« heute dar. Nach langem Suchen nach dem »Burgköpfchen, 200 Meter nordwestlich der Kapelle« – die Örtlichkeit wird in den »Kunstdenkmälern« als »eine kleine Erhöhung in einer Wiese (früher Weiher)« beschrieben –, kommt endlich einer auf die Idee, den Ortsbürgermeister zu fragen. Dieser, höchst hilfsbereit, geht mit uns auf eine Wiese hinter seinem eigenen Bungalow. Zu sehen ist – außer Wiese – nun wirklich gar nichts mehr, vielleicht mit Ausnahme eines talwärts im Gelände noch leicht erkennbaren, gebogenen Deichs. Just in der Mitte dieser Wiese erhob sich bis etwa 1920 noch ein Mottenhügel, auf dem ganz früher der Turm gestanden hatte. Nach der Flurbereinigung zwischen den Kriegen wurde ein Knecht angestellt, der den immerhin noch 1,50 Meter aufragenden Hügel brav abtrug und einebnete. Weg ist er. Das älteste Haus des Dorfes könnte, da aus dem dort seltenen roten Sandstein gebaut, von dem Niedergang des Turmes profitiert haben. Immerhin besann sich der Gemeinderat und nahm den Turm wieder im neuen gemeindlichen Wappen auf, wie es sich für eine kurtrierische Gemeinde gehört: rot auf silbernem Grund. Der Turm ist zweistöckig, auf einem grünen Motten-Hügel abgebildet. Falls man mit dem Geländewagen oder auf Schusters Rappen unterwegs ist, lohnt noch ein kurzer Ausflug ins Almtal zur Musweiler-Mühle, der Romantik wegen.

Bruch

*Eine Wasserburg mitten in den Bergen ***

Von Musweiler aus fahren wir die Salm hinunter, um nach Bruch zu gelangen, einem noch nicht 500 Seelen kleinen, sehr gepflegten Dörfchen.

Gegenüberliegend erhebt sich eine Burg mit zwei fast 30 Meter hohen Türmen. Noch gut zu erkennen ist der in der Eifel seltene Typus der wasserumwehrten Niederungsburg. Leider sind die vollständig die Burg umschließenden Gräben, die damals durch den Niersbach gespeist wurden, verlandet. Von der Burg selbst stehen noch ganz erhebliche Teile der Außenmauern, wobei der homogene Eindruck täuscht. Im Inneren wird sichtbar, daß eine Unterteilung in eine ältere Hauptburg mit Westturm, von der Straße aus gesehen der hintere, und eine Vorburg mit ebenfalls noch erhaltenem Ostturm als Eckturm vorhanden war. Die Hauptburg, mit Ausnahme des Bergfriedes, war von einer 9,80 Meter hohen Umfassungsmauer umgeben, wie man noch am Bergfried erkennen kann. Der Bergfried selbst war, wie bei den Burgen dieser Art üblich, auch zum Wohnen gedacht. Zur Zeit unseres Kurfürsten wurde an der Burg gebaut, sie ist erweitert worden. Ernst Hollstein hat eine dendrochronologische Datierung nach zwei Balken aus dem Inneren des Turmes vorgenommen, danach stammen beide aus dem Jahre 1331, also aus der Zeit Balduins.

Wir wissen aus den noch vorhandenen Urkunden, daß am 7. Mai 1338 »Burg und Hus« dem Freiherrn Die-

Bruch

trich von Daun zu Lehen gegeben wurden, dann am 27. Juni 1343 dem Freiherrn Arnold von Blankenheim, und daß Dietrich am 20. März 1346 die »Vesten« wiedererhält. Jetzt ist das Terrain der Kernburg noch als Hügel gut zu erkennen. Wie bei Wasserburgen oft üblich, könnte hier die Anlage der Burg ihren Ausgang von einer Motte, also einem mit Palisaden umgebenen Erdhügel nebst einsamen Turm, genommen haben.

Auch die Vorburg war, teilweise am vorderen Ostturm noch zu erkennen, mit ungewöhnlich hohen Mauern umgeben, wobei auch hier das Innere des Turmes sehenswert ist.

Das Eingangstor zum Burgbereich ist, im Vergleich zu den vorhandenen Zeichnungen und Ansichten, aus dem Jahre 1689 auf die Hälfte der ursprünglichen Höhe reduziert, vermittelt aber mit seinem Tonnengewölbe immer noch einen sehr schönen Eindruck aus dem 13. Jahrhundert, auch wenn die vier Obergeschosse verloren sind. Dorf und Burg passen insoweit gut zueinander, als beide einen gepflegten Eindruck vermitteln. Die Burg befindet sich in privater Hand.

Dörbach

Der untergegangene Turm

Bei aller Mühe, die wir aufgewandt haben, um den »turris« wiederzufinden, mit dem der Ritter Conrad von Esch am 14. März 1340 in Dörbach zu einer Hälfte belehnt wird, haben wir nichts gefunden, außer einer Straße »Burgspesch«, also Burgwiese. Eine noch vorhandene Originalurkunde weist immerhin noch den »burglichen Baue zu Irlenbach« im Jahre 1439 nach. Dörbach liegt südöstlich von Wittlich an der B 49 in der Gemeinde Salmtal. Uns bleibt nur die Kenntnis, daß Balduin durch den bereits erwähnten Vertrag einen Ausbauverzicht für den Turm erreichte gegen das Zugeständnis der weiblichen Erbfolge der Familie von Esch. Das Dorf selbst unterstand teilweise Kurtrier, zum Teil der Grafschaft Luxemburg mit dem Hochgericht zu Bruch.

Esch

Der Stammsitz des Ritters

Der vorerwähnte Ritter Conrad stammt aus Esch, unmittelbar an der Autobahn Trier-Koblenz gelegen. Oberhalb des Dorfes, zu Sehlem gehörend, direkt an der Autobahn und deren wunderschönen Schallschluckwänden, ist eine Erhebung, auf der sich der Rittersitz einmal befand. Zu sehen ist zunächst nichts mehr. Wir fragen uns zu einem Herrn Body durch, der in einem als Burghaus bezeichneten Gebäude wohnt, das übrigens eine interessante Scheune besitzt: Dort befand sich bis kurz vor Kriegsende ein spätgotisches Türportal mit einem in Sandstein gehauenen Wappen, einem Adler und einem Löwen. Es war das Wappen derer von Esch und Thann von Thanstein. Der Hauseigentümer verschenkte den Türsturz, nachdem im März 1945 nach einem Fliegerangriff die Scheune niedergebrannt war.

Noch 1731 waren »bedeutende Überbleibsel« des Schlosses zu Esch zu sehen. Erwähnt ist der Rittersitz in unserem Balduineum unter dem 28. Fe-

bruar 1331 als »castrum« und am 18. Mai 1346 als »Vesten« zugunsten des Dietrich von Esch, der ein Jahr später bereits trierischer Amtmann zu Neuerburg und Wittlich wurde.
Reminiszenzen an das uralte Rittergeschlecht von Esch, auch das außereheliche, Ernst Albrecht von Esch aus dem 16. Jahrhundert, lassen sich eher in der katholischen Pfarrkirche zu Sehlem finden.
Immerhin wissen wir, daß im 14. Jahrhundert zwei Familien in der Burg lebten, die Oberburg und die Niederburg trierisch war, und daß diese im Bereich der sehenswerten kleinen Kapelle mit den vorerwähnten Adelswappen zu finden war. Heute ist der Bereich völlig überbaut, nichts mehr erinnert an die beiden Burgen. Schade, handelte es sich doch bei der Adelsfamilie von Esch um eine Familie, die in der Umgebung 70 Besitzungen hatte. Gefördert wurde von dieser Familie insbesondere die Entstehung des Wallfahrtsortes Eberhardsklausen, heute Klausen, wo auch die Grabplatte und Umschrift des geharnischten Ritters aufgesucht werden sollte: »Hier ruht der Edle Herr Godfridens von Esch, gestorben im Jahre 1465 im Monat April. Ruhe in Frieden – Amen.«

Erlenbach
Nochmals Ritter Conrad von Esch

Das kleine Dorf ist hübsch gelegen, von Esch über Hetzerath aus leicht zu erreichen. Zunächst die übliche Mühe, sich im Dorf umzusehen, um das zu finden, was dem Ritter Conrad von Esch am 14. März 1340 mit dem Turm zu Lehen gegeben wurde. Hier ist es wieder einmal so, daß die freundliche Frage nach diesem »Turm«, vielleicht der Bezeichnung einer Flur, Straße oder ähnlichem auf Gegenliebe stieß. Unsere Leser werden vielleicht jetzt schon im ersten Quartal unserer Reise zu Balduins Burgen festgestellt haben, daß Nachfragen bei unseren Landsleuten und Zeitgenossen oftmals nur ungläubiges Erstaunen hervorruft, vereinzelt aber eine unverhofft beglückende Hilfsbereitschaft und Freundlichkeit. Wir können jedenfalls die kleine Gaststätte nebst freundlicher Wirtin und Bewirtung empfehlen.
Zu unserem Ritter von Esch ist also festzustellen, daß er mit dem Überleben seiner Rittersitze wirklich Pech hatte, Vrais von Erlenbach wird als deren Burgmann in »unserem« 14. Jahrhundert ebenso benannt wie Stephanus de Erlebac als Vasall Balduins 1342. Indes ist der »feste Turm« oder »burgliche Bau« verschwunden. Ein Hinweis könnte die Flurbezeichnung »Altburg« sein, 400 Meter östlich des Wegekreuzes zu finden, wo Kellerreste gefunden wurden.
Das schöne Kesselstattwappen am »Burghaus« ist späteren Datums. Erlenbach war übrigens eigenständiges Territorium der niederrheinischen Reichsritterschaft.

Dodenburg
Das Märchenschloß

Ideal gelegen für einen Adelssitz ist immer noch Dodenburg nördlich von Erlenbach (Hetzerath), auf der Höhe thronend. Das jetzige Schloß wird be-

Dodenburg

reits 1279 als trierisches Lehen bezeichnet. So bleibt es bis zum Ende des Kurstaates. Der Schultheiß Collin von Wittlich hat am 7. Mai 1338 die Burg als Lehen empfangen, die bezeichnet wird als »Hus und vesten zu Dodenberg mit deme buwe, vestenonge und graben«.
Tatsächlich ist in dem weitläufigen Schloßpark, das neuerdings und glücklicherweise aus seinem Dornröschenschlaf erwachte Schloß mit seinem rechteckigen Grundriß und den runden Ecktürmen, geschützt von dem zum Hang hin noch gut erkennbaren Graben, als ehemaliges Wasserschloß noch leidlich auszumachen. Bis vor wenigen Jahren noch im Besitz der Familie von Kesselstatt, ist das im 19. Jahrhundert umgebaute Anwesen zum Altersheim degeneriert, nunmehr durch verdienstvolle Privatinitiative aber wachgeküßt. Vergegenwärtigt man sich die Ansicht der alten Burg noch aus dem Jahre 1664, in den »Kunstdenkmälern« abgedruckt, war das Gebäude von einem rechteckigen Wassergraben von allen vier Seiten geschützt. Da die Anlage nicht im Tal, sondern eher im Hang liegt, war talwärts ein Damm notwendig. Das rechteckige Gebäude hatte überschaubare Außenmaße von 33 x 26 Metern, ohne die drei Dreivierteltürme. Das hübsche, wohnliche Burghaus mit dem mächtigen, fünfgeschossigen Turm, der Innenhof und Eingang sicherte, erinnert an die Umbau- und Neubauwut auch unserer Zeit. Das viele Geld der Umbauten hätte nach unserem Geschmack damals schon in einen Erhalt der Wasserburg gesteckt werden können.

Neumagen
Petersburg an der Mosel

Wenden wir uns der Mosel zu, nach Neumagen-Dhron, wenige Kilometer hinter der schwindelerregenden Leiwen-Trittenheimer-Moselschleife. Für uns ist es schwierig, in diesem Ort nicht ins Schwärmen zu geraten. Beginnen wir mit dem ersten der drei »großen Trierer«: dem römischen Kaiser Konstantin (325–337). Der für Monumentalbauten und die Einführung des Sonntags bekannte Kaiser hatte in Neumagen eine »Burg« mit 14 Rundtürmen und zwei Toren errichtet. Der Verlauf des Kastells ist mitten im Dorf noch erkennbar.
Auf der Suche nach der »Konstantinsburg« stoßen wir auch auf unsere kurtrierische Burg, die in die – wohl im März 882 beim Normannensturm zerstörte – römische Befestigung hineingebaut worden ist. Zwischen den teilweise wunderschönen Neumagener Adels- und Bürgerhäusern stand die »Petersburg«, wo sie aber 1815 niedergelegt und eine Apotheke erbaut wurde.
Als zum Burgbau hinzugehörig, steht heute noch die Peterskapelle inmitten alter Bäume. Sie wurde bereits 1314 als Burgkapelle gebaut. Um 1321 wurde die Burg an Johann Spieß von Hunolstein und 1325 mit Turm und Hof an Gerhard von Blankenheim verlehnt. Wenn also von der kurtrierischen Burg selbst nichts mehr vorhanden ist, so entzückt das Ambiente, so daß sich unser Aufenthalt dort schon aus diesem Grunde lohnte.

Dhronecken
Das Nibelungenlied *

Wir wechseln vom Moseltal hinauf in den »Hundsbuckel«, nach Dhronecken, nördlich von Hermeskeil. Auch dieser Ausflug in den südlichsten Zipfel des Landkreises Bernkastel-Wittlich lohnt, stoßen wir doch zum ersten Mal auf die Wild-, dann sich Rheingrafen nennende Adelsfamilie und eine Reihe von

Merkwürdigkeiten. Das im Tal des gleichnamigen Flüßchens, auf halber Höhe über einigen Häusern des Dörfchens »thronende«, schlichte Schloß soll Sitz des Nibelungenhelden Hagen von Tronje gewesen sein. Warum nicht? Vergegenwärtigen wir uns des Einäugigen, so paßt dieser rauhe Held durchaus in den Hunsrück. Die zweite Merkwürdigkeit ist die, daß die Burg im Jahre 1808 infolge eines Erdstoßes zusammenfiel. Die Anlage, die in letzter Zeit ordentlich gepflegt ist hat durchaus noch mittelalterliche Anklänge, insbesondere das Fundament des runden, mit 2,55 Meter starken Mauern ausgestatteten Bergfriedes, der angesichts dieser Maße eine respektable Höhe aufgewiesen haben muß. Zu sehen sind die Reste einer Schildmauer, des weiteren sehr schön der Halsgraben, in den Berggrat hineingefräst. Wir freuen uns über eine ordentliche Beschilderung. Sehenswert wegen des großen Mansarddaches und der Holzgalerie mit gedrechselten Säulchen ist die Hinterfront eines unterhalb der Burg gelegenen Hauses.

Etwas Vergleichbares gibt es hier nicht mehr. Balduin war es 1346 gelungen (wieder einmal), die Lehensoberhoheit den Luxemburgern abzuknöpfen, und zwar gegen Zahlung von 4000 fl. Zu Problemen kam es im Jahre 1403, als Werner III. von Falkenstein (1388–1418) versuchte, die Burg einzunehmen; es blieb beim Versuch. Werner (so die nach ihm benannte, sehenswerte Burg Wernerseck bei Plaidt) hatte sich mit allen verkracht, sogar mit dem Domkapitel, welches zu guter Letzt vom Papst die Absetzung des Erzbischofs forderte. Werner betätigte sich als rücksichtsloser Territorialpolitiker, wie schon sein Vorgänger, Kuno II. von Falkenstein (1362–1388).

Dhronecken

Hunolstein

Das Schloß Henampeir *

Von Dhronecken aus fahren wir die Hunsrückhöhenstraße, die B 327 über Thalfang bis zur Abzweigung Odert, um nach Hunolstein zu gelangen. Am steil abfallenden Dhrontal liegen die Überreste der Burg der ehemaligen Vögte, vielleicht sogar schon zu Balduins Zeiten Sitz eines Amtes im Schatten eines großartigen Quarzitfelsens. Von Süden gesehen sind die inzwischen glücklicherweise gesicherten Überreste der Umfassungsmauern nebst Rundturm immer noch wehrhaft anzusehen. Nördlich ist die Wehrmauer an oder mit Häusern verbaut, vom Innenhof aus, nunmehr Wiese mit einigen freistehenden Häusern, ist auch die nördliche Mauer und ihre relative Höhe zu bewundern. Der Bergfried selbst stand wohl noch auf dem an sich schon 50 Meter hohen Quarzitfelsen, denn oben angelangt, sind jetzt noch Mauerreste erkennbar.

Die Burg wird in der Lehensauftragung vom 13. April 1318 Henampeir genannt. Sie ist bereits dem trierischen Erzbischof zu Lehen aufgetragen worden, also alte trierische Besitzung. Zerstört wird das Schloß von Franz von Sickingen im Jahre 1522 anläßlich des Zuges gegen Kurtrier. Der streitbare Reichsritter biß sich damals die Zähne an Kurfürst Richard von Greiffenklau-Vollraths (1511–1531)

Hunolstein

aus, den wir bei Ramstein kennengelernt haben. Letzterer war der nach Balduin wohl bedeutendste kurtrierische Politiker, der sogar noch mit Martin Luther versuchte, zu einem Kompromiß zu gelangen. Er war mit Franz von Sickingen mütterlicherseits verschwägert, was ihn aber nicht hinderte, die Stadt Trier gegen den anstürmenden Reichsritter zu verteidigen.
Immerhin war es Franz von Sickingen gelungen, mit 5000 Rittern und 10 000 Mann Fußvolk im August 1522 die starke Grimburg einzunehmen, Hunolstein wurde zerstört, die Burg Landshut (Bernkastel) – ohne Erfolg – belagert. Bekanntlich überlebte er die Niederlage im trierischen Feldzug nur um wenige Monate. Am 2. Mai 1523 starb Sickingen nach tapferster Verteidigung seiner Burg Landstuhl schwer verwundet, endgültig die Idee der freien Ritterschaft begrabend.
Unser Kurfürst Richard war auch der, der den heiligen Rock erstmals anläßlich eines Besuches des Kaisers Maximilian I. kassenfüllend ausstellte. Angekreidet wurde ihm, daß er die trierische Kurstimme dem französischen König Franz I. gegen viel Geld verkaufte, was letzterem aber nichts einbrachte. Immerhin ist es diesem tatkräftigen Kurfürsten gelungen, Wirtschaft und Finanzen zu ordnen, das Gerichtswesen zu reformieren und ein im katholischen Glauben festes Staatswesen zu hinterlassen. Dagegen blieb Hunolstein traurige Ruine; kein Schild, kein Hinweis auf die Geschichte.

Baldenau
Begegnung mit unserem Kurfürsten **

Wir fahren, von Hunolstein kommend, die Hunsrück-Höhenstraße bis Morbach ins Tal der Dhron, über Bischofsdhron in die weite Wiesensenke des Tälchens, stoßen dann, nach wenigen Kilometern, auf die Burg Baldenau. Hier taucht er zum ersten Mal auf unserer Rundreise auf, der Name unseres Kurfürsten, verewigt in einer seiner Burgen. Hier sind wir ihm unmittelbar auf der Spur, dies ist eine seiner eigenen Burgen, sein Werk, ein unmittelbares Zeugnis seines Wirkens. Unverfälscht, als Ruine noch den großen Bauherrn verkörpernd. Wir erinnern uns an die im Vergleich zu den Lehensburgen wenigen Landesburgen, die in der unmittelbaren Verfügung des Kurfürsten standen und an die fünf Burgen, die seinen Namen tragen oder trugen.
Geordnet nach der Entstehungszeit sind dies: Balduinstein an der Lahn, Baldenau, die wir vor uns sehen, Balduinseck bei Kastellaun, dann die Baldeneltz, gegenüber Burg Eltz, und, ziemlich unbekannt, Baldenrüsse, die Rauschenburg in der Ehrbachklamm bei Emmelshausen.
Die Burg Baldenau war für ihn und das, was zum Kurstaat wurde, wichtig. Die Baldenau sicherte die Straße von Bernkastel über die Wildenburg nach Oberstein. Die hier ansässigen, widerspenstigen Grafen von Sponheim, insbesondere eine Dame dieses Geschlechtes, hat Balduin hautnah kennengelernt. Der Verkehr von ihrem Gebiet an der Nahe zu den Besitzungen an der Mosel konnte von

der Baldenau überwacht, notfalls gesperrt werden.
Baldenau wurde nicht nur eines von 30 oder 40 neu eingerichteten Ämtern im Kurfürstentum, nein, hier sollte eine Stadt entstehen. Kaiser Ludwig der Bayer, der ihm seine Königs- wie Kaiserwürde mitzuverdanken hat, verlieh dem Ort, der noch keiner war, das Stadtrecht von Frankfurt. Diese Tatsache beleuchtet eine wichtige Seite von Balduins territorialpolitischer Tätigkeit. In den Sammelprivilegien von 1332, 1339 und 1346 reihen sich 55 Städte, Dörfer, befreite Täler und Burgen mit Stadtrecht neben den bestehenden Landstädten Trier und Koblenz ein, oftmals schlichtweg auf grüner Wiese. Der Sinn war, die bürgerlichen Einigungsbewegungen einzudämmen. Mit den Stadtgemeinden und Zünften von Trier und Koblenz gab es schon unter den Vorgängern Balduins erhebliche Auseinandersetzungen. Balduin selbst ging auch keinem Streit aus dem Wege, die Stadtrechtsverleihungen mußten nämlich die Rechte der Bürger, wie bespielsweise die der Trierer, die sich gegen Diether von Nassau die Anteilnahme an der Verwaltung erzwungen hatten, einebnen. Die Massenverleihung des Frankfurter Rechtes an Orte so ungleicher Art war damit ein geschickter Zug behördlicher Gleichmacherei.
In Baldenau mißlang es, wie an den meisten anderen Orten der Neugründung auch, da keine Infrastruktur vorhanden war oder die Kräfte zur Schaffung einer solchen nicht ausreichten. So ist, wenn wir uns der Wasserburg nähern, von einer Stadt oder einem Dorf weit und breit nichts zu sehen, auch scheint unsere Burg glücklicherweise von dem Bau eines Feriendorfes in unmittelbarer Nähe verschont zu werden.
Die Burg ist 20 Meter breit und 50 Meter lang, die Außenmauern sind als Dreieck angelegt, wobei die südwestliche Spitze von einem Burgfried mit 10,5 Meter Durchmesser, einer Höhe von ca. 25 Meter bei einer Mauerstärke von 3,20 Meter aufragt. Der Vergleich dieser Mauerstärke mit den anderen, bereits besichtigten oder noch zu bewundernden Bergfrieden läßt erahnen, daß die Burg noch bedeutend weiter aufragte, als dies zur Zeit der Fall ist. Der derzeitige Zustand ist lobenswert, denn umfangreiche Restaurierungsarbeiten haben einen Zustand wiederhergestellt, der erfreulich ist. Noch zu Beginn der 80er Jahre bot die Ruine ein blamables Bild, das sich nunmehr ganz entscheidend gewandelt hat.

Baldenau

Baldenau

Der Wassergraben ist wieder gefüllt. Als wir an einem wunderschönen sonnigen Sonntag vorfahren, tummeln sich junge Leute im kühlen Naß. Die Burg ist durch einen in den Fels gehauenen Graben nach Nordost hin abgeschirmt, wuchtig ragen die an den Ecken noch vorhandenen Reste einer starken, die Brücke beschützenden Schildmauer ca. 15 Meter hoch in den Himmel.
Wir betreten die Burg durch den Torbau an der Südostseite und befinden uns unversehens im Innenhof. Zunächst fällt auf, daß der starke, runde Turm der Wasserburg nicht dort steht, wo wir gerade die Anlage betreten haben. Gewöhnlich hatte der Bergfried die Aufgabe, die Burg an der schwächsten Stelle – das ist hier die des Eingangs – zu schützen oder auf der höchsten Stelle thronend die letzte Zuflucht zu bieten. Im Inneren können wir noch den ursprünglich viergeschossigen Palas erkennen, mit einer schön gesicherten, steinernen Wendeltreppe in einem zum Hofe vortretenden Turm; wir sehen die weiteren Häuser, die sich alle an die drei Außenmauern anlehnten. Wir haben es hier mit dieser Wasserburg deshalb auch mit dem Typus »Randhausburg« zu tun. Der Bergfried hat zur Hofseite hin zwei Eingänge im dritten Obergeschoß. In gleicher Höhe muß man sich die hohen Umfassungsmauern vorstellen, die die Festung noch massiver erscheinen ließen. Der (leider wieder nachträglich) eingebrochene, ebenerdige Zugang zum Turm ist, wie wir meinen richtigerweise, wegen der neuen Bewohner des Turmes, gefiederten Freunden, gesperrt. Die beiden unteren Geschosse des Bergfrieds, also Erdgeschoß und erstes Obergeschoß, sind mit Kuppelgewölbe und mittlerem Einstiegsschacht als Keller/Gefängnis wie üblich ausgebaut.
Die Burg ist lebendiger Geschichtsunterricht par excellence, welche Freude bereitet es, über dem wieder in Ordnung gebrachten mittelalterlichen Steinpflaster die Gebäude zu betreten. Die Burg ist auch als Ausflugsziel attraktiv. Wir meinen, eine bessere Alternative zu »Ferienparks« mit »Disneyburgen«, ohne daß die Gefahr von Rummel entstünde. Die Anlage ist nicht nur baulich restauriert, sie wird auch offensichtlich gepflegt. Es fehlt nicht eine große Tafel mit den wichtigsten Daten und Hinweisen zur Bedeutung dieses kurtrierischen Amtmannsitzes.
Zur Burganlage selbst ist auch der etwa zwei Kilometer entfernt, unmittelbar an der Hunsrückhöhenstraße gelegene stumpfe Turm zu rechnen. Dieser kreisrunde, mittelalterliche Wehrturm bietet eine eindeutige Sichtverbindung von der Höhe aus zu unserer Wasserburg (der einzigen im ganzen Hunsrück).
Wenn morgens Nebelschwaden noch in den Tälern verharren, die Hunsrückhöhenstraße bereits im Sonnenlicht erstrahlt, verleitet der Wehrturm zum Verweilen, wobei die Baldenau, wegen eines die Sicht verdeckenden Waldstücks, von dort aus auf Anhieb allerdings nicht zu finden, aber leicht zu erahnen ist.
Man sollte den Turm wieder in ursprünglicher Höhe herstellen und durch einen über eine Holztreppe erreichbaren Zugang – dort wo er ursprünglich war – erschließen, schon der Aussicht wegen.

Die Starkenburg
Moselfahrt mit Liebeskummer?

Nach dem Zusammentreffen mit Balduin als Burgenbauer folgt nunmehr eine Episode im Leben unseres Kurfürsten, die nach wie vor als Sensation bezeichnet zu werden verdient. Fahren wir aber erstmal an den Tatort. Vom stumpfen Turm geht es problemlos die Hunsrückhöhenstraße östlich weiter bis zur Abzweigung nach Irmenach, von dort über die Höhen der Moselberge zur Starkenburg. Am Dorfeingang empfängt uns bereits trotzig, rot-weiß das Schachbrettwappen der Sponheimer. Wir fahren durch die Lorettastraße, die Sponheimerstraße, die Burgstraße, die Schloßstraße und parken den Wagen in der Nähe des Halsgrabens der vormaligen uneinnehmbaren Burg, von der aber außer diesem Halsgraben praktisch keine wichtigen Reste mehr vorhanden sind. Der Eingang zum Burggelände, schwindelerregend über der Moselschleife bei Traben-Trarbach gelegen, ist schnell abgeschätzt. Der langgestreckte Höhenrücken erstreckt sich auf ungefähr 125 Meter Länge und 17 Meter Breite. Fundamentreste sind noch vorhanden, aber keineswegs gepflegt. Eine nicht zu überbietende, großartige Aussicht auf die Mosel genießen wir auf einer gemütlichen Bank sitzend vom »Lorettablick« aus – gleich am Eingang des ehemaligen Burggeländes.
Erinnern wir uns nunmehr, was sich hier Ende Mai oder Anfang Juni 1328 ereignete:
Balduin war wieder einmal unterwegs, diesmal nicht im Sattel, sondern per Schiff von Trier nach Koblenz. Kaum vorzustellen war, daß unser Erzbischof bester Laune war, denn bereits kurz hinter der uralten trierischen Landesburg Bernkastel war der Fluß plötzlich sponheimisch, wenn auch nur auf wenigen Kilometern, dennoch ein für jeden Betrachter der Landkarte, erst recht für unseren Kurfürsten unerträglicher Zustand.
Das »Kröver Reich«, Reichspfandschaft im Besitze der Sponheimer Grafen, zerschnitt praktisch ein in natürlicher Weise zusammenhängendes Territorium. Diesen Dorn im Fleische des Erzstiftes zu beseitigen, war Balduin bereits in dieser Zeit, also zu Beginn seiner Regierung, bemüht. Er tat dies auf seine bekannte, damals wohl noch in der Erprobungsphase befindliche Politik, entweder zu kaufen oder mit dem Schwert zu drohen, notfalls auch zuzuschlagen. Das Ärgernis »Kröver Reich« zu beseitigen, war selten so günstig wie jetzt. Unser Kurfürst meinte, leichtes Spiel zu haben, war doch Graf Heinrich von Sponheim und Starkenburg Anfang 1324 verstorben. Er hinterließ drei minderjährige Söhne und – jetzt fällt der Name – die junge Witwe Loretta, Tochter des Grafen von Salm. Die Starkenburg selbst war damals Residenz der »hinteren« Grafschaft Sponheim, der es nunmehr an den Kragen gehen sollte. Balduin nahm die Gefangennahme eines trierischen Lehensmannes als Anlaß zum offenen Kampf gegen die junge Witwe, die für ihre Kinder die Vormundschaft ausübte. Balduin zog auf Birkenfeld zu, hielt aber auf der Grimburg inne, da Loretta, politisch höchst geschickt, einen Waffenstillstand vermitteln ließ. Aus welchen Gründen auch immer – es war sicherlich ein Fehler –, Balduin ging hierauf ein und vertraute auf dessen Einhaltung. Beim Passieren dieses ärgerlichen »Kröver Reiches« befand er sich zwar nunmehr mit seinem Schiff nicht mehr auf trierischem Territorium, aber das Bett der Mosel und die »strata quae vulgaris dicitur Lynpat«, also Leinpfad, unterstand trierischer Gerichtsbarkeit. Trotzdem wird Balduin ein ungutes Gefühl gehabt haben, als er an Traben-Trar-

bach vorbei, unterhalb der Starkenburg moselabwärts gerudert wurde. Und richtig, plötzlich wird der Fluß durch eine starke Kette in Höhe des dort stehenden Zollturms abgesperrt und Balduin mit seiner Begleitung, offensichtlich keinerlei Kriegsknechte, denn von Gegenwehr ist nichts überliefert, gefangengenommen.

Dieser ungeheuerliche Akt des Rechtsbruches war eiskalt geplant und blendend durch sponheimische Ritter organisiert. Balduin hatte keine Chance, er wird auf die Starkenburg geführt und dort gefangen gehalten. Diese Gefangenschaft war, so ist überliefert, keine strenge Haft, dennoch sah sich unser in eigenen Dingen sonst so klug handelnder Kurfürst von einer jungen Frau schlichtweg überrumpelt und seiner Freiheit beraubt.

Sofort bemüht sich das Trierer Domkapitel um die Freilassung des Erzbischofs. So einfach ist das wiederum nicht, denn die Gräfin verhandelt dermaßen zielbewußt, daß an eine schnelle Freilassung zunächst überhaupt nicht zu denken ist. Diese Tatsache ist belegt durch eine schriftliche Vollmacht des Domkapitels für einen Dompropst, einen Domdekan und ihre Verhandlungsdelegation vom 9. Juni 1328 und den dann zur Freilassung führenden, ebenfalls noch im Original vorhandenen Vertrag vom 7. Juli. Balduin saß so lange in ritterlicher Haft, bis dann unter Vermittlung des böhmischen Königs Johann

Starkenburg

die Freilassung erfolgte, aber nur gegen das Versprechen Balduins, die gegen Sponheim gerichtete aggressive Politik aufzugeben, auch den Bau der gegen Birkenfeld gerichteten Trutzburg (bis heute geheimnisumwittert), die Abwanderung sponheimischer Eigenleute ins Trierische zu unterbinden, die Auslösung des »Kröver Reiches« gegenüber dem Kaiser zu unterlassen, und dann mußte das Erzstift auch noch ein Lösegeld von 11 000 Pfund Heller bezahlen.

Die Gräfin war juristisch auch offensichtlich gut beraten, denn es wurden Sicherungen in den Vertrag eingebaut, so für die Bezahlung des Lösegeldes die Verpfändung von immerhin drei Burgen (Stahleck, Stahlberg und Braunshorn), weiter verpflichtete sich Balduin, beim Papst die Lösung der Gräfin und ihrer Kinder aus dem Kirchenbann, der natürlich sofort verhängt worden war, zu betreiben, weiter wurde eine Pfandsumme von 30 000 Pfund Silber vereinbart, falls der Erzbischof die Sühne brechen sollte. Diese, wie man sieht, großen Zugeständnisse nach der rechtswidrigen Gefangennahme des Erzbischofs wurden von Balduin unverzüglich und pünktlich erfüllt. Diese Tatsache und die endgültige Aufgabe der Aggressionspolitik gegen Sponheim, des weiteren die Jugend der Gräfin, haben zu Spekulationen Anlaß gegeben, zwischen beiden – Balduin war schließlich erst 43 Jahre alt – habe sich »etwas abgespielt«. Immerhin haben die folgenden Jahre persönliches Wohlwollen des Erzbischofs gegenüber seiner jungen Gegnerin bewiesen, warum soll der Volksmund hieraus nicht eine Liebesbeziehung und zwei historische Heimatstücke den Kurfürsten menschlicher, in sich kehrend erscheinen lassen: »Nicht, Fraue, ist der Lindwurm zwischen Euch und mir gewesen, er ist in meiner eigenen Brust gesessen, ist der

Haß gewesen, der gekränkte Stolz, die Eitelkeit« (Weismantel, Der Kurfürst. Ein Spiel vom Vaterland, 1925).
Auf friedlichem Wege gelingt es Balduin dennoch zehn Jahre später, am 19. September 1338, mit dem großen Turm und der Kapelle einen Anteil an der Starkenburg zu erwerben. Dies gelingt aber nur, weil Graf Johann von Sponheim in finanzieller Bedrängnis ist und Balduin wieder einmal seine wirtschaftliche Überlegenheit auszuspielen in der Lage ist.
Wer jetzt noch mehr über unsere Lieblingsfrau Loretta wissen möchte, insbesondere über das Geheimnis der Frauenburg, mag das Kapitel »Birkenfeld« aufschlagen.

Wolf
Der Turm der Weplinge

Von Starkenburg fahren wir ins Moseltal hinunter, schon allein um die ungefähre Örtlichkeit zu besichtigen, wo Balduin gefangen wurde. Von Traben-Trarbach geht es die Mosel hinauf nach Wolf. Der Ort ist wegen seiner Fachwerkhäuser höchst bemerkenswert. Dies gilt auch für die zerfallene Liebfrauenkirche auf dem Göckelsberg, deren Altar Peter von Staudernheim und seine Gattin Ida gestiftet haben. Dies sind Nachfahren der Ritter Johann und Richard von Staudernheim, die am 16. April 1333 ihren Turm und den Hof an Balduin für 100 Pfund trierische Denare übereigneten und hierfür lehensweise das Anwesen erhielten. In Verbindung mit der Burg, dem Turm, dem festen Haus und den damit verbundenen Herrschaftsrechten manifestierte sich auch in dieser relativ unbedeutenden Herrschaft ein weiterer Erfolg der Expansionspolitik Balduins im sponheimischen Einflußbereich. Im Dorf gibt es eine Burgstraße, weiteres haben wir nicht entdeckt von unserer Burg. Dennoch haben wir den Aufenthalt in diesem schönen Moseldörfchen genossen, abseits der viel befahrenen B 53.

Ürzig
Der Mordfelsen *

Von Wolf fahren wir die Mosel weiter aufwärts über Kröv, wir erinnern uns an den Zankapfel »Kröver Reich«, nach Ürzig. Von der Straße aus auffällig an einen überragenden Fels heran- bzw. hineingebaut ist ein Wachturm mit immerhin drei Stockwerken, die sogar Wohnzwecken dienten.
Hier befinden wir uns im richtigen Ort, denn oberhalb dieses Turms hatte Heinrich von der Leyen einen neuen Turm erbaut, den er Balduin am 18. Januar 1333 gegen Zahlung von 300 Pfund zu Lehen aufträgt. Tatsächlich sind die Reste dieses neuen Turmes im Jahre 1870 hinter der Felskante, unter der der noch vorhandene Wachturm schon stand, herausgebrochen. Diese Felskante hat

Ürzig

aber noch eine andere, blutige Geschichte: In der Ortschaft Ürzig selbst befanden sich drei Burgen. In einer, mitten im Ort, wurde im Jahre 1066 (im Jahr der Schlacht bei Hastings) der Erzbischofs Conrad oder Kuno von Pfullingen gefangen gehalten. Ohne die Trierer zu fragen, bestimmte der Erzbischof Anno von Köln seinen Neffen zum neuen Erzbischof. Der in dieser Zeit in Trier noch mächtige Burggraf Theoderich von Luxemburg überfiel den Zug des neuen Erzbischofs in Bitburg und setzte Kuno fest. Einige Tage später führte man ihn zu dem vorbeschriebenen Felsen und stürzte ihn hinab. Da er nicht tot war, wurde mit dem Schwerte nachgeholfen. Beweist hiermit der einzige Fall in der kurtrierischen Geschichte, in dem ein Erzbischof durch Mörderhand ums Leben kam, daß – ganz im Gegensatz zu den weltlichen Territorien des Deutschen Reiches – doch Unterschiede zwischen Krummstab und Schwert bestanden? Des Erzbischofs wird mit dem Turm selbst gedacht, eine lebensgroße Holzfigur von Kuno fand Aufnahme in einer breit eingeschlagenen Nische auf der Frontseite des Wachturmes. In Ürzig selbst bewundern wir die stattlichen Fachwerkhäuser und kehren auch ein.

Landesburg Neuerburg

Der Gott der Diebe

Wir verlassen Ürzig und damit das Moseltal Richtung Wittlich. In der Wittlicher Senke angekommen, erhebt sich auffällig der 286 Meter hohe Neuerburger Kopf als kleiner Bergkegel vulkanischen Ursprungs. Der Berg bietet sich geradezu an, eine kleine Burganlage zu tragen – und so war es auch. Wir fahren vom Dorf aus über Feld- bzw. Weinbergwege den Kegel hinauf, um auf einem wirklich kleinen Plateau von vielleicht 15 Me-

Neuerburg

ter Durchmesser anzulangen. Es sind nur geringe Mauerreste aufzufinden, die darauf hinweisen, daß hier oben wohl nur ein einziger Turm gestanden hat. Die Aussicht ist herrlich, auch in das nur wenige Kilometer entfernte Wittlich. Erzbischof Albero, Graf von Montreuil (1131–1152) baute die neue Burg auf dem Mercurii Mons, da er befürchtete, daß Graf Heinrich von Namur diesen quasi im Herzen des Landes liegenden Berg erobern würde. Albero oder Adalbero war ein rücksichtsloser, mit Macht dreinschlagender Mann, seltenerweise ein Parteigänger des Papstes und nicht des deutschen Königs, der als »Teufel von Metz« seinen Namen hatte. Immerhin ist ihm die epochale Tat der Vertreibung der Trierer Burggrafen aus den Kaiserthermen zuzuschreiben, desweiteren die wesentliche Erweiterung des trierischen Einflußbereiches im 12. Jahrhundert. Die Neuerburg hatte dann die Funktion, die immer schon kurtrierische Stadt Wittlich zu bewachen und war auch selbst Sitz eines bereits 1324 bezeugten kurfürstlichen Amtes. Die Landstraße Trier-Koblenz führte durch die Wittlicher Senke. Sie verband das Obererzstift mit dem Niederstift und mußte wegen sich immer wieder aktualisierender Übergriffe von Rittern und Landadel, die um ihre wirtschaftliche Existenz kämpften, gesichert werden.

Hier endet unsere Reise durch den Regierungsbezirk Trier.

Die zweite Reise

Regierungsbezirk Koblenz mit Abstechern

Balduin von Luxemburg

Koblenz und Kreis Mayen-Koblenz

Koblenz
*Das Jahr '38 ***

Wir beginnen den zweiten Teil unserer Reise zu und mit unserem Kurfürsten Balduin in Koblenz, der Hauptstadt des Niedererzstiftes. Vom linksseitigen Moselufer kommend, fahren wir nicht über die mehrspurige, autobahngleiche Brücke, sondern über die, die er – zur Bewunderung seiner Zeitgenossen – zwischen 1332 und 1338 etwas oberhalb der ehemaligen römischen Brücke bauen ließ. Etwa in der Mitte der Brücke haben die Koblenzer 1964 ein, wie wir meinen, wenig gelungenes Denkmal errichtet. Es zeigt einen Erzbischof, der liebevoll ein Kreuz streichelt und dabei freundlich lächelt. Im Vergleich zum Balduinsbrunnen in Trier von 1897, wo unser Kurfürst zwar ernster, doch würdiger dargestellt ist – wobei Bischofsornat und Schwert auf seine soziale Stellung verweisen –, vermittelt dieser Sandstein-Balduin eigentlich nichts außer dem kurfürstlichen Namen.
Unser Blick schweift hinüber zum Deutschen Eck und der kürzlich verwirklichten Idee, das Reiterstandbild Kaiser Wilhelms I. wieder zu errichten. Wir meinen, daß diese Rückbesinnung auf unsere Geschichte in unserer gedächtnislosen Zeit sinnvoll ist. Natürlich gehen die Meinungen bei der Frage, ob dem von Wilhelm verkörperten Preußentum wieder ein Denkmal geschaffen werden mußte, auseinander.
Da dieses aber nicht auf Kosten des Steuerzahlers, sondern von privater Seite, auch noch als Wiedergutmachung der Zerstörung des letzten Wahnsinnskrieges gedacht ist, scheint uns die versuchte Vereitelung der Idee nicht sehr klug, denn die Wiedererrichtung des Denkmals dürfte von

Koblenz, Kurfürstliche Residenz

Koblenz, Eingang zur Residenz

der Bevölkerung nicht als Chauvinismus mißgedeutet werden. Nun, wir stehen immer noch vor unserem »Balduinchen«, betrachten über die beiden Ströme hinweg unser nächstes Ziel, die Festung Ehrenbreitstein, und nähern uns der links der Brücke gelegenen kurfürstlichen Zwingburg.

Bei Bernkastel waren wir bereits auf den rücksichtslosen Heinrich II. von Finstingen (1260–1286) gestoßen. Er war es, der ab 1277 zur Sicherung der Landeshoheit, wie es so schön heißt, die am Moselufer sich immer noch trutzig erhebende kurfürstliche Burg errichtete. Der Bau ist auf die moselseitig noch vorhandene römische Stadtmauer aufgesetzt, mit zwei wuchtigen Dreivierteltürmen und zur Stadt hin durch einen Graben mit Brücke abgeschirmt. Dies war auch bitter notwendig, denn die Koblenzer betrachteten diesen Bau als Bedrohung ihrer freiheitlichen Stadtrechte. Es kam zu einem blutigen Aufstand, der von Erzbischof Heinrich, wie es seine Art war, kraftvoll niedergeworfen wurde. Die Burg blieb. Balduin setzte seine Brücke daneben, und die Koblenzer waren in »unserem« Zeitalter mit dem Landesherrn zufrieden. Das häufig veränderte Gebäude ist immer noch sehenswert, vor allem die Wendeltreppe und die Stuckdecke im zweiten Obergeschoß.

Die Koblenzer staunten im August 1338 nicht schlecht, als Balduin es schaffte, die gesamte Politprominenz des Reiches nach Koblenz zu einem Reichstag einzuladen. So gab sich Kaiser Ludwig der Bayer ebenso die Ehre wie der ehrgeizige König Eduard III. von England. Vorangegangen war das politische Meisterwerk Balduins, der »Rhenser Kurverein«.

»Officium nobile«, vornehme Pflicht des Balduinreisenden ist von Koblenz aus der Abstecher – nur wenige Minuten Fahrt rheinaufwärts – zum 1300 Jahre alten Städtchen Rhens. »Zum« bedeutet für uns eigentlich nicht »hinein«, sondern auf die Höhe Schawall oberhalb des Ortes.

Rhens: »Königsstuhl«

Auf dem historisch getreuen, aber an falscher Stelle, da nicht mehr in den Rheinauen wiederaufgebauten »Königsstuhl«, was so viel bedeutet wie einem Kurfürsten gleich sitzend, versammelten sich auf Veranlassung Balduins die Erzbischöfe Heinrich von Mainz, Balduin von Trier und Walram von Köln, des weiteren der Markgraf Ludwig von Brandenburg, Her-

Balduin

zog Rudolf von Sachsen und immerhin vier Pfalzgrafen. Letztere waren Herzöge von Bayern, die – wen wundert es bei diesem Volksstamm! – sich nicht einigen konnten, wer denn jetzt die Kurstimme vertreten dürfe. Wir zählen also sechs Kurfürsten, es fehlt ausgerechnet Balduins Neffe, König Johann von Böhmen, der aber ein Jahr später beitritt. Zugegen ist ebenfalls Kaiser Ludwig IV., »der Bayer«. Auf Betreiben unseres Balduins einigen sich die Kurfürsten dahingehend, daß der Einmischung des Papstes, hier des energischen Johannes XXII., ein Ende zu bereiten sei. Reichsrecht war nunmehr, daß der von den Kurfürsten oder ihrer Mehrheit gewählte König nicht mehr der päpstlichen Bestätigung bedurfte. Königsmacher waren also nunmehr nur noch die Kurfürsten, während die Kaiserkrönung dem Papst überlassen blieb. Die Nachricht schlug im Papstpalast zu Avignon ein wie eine Bombe – wie wir uns denken können.

Mit dem »Rhenser Kurverein«, die Urkunden stammen übrigens aus der Handschrift des trierischen kurfürstlichen Beraters und Notars Losse aus Eisenach, ist zumindest in Teilaspekten das »Reichsgrundgesetz«, also schlicht die Reichsverfassung von 1356, die berühmte »Goldene Bulle«, vorweggenommen. Die für Trier bestimmte Ausfertigung dieses wichtigen Pergamentes ist übrigens dem späteren König von Württemberg geschenkt worden, nämlich von dem letzten trierischen Kurfürsten, Clemens Wenzeslaus von Sachsen (1768–1801). Wir verzeihen ihm das ebenso wenig, wie die Trierer ihm seine kurfürstliche Residenz inklusive Schloßbau in Koblenz verzeihen. Verschenkte er doch zum wichtigsten Besitz des Staates gehörendes Eigentum, um seinen persönlichen Besitz, die Fürstpropstei Ellwangen zu sichern. Diese höchst wichtige kurtrierische Urkunde befindet sich heute im Hauptstaatsarchiv Stuttgart und kann dort auch besichtigt werden.

Sie gehört eigentlich in eine gesonderte Vitrine und nach Trier zurück. Aber, wenn wir so anfangen, dann müssen wir uns von den Ägyptern fragen lassen, was ihre Nofretete in Berlin zu suchen hat – die Beispiele lassen sich mühelos ergänzen.

Zurück zu unserem Königsstuhl. Wir erinnern uns, daß die Einberufung der Wahlversammlung dem Erzbischof von Mainz obliegt, der bei der Wahl die Stimmen abfragt. Es genügt die Mehrheit von vier Stimmen. Die erste Stimme hat Trier, die weltliche Erststimme Böhmen, die Letztstimme (die alles entscheiden kann) Mainz. Stimmberechtigt ist, wer das Kurland auch tatsächlich innehatte (Pfalzgrafenproblem); an Ämtern verwaltete der Erzbischof von Mainz das Erzkanzleramt für Deutschland, der Erzbischof von Trier das Erzkanzleramt für Burgund, der Erzbischof von

Köln war Erzkanzler für Italien, der König von Böhmen war Erzschenk, der Pfalzgraf bei Rhein Erztruchseß, der Herzog von Sachsen Erzmarschall, der Markgraf von Brandenburg Erzkämmerer. Als Wahlort fungierte die Bartholomäuskirche in Frankfurt, die Krönung hatte in Aachen stattzufinden, der Reichstag in Nürnberg.
Konsequenz der Politik Balduins war nicht nur die Unteilbarkeit der Kurfürstentümer – ihnen blieben auch weitgehend ehemalig königliche Hoheitsrechte erhalten, die andere Landesherren gar nicht oder erst viel später erwarben: das Burg-, Münz-, Zoll-, Berg-, Salz- und Judenregal wie die Gerichtshoheit über die Untertanen und den Adel. Das Ergebnis der Beratung auf dem »Königsstuhl« stellt also die Krönung der politischen Tätigkeit Balduins dar. Nach Absicherung der eigenen Rechte von Kurtrier und der Rechte des Kaisers konnte dann in aller Pracht im August/September ein Reichstag in Koblenz abgehalten werden. Eduard III. von England verbündet sich mit Balduin gegen den französischen König. Balduin verpflichtet sich, fünfhundert Mann zu stellen, dafür sollte er in zwei Raten 100 000 Gulden und zudem pro Monat 10 000 Gulden Sold für die Leute erhalten. Zur Sicherung der Zahlungsverpflichtung wurde die englische Königskrone mit anderen Juwelen im darauffolgenden Jahr an Balduin verpfändet. Dies alles ist in Koblenz im September 1338 besprochen und vereinbart worden.

Ehrenbreitstein
Der »Vogel Greif«

Schon die Römer hatten nicht nur über die Mosel eine Brücke geschlagen, sondern auch am Dreieck über den Rhein. Ob der Verkehr damals besser lief als heute, wissen wir nicht. Infolge guter Ausschilderung gelangen wir aber problemlos zur Festung Ehrenbreitstein. Die Burg war oftmals sicherer Zufluchtsort für die Trierer Kurfürsten, immerhin ist sie dort, auf dem hohen Felsgrat liegend, schlicht uneinnehmbar. Sie wurde Ende des 10. Jahrhunderts von einem Herrn Ehrenbert begründet, nach dem der Fels dann benannt wurde. Erzbischof Hillin (1152–1169), wir haben ihn bereits erwähnt, verstärkte die Burg. Von Balduin selbst sind Aufenthalte dort oben bezeugt. Hier oben finden wir eine atemberaubende Leihgabe, eines der größten mittelalterlichen Kammergeschütze, die kurtrierische Kanone »Vogel Greif«. Fast fünf Meter lang, 9000 Kilogramm schwer, wurde sie im Auftrage unseres Kurfürsten Richard von Greiffenklau (1511–1531, auch den hatten wir schon), in Frankfurt aus Bronze gegossen. Geschossen wurde mit diesem Geschütz nie. Die 94 Pfund schwere Eisenkugel wäre dann aber mit einer Ladung von 80 Pfund Pulver immerhin etwa vier Kilometer weit geflogen! Die Prunkkanone ist als Siegerbeute mal nach Frankreich, dann wieder zurücktransportiert und am 30. Oktober 1984 von Präsident Mitterrand als Leihgabe nach Ehrenbreitstein zurückgegeben worden.
Von hier oben wurde der Kurstaat in den unruhigen Zeiten durch die Kurfürsten Johann Hugo von Orsbeck

Koblenz-Ehrenbreitstein

(1676–1711) und auch Franz-Georg von Schönborn (1729–1756) und Johann Philipp von Walderdorff (1756–1768) fast ausschließlich regiert, das erzstiftische Archiv ist hierhin verlegt worden.
Von der mittelalterlichen Burg oder den späteren Umbauten ist kein Stein mehr vorhanden, nachdem die Franzosen die Festung 1799 ausgehungert und in die Luft gesprengt hatten und die Preußen den Felsen wenige Jahre später zur stärksten deutschen Festung ausbauten. Im Museum wird die Geschichte sehr schön dargestellt, aber das Prunkstück ist natürlich »unser Greif«.

Helfenstein
Die treuen Ministerialen

Der südliche Zipfel der jetzigen Festung Ehrenbreitstein heißt heute noch »Fort Helfenstein«. Unter Erzbischof Hillin war dort, auf dem südlich vorgelagerten Fels, eine zusätzliche Burg errichtet worden, die das niederadelige Geschlecht des Helfensteiner 1338 als Trierer Lehen anerkennt. Im Museum ist auf einem Holzschnitt der Festungsanlage um 1550 noch sehr schön die kleinere, dem damals schon stolzen Ehrenbreitstein vorgelagerte Burg zu erkennen.

Stolzenfels
Die Geldquelle ***

Nur wenige Kilometer südlich von Koblenz erhebt sich, in gelber Farbe, hart am Rhein, die Hangburg »Stolzenfels«. Erzbischof Arnold II., Graf von Isenburg-Braunsberg (1242–1259) baute diese erste kurtrierische Burg am Rhein zur Sicherung der trierischen Interessensphäre gegen die Mainzer Burg Lahneck, zum Schutz der Stadt Koblenz und dem äußerst wichtigen, da geldträchtigen Rheinzoll. Wir bleiben hier aber nicht bei dem großen Kurfürsten Arnold II. »hängen«, wir werden ihn noch bei Burg Thurandt bei Alken an der Mosel kennenlernen.
Wenden wir uns dieser kurtrierischen Burg zu. Zugegeben, von der anderen Rheinseite aus sieht der Gebäudekomplex wenig mittelalterlich aus. Die Burg wirkt eher wie ein historisierender Bau aus dem 19. Jahrhundert, was auch an den wohnlichen Fensterdurchbrüchen liegen mag. Dieser erste Eindruck ist nicht ganz falsch. Um es kurz zu machen: Die Burg wurde 1689 im pfälzischen Erbfolgekrieg zerstört. Aus ihren Ruinen entstand im späten 19. Jahrhundert ein romantischer Sommersitz für den späteren preußischen König, Friedrich Wilhelm IV. Die Überreste der Burg wurden dabei nicht originalgetreu verarbeitet, sondern nur historisierend verwendet, um den Bau den Wohn- und Residenzanforderungen der königlichen Familie anzupassen.
Die Burg gewinnt, wenn man sie über den gegen den Berg gerichteten Halsgraben über die Brücke betritt. Besonders schön ist der fünfeckige Bergfried, der »rauhe Turm« , mit der vorgelagerten hohen Schildmauer zur Angriffsseite hin. Im übrigen ist viel, aber auch sehr schönes 19. Jahrhundert bei der Inneneinrichtung zu bewundern. Wir stürzen uns auf das Modell der mittelalterlichen Burgruine, das im Rittersaal steht. Dort erhalten wir einen sehr guten Eindruck vom Baubestand vor den Bauarbeiten des 19. Jahrhunderts. Wir werden noch in Molsberg ein Modell der mittelalterlichen Burgreste zu sehen bekommen. Neben den sicherlich erforderlichen Bestandszeichnungen bietet ein solches Modell doch eine hervorragende Reminiszenz an den alten Baubestand. Im großen Rittersaal fällt uns eine an der Wand

aufgehängte Setztartsche auf. Dies ist ein Schild aus Eichenbohlen, der, wohl recht schwer, auf den Boden gesetzt und nicht lange herumgetragen werden mußte. Dieser Schild ist mit Pergament und bemalter Leinwand bezogen, wobei uns »Kurtrierern« sofort das rote Kreuz auf weißem Grund auffällt. Das Wappen ist zweigeteilt. Links befindet sich ein sechszackiger goldener Stern auf grünem Untergrund. Das Wappen selbst ist noch nicht identifiziert worden. Doch das, was heraldisch rechts ist, ist für uns natürlich klar. Wenn es ein trierisches Wappen ist, dann handelt es sich bei dieser Setztartsche um das zweite und übrigens letzte kurtrierische Stück Kriegswerkzeug nach dem »Vogel Greif« auf Ehrenbreitstein. Wir werden im nachhinein bei den übrigen Burgen keinen Hinweis mehr auf kurtrierische Waffen erleben.
Wir wissen, daß Balduin den Kurstaat wieder auf Vordermann brachte, das Wirtschaftswesen ordnete, die Verwaltung reformierte. Hierzu unabdingbar war nicht nur guter Wille und klarer Verstand, sondern auch Organisationsvermögen.
Balduin hatte keinerlei Berührungsängste mit den einem besonderen Rechtsstatus unterliegenden jüdischen Untertanen. Im Gegenteil, er nutzte ihre jahrhundertelange Erfahrung, um die Wirtschaft des Erzstiftes zu ordnen. Wir wissen von vielerlei Geldgeschäften, die zum Abbau des katastrophalen Haushaltsdefizits, von Diether übernommen, führten. Wir wissen von der Eindämmung der hohen Inflation, die Balduin erfolgreich bekämpfte, indem er wieder eigene Münzstätten in Trier und Koblenz einrichtete, um trierisches Geld zu prägen.
Zu den wichtigsten Einnahmequellen gehörten die Zölle, insbesondere der Rheinzoll, von daher auch die Bedeutung der Burg Stolzenfels. Wir müssen uns nicht darüber wundern, daß Balduin den Rheinzoll verpachtete, nämlich mit Urkunde vom 17. März 1345 an die Trierer Juden Michael von Bingen und Samuel Kleinen Isaaks Sohn. Die Verpachtung hatte für Balduin den Vorteil, daß er sich selbst nicht mit den Kaufleuten auseinandersetzen mußte, daß andererseits der Pachtzins so intelligent geregelt war, daß die Pächter jährlich eine feste Summe zu zahlen hatten, gleich, ob die eigenen Einnahmen diese Summe erreichten oder ob Gewinn erzielt wurde. Für

Stolzenfels

letzteren sorgten die jüdischen Pächter schon selbst. Auf diese Weise erzielte Balduin regelmäßig wiederkehrende, feste Einkünfte. Das Verhältnis unseres katholischen Erzbischofs und Kurfürsten zu »seinen« Juden darf als gut bezeichnet werden, sicherlich zum beiderseitigen Nutzen.
Balduin sorgte selbst direkt oder durch Einflußnahme indirekt für eine rechtliche Sicherung dieser Untertanen. So ließen sich in seinen Pfandbesitzungen, den Städten Bergzabern, St. Wendel und Blieskastel erst zu seiner Regierungszeit Juden nieder. Aus einem Schreiben vom 13. September 1336 an den kurtrierischen Berater Rudolf Losse äußert er sogar seine Befürchtung, die in anderen Gebieten um sich greifende »Armlederbewegung« könne sich auch in unseren Landen ausbreiten. Tatsächlich ging es dann im Juni 1337 los, wobei Balduin nachdrücklich das, was dann geschah, als »frevel und unrechte« bezeichnete. Die Pogromwelle erreichte dann einen Höhepunkt, den nur wenige jüdische Untertanen überlebten, als auch der schwarze Tod Kurtrier heimsuchte. Die Pest und die unbegreiflichen Exzesse gegen die Juden verdunkeln ganz entscheidend das im übrigen so strahlende Bild Kurtriers in der ersten Hälfte des 14. Jahrhunderts.
Mit Stolzenfels verlassen wir den Stadtbereich Koblenz und wenden uns dem Landkreis Mayen-Koblenz und den dort versteckten Burgen zu.

Boos
Der verschuldete Virneburger

Wir beginnen unsere Rundreise im Landkreis nordöstlich, in der kleinen, an der B 410 gelegenen Ortschaft Boos.
Balduin nutzte die finanzielle Schwäche des Virneburger Grafengeschlechtes, aus dem immerhin zu Zeiten Balduins der Kölner Erzbischof Rupprecht II. hervorgegangen war, um die Burg Boos zu erwerben. Der Vertrag stammt vom 9. Juni 1339. Im Gegenzug erließ Balduin die Schuld von 200 Pfund großen Turnosen, wobei Rupprecht allerdings auch noch den höchsten Turm der Veste Virneburg, wir werden sie als nächstes besuchen, übereignen mußte.
Ein freundlicher und in Anekdoten beschlagener Bewohner erzählt uns von dem »Sack«, also dem territorialen Sprengel, den dieses Dorf bildete. Auf der Höhe oberhalb von Boos existiert noch ein Grenzgraben. Um diesen soll es zwischen dem kölnischen und dem trierischen Erzbischof zu Auseinandersetzungen gekommen sein. Von einer Burg oder wenigstens einem Wohnturm ist aber nichts mehr vorhanden. Oberhalb des Dorfes – so lassen wir uns erzählen – habe es auf dem Berg noch Spuren eines Turmes gegeben. Diese seien aber mit dem Basaltabbau verschwunden. Ob es sich hierbei um einen römischen Wachturm oder um eine mittelalterliche Anlage handelte, war im Dorf nicht in Erfahrung zu bringen.

Virneburg
Die armen Grafen *

Von Boos aus fahren wir die B 410 östlich, dann die B 258 wieder westlich, in Richtung Nürburgring. Daß sich in dem Ort Virneburg Gastronomie und sogar Übernachtungsmöglichkeiten finden, ist sicherlich nicht auf die immer noch mächtige Burgruine zurückzuführen, sondern auf den motorsportlichen Anziehungspunkt »Ring«. Das Dörfchen liegt nämlich nur etwa zehn Kilometer von der »Döttinger Höhe« entfernt.
Wir haben das zweifelhafte Glück, typisches Eifelwetter kennenzulernen: Dauerregen, von kurzen Aufheiterun-

Virneburg

gen und Sturmböen unterbrochen. Der rheinische Verein für Denkmal- und Heimatschutz hat die Burg 1910 erworben. Sicherungsarbeiten sind in den letzten Jahren einmal durchgeführt worden; die vorhandenen, sehr anschaulichen Mauerreste sind nämlich im Bestand gesichert. Der Vergleich mit einem Ölgemälde zeigt aber, daß die immer noch eindrucksvollen Ruinen nur ein schwacher Abglanz dessen sind, was einmal vorhanden war. Es ist anzunehmen, daß ein außerordentlich hoher, rechteckiger Bergfried existierte. Die Fundamente sind noch zu besteigen. Höchst beeindruckend ist auch die immer noch 18 Meter hohe und drei Meter starke Schildmauer, welche dem Bergfried unmittelbar vorgelagert ist. Die Seite, die etwas flacher abfällt, ist gesichert. Dort befindet sich auch eine kleine Kapelle.

Die übrigen Seiten des Schieferfelsens sind vom Nitzbach umflossen und so steil aufragend, daß eine Mauer zur Verteidigung nicht notwendig war. Die Burg ist 1689 von den Franzosen in die Luft gesprengt worden. Dennoch lohnt der Aufstieg. Der ursprüngliche Eingang kann »erklettert« werden. Die Ruine ist dann, was uns etwas stört, über eine Bresche in der Umfassungsmauer zu betreten.

Irgendwann hat man die Arbeiten an dem Torbau, der immerhin zwei Geschosse und eine »Pechnase« aufzuweisen hat, eingestellt und das Tor verrammelt. Schade darum!

Die Blütezeit des mächtigen Grafenhauses lag im 14. und 15. Jahrhundert. Die Virneburger stellten drei Bischöfe: Heinrich II. (1306–1332 Erzbischof von Köln), seinen gleichnamigen Neffen (1328–1346 Bischof von Mainz) und Johann (1363–1364 Bischof von Münster und 1364–1371 Bischof von Utrecht). Wie viele andere Adelige auch, waren die Virneburger hoch verschuldet, und zwar bei Juden. Für genommene Darlehen waren Zinsen zu zahlen und, dies muß durchaus zugegeben werden, sie waren immens – ein Jahreszins von etwa vierzig Prozent ist damals üblich gewesen! Dieser Prozentsatz muß natürlich im Verhältnis zur jeweils herrschenden Inflation gesehen werden. Mit Vertrag vom 9. Juni 1339 löst Balduin den armen Grafen aus und erhält dafür das gesamte Eigentum an Virneburg, insbesondere den höchsten Turm.

Monreal

*Die Mayener Fehde **

Von Virneburg aus gelangen wir, um nicht den Umweg über Mayen zu machen, über Schleichwege in das Eltzbachtal nach »Königsberg«. In diesem herrlichen, immer noch mittelalterlich anmutenden Ort werden gerade Filmaufnahmen gemacht. Wir wundern uns nicht, hat der Ort doch den Charakter einer kleinen Eifelresidenz bewahrt. Die Fachwerkhäuser aus dem 16. bis 18. Jahrhundert erinnern an die Tuchmacher der Barockzeit, der Ortsname an Graf Hermann III. von Virneburg, der von dem fünften Kreuzzug (1228–1229) zurückkehrend, den Ort möglicherweise nach der berühmtesten morgenländischen Burg, der deutschen Ordensburg Krak von Montreal-Schobeck, südlich des Toten Meeres, benannt hat.

Bevor wir zur eindrucksvollen Burgruine wandern, vergegenwärtigen wir uns noch ihre Geschichte: Zu blutigen Auseinandersetzungen kam es zwischen der Trierer Stadt Mayen und dem Virneburger Grafen Heinrich II., die von Monreal ausgingen. Im Jahre 1334 mußte der Virneburger nachgeben. Die beiderseitigen Gefangenen wurden freigegeben. Heinrich mußte auf Ersatz der Verpflegungskosten seiner Gefangenen verzichten. Er erhielt dafür das in Mayen beschlagnahmte Korn und Gut, versprach, Balduins und des trierischen Stifts Lehensmann

Monreal

zu werden und binnen eines Monats des Erzbischofs Vergebung zu erbitten. Außerdem übergab er Hofgüter und versprach, nach dem Tode seines Vaters die Burg Monreal als trierisches Lehen anzuerkennen. Der Sohn verstarb aber vor dem Vater, dennoch hielt sich dieser an den Vertrag. Tatsächlich erscheint im Jahre 1335 Monreal erstmals urkundlich erwähnt als Lehen des Trierer Erzstiftes. Die Virneburger, die dem Ort ihren Stempel aufgedrückt haben, starben mit dem 28. Dezember 1545 aus.

Gegenüber dem »Zehnthof« führt ein Fußweg den steilen Berghang hinauf. In der Nähe befindet sich ein schönes Fachwerkhaus mit einer eingemauerten Steinkugel. Von unterwegs ist das »Residenzstädtchen« gut zu überblicken, ebenso der Verlauf der mittelalterlichen Stadtmauer. Vom 25 Meter hoch aufragenden, auf einer zwölf Meter ansteigenden Felskuppe stehenden, mächtigen, runden Bergfried aus zu erkennen ist auch die von der großen Burg, der »Löwenburg«, durch eine Talsenke getrennte kleine Burg, das »Rech«. Mit der großen Burg befestigungstechnisch verbunden, hatte sie aber ein eigenes Rechtsleben. Immerhin war sie Gegenstand selbständiger Lehen.

Die große Burg macht einen im Bestand gesicherten, gepflegten Eindruck. Erstaunlich ist auch die Ausdehnung des in den Fels geschnittenen Halsgrabens, der zum Zwinger ausgebaut wurde. Hier ist noch der Stumpf eines Pfeilers der ehemaligen Zugbrücke zu erkennen. Wir durchstreifen das Vorgelände des Bergristes und treffen auf einen weiteren, noch etwa zehn Meter tiefer in den Felsen eingeschlagenen Graben, der sicherlich das Aufstellen von Katapulten und später von Feldschlangen und ähnlichem Gezücht von dem höher gelegenen Berggrat aus erfolgreich verhinderte.

Geisbüschhof

Der hitzige Virneburger *

Nach Monreal stoßen wir auf die nächste Lehensburg: Geisbüsch. Der Adelssitz wird anläßlich eines merkwürdigen Auftritts erwähnt, den Balduin mit Adolph von Virneburg und Ritter Johann von Eltz am 2. August 1345 hatte: Die beiden Herren waren Mitglieder einer Gruppe um Balduin, die mit einem Schiff bei Wallersheim (Koblenz) auf dem Rhein unterwegs war, als Adolph von Virneburg Johann von Eltz beschuldigte, von Geisbüsch aus seine Schwägerin, Marie von Kleve, Frau zu Monreal, überfallen zu haben. Es kam zu einem heftigen Wortwechsel, in dessen Verlauf zu Messer und Schwert gegriffen wurde, und Balduin höchstpersönlich einschreiten mußte. Ein Beweis für die Energie unseres Kurfürsten, der schließlich im für mittelalterliche Verhältnisse sehr hohen Alter von 60 Jahren war.

Das ehemals in verputztem Bruchstein errichtete Gebäude ist 9,60 x 13,03 Meter groß und stammt aus dem 14. Jahrhundert. Östlich ist noch sehr gut die offensichtlich alte Eingangstür zu sehen, rechts daneben, ebenerdig, befindet sich eine wohl später hineingesetzte, neuere, sehr niedrige Tür. Die Ausgrabungsarbeiten beweisen, daß sich noch circa bis zu einem Meter unter der Erdschicht das alte weiße Granitgestein befindet, mit dem der Eingang gepflastert war. Das Gebäude weist außer dem Erdgeschoß, das meist nur als Keller benutzt wurde, ein erstes Obergeschoß auf. Außerdem scheint das zweite Obergeschoß und lediglich noch der Firstzwickel ausgebaut gewesen zu sein. Die Längsseiten des Gebäudes haben jeweils zwei relativ große gotische Fensterbögen, die dem Wohncharakter des Gebäudes entsprechen.

Ganz interessant ist der Innenraum:

Geisbüsch

ein gotischer Saalbau mit einer kleinen Altarnische im Außenmauerwerk – in dieser Zeit ganz selten anzutreffen. Die Burg wurde am 6. April 1332 als »castrum Geyzpusch« von Ritter Johann von Polch für 200 Pfund Heller an Balduin gegen Belehnung übertragen, dazu ein Gebäudegeviert, von dessen Vorburg noch Reste zweier Rundtürme existieren. Der spätgotische Torturm erinnert an das Adelsgeschlecht, das hier bis 1536 seinen Sitz hatte. Angesichts der Geländetopographie dürfte es sich um eine Wasserburg gehandelt haben. Im Norden ist noch ein sechs Meter breiter Wallgraben zu finden. Wir wenden uns nochmals zum Burghaus, schließlich ist es Zeuge »unseres« 14. Jahrhunderts, und entdecken sogar noch Reste gotischer Wandmalereien. Dieses Kleinod soll, wie uns ein Anwohner erklärt, privat angekauft worden sein und restauriert werden. Wir freuen uns über die Privatinitiative.

Mayen

Das kurtrierische Oberamt **

Auf einem die Talweitung beherrschenden Hügel thront die Burg immer noch majestätisch über dem lebendigen Städtchen. Die trapezförmige Anlage auf dem Schieferfelsen (devonische Grauwacke) wird südlich und westlich vom Verkehr umspült, der durch den mächtigen Stadtgraben, an den noch in weiten Teilen intakten Stadtmauern entlang fließt. Dies ändert sich glücklicherweise, wenn man den Wagen abstellt und von der Stadt her, »intra muros«, zur Burg emporsteigt. Beherrscht wird die Anlage vom 34 Meter hohen, 10,34 Meter durchmessenden und 3,70 Meter Mauerdicke aufweisenden »Großthorn«, dem heute »Goloturm« genannten Bergfried. Dieser befindet sich, wie es sich gehört, gegenüber dem Burggraben, also auf der möglichen Angriffsseite. Er hatte, wie das Stadtsiegel von 1308 zeigt, kein Dach, sondern eine zinnenumgrenzte Plattform, konnte zudem, was am Kamin des Wohngeschosses zu sehen ist, wohnlich eingerichtet werden.

Vom romantischen Innenhof aus, Kulisse für die alljährlichen »Burgfestspiele«, ist der ursprüngliche Eingang sowohl auf der Nordseite des Turmes erkennbar als auch auf der südwestlichen Seite. Er war von beiden Seiten des Wehrganges aus zu erreichen. Von Interesse ist auch, daß der Turm im Durchmesser in der Höhe um genau 57 Zentimeter abnimmt. Dies entspricht auf jeder Seite einem »Kölner Fuß«, also 288 Millimeter. Bereits zu Balduins Zeiten sind von seinem Lebenswerk, der Einrichtung der Amtsverwaltung, Belege vorhanden, wonach sich in Mayen eines der dreißig für »unsere Zeit« urkundlich nachzuweisenden Ämter des Erzstiftes befand. Den Einrichtungen dieser Ämter mußte natürlicherweise die Ordnung der Landesherrschaft vorausgehen, wobei bis 1332 nur vier Ämter, nämlich Montabaur, Neuerburg, Grimburg und Münstermaifeld erwähnt werden, danach sind folgende Ämter urkundlich belegt: Bacharach, Baldeneck, Balduinstein, Bergzabern, Bernkastel, Blieskastel, Boppard, Ehrenbreitstein, Hartenfels, Koblenz, Kobern, Kyllburg, Liebenburg, Limburg, Manderscheid, Mayen, Oberstein, Oberwesel, Pfalzel, Rauschenburg, Saarburg, St. Wendel, Schmittburg, Sterrenberg, Stolzenfels-Niederlahnstein, Wolfstein-Kaiserslautern und Zell.

Gerichts- und Amtsbezirk waren deckungsgleich, die kirchlichen Dekanate aber nicht. Über die Größe läßt sich verallgemeinernd überhaupt nichts sagen. So zählten beispielsweise

Mayen, Genovevaburg

1563 zum Amt Bernkastel drei, zum Amt Daun vierundsechzig Orte.
Der Amtmann hatte die Aufgabe, die Einwohner zu schützen. Er war Stellvertreter Balduins. Wir zitieren aus dem Amtsrevers des Gerlach von Wiesenburg von 1351 für Mayen:
»Dazselbe Ampt und allem, die darin geboren, beide, geistlich und weltlich, edel und unedel, arm und riche, verantworten (auch verteidigen), schirmen und schuren (beschützen).«
Schade, die Bemerkung erlauben wir uns, daß im Zuge der ewigen Gleichmacherei durch die neuerlichen Verwaltungsreformen das Wort »Amt«, schließlich ein Zentralbegriff der Verwaltung, in Rheinland-Pfalz völlig verschwunden ist, während wenigstens noch bis zur Verwaltungsreform die kommunalen, nunmehrigen Verbandsgemeinden »Amt« genannt wurden. Am ehesten zu vergleichen mit dem kurfürstlichen Amt wäre allerdings heute allenfalls noch der Landkreis.
Immerhin registrieren wir in Mayen dankbar die Pflege der Geschichte und die Tatsache, daß man sich unseres großen Kurfürsten mittels einer »Balduinstraße«, wenn auch außerhalb der Stadtmauern, erinnert hat.

»Trunci turris«
Der Turmstumpf

Neben der Landesburg Mayen existierte ein Wohnturm, recht bedeutend, da Stammhaus der Ritter von Mayen. Mit Urkunde vom 22. Februar 1312 überträgt Ritter Gerhard von Mayen den Truncenturm unserem Erzbischof und erhält ihn lehensweise übergeben. Der Donjon fällt aber wieder 1328 in unbeschränktes Trierer Eigentum, sogenanntes »Allod«, und verschwindet – vollständig und spurlos.

Polch
Die Burggasse

Das kleine Dorf liegt südlich von Mayen. Ein Ausflug hierhin lohnt für Balduinreisende nicht, denn die Burg der 1263 bereits genannten Ritter von Polch wurde 1895 abgebrochen. Südöstlich der Kirche, zum Ortsausgang hin, befindet sich jedoch die Straße »Burggasse«, als letzte Reminiszenz an das »Hus«, welches der Ritter Friedrich Walpode von Polch am 24. August 1342 für 40 Mark Pfennige Lehngeld unserem Kurfürsten aufgetragen hatte.
Beim »Maifelder Hof« soll das rückwärtige Wirtschaftsgebäude zum Teil auf den Mauerzügen der alten Burg errichtet sein.

Kottenheim
Der Ritter Meinward

Nördlich von Mayen ist Kottenheim gelegen. Wir hatten, ursprünglich noch nicht informiert, insbesondere noch nicht im Besitz des unentbehrlichen Lexikons der »Festen Häuser« von Bernhard Gondorf (Die Burgen der Eifel und ihrer Randgebiete) gehofft, von dem Burghaus etwas aufzufinden – vergebens. Immerhin finden wir die Grabplatte Konrads, Schilling von Lahnstein, von 1539 in der katholischen Pfarrkirche und erfahren aus einer vorbildlichen Schrifttafel etwas mehr über die Geschichte des Ortes. Unser Burghaus, welches am 27. Juli 1337 dem Erzbischof aufgetragen wurde, soll nördlich des Ortes gelegen haben, war mit Wassergraben und Wirtschaftshof versehen und ist gänzlich verschwunden. Bei der Gelegenheit dürfen wir spaßeshalber erzählen, mit welchem »Adlerblick« wir die Orte besuchten, die uns schließlich überwiegend unbekannt waren, um unsere Burgen aufzufin-

den, wenn keine genaueren Infos zur Verfügung standen:
1. In die Nähe der Kirche fahren.
2. »Burgstraße« suchen.
3. Falls sich immer noch keine Ruine findet, in die nächste Gaststätte gehen und den Wirt bei einem Glas Riesling (nur kein Zuckerwasser) in ein unverfängliches Gespräch verwickeln.
4. Bürgermeister fragen (meist erfolgreich).
Gerächt hat sich oftmals unsere mangelnde theoretische Vorbereitung zu Hause am Schreibtisch oder in der städtischen Bibliothek, wenn entweder überhaupt keine bauliche Anlage mehr vorhanden war, oder wir uns durch ein mittelalterliches Gebäude irreführen ließen, welches dann doch nichts mit unserer Lehens- oder Landesburg zu tun hatte. Die Folge war oft, daß wir zwei- oder dreimal den betreffenden Ort anfahren durften. Manchmal war das auch nötig, weil das Licht zum Fotografieren zu ungünstig war.

Bell
Der von Brewersche Gutshof

Nur wenige Kilometer nördlich von Kottenheim, an der Autobahn A 61, ist Bell gelegen. Dieser Ort – in der Landschaft »Pellenz«, mundartlich für »Pfalz«, also ursprünglich pfalzgräflich – kam im 14. Jahrhundert zu Kurtrier. Von der am 24. Februar 1336 unserem Erzbischof aufgetragenen Burg ist nichts mehr vorhanden. An ihrer Stelle befindet sich der ehemals von Brewersche Gutshof.

Kettig
Die Grabsteinsammlung

Auch in Kettig, östlich von Bell, in der Nähe von Weissenthurm, ist unser Rittersitz nicht mehr zu finden, der zweimal in Balduins Lehenssammlung auftaucht, nämlich am 24. August 1318 als »mansionem nostram que turris dicitur« und nochmals am 17. September 1333. Das Burghaus bei der Kirche, »der Thorn«, diente zuletzt als Scheune und wurde 1786 als fast gänzlich verfallen bezeichnet. Im Dorf selbst gibt es nichts, was auf das ehemals herrschaftliche Gebäude hindeuten könnte.
Wir wollen lieber abschweifen, es lohnt ein Ausflug von Mayen aus zur Burg Wernerseck am Nettebach bei Plaidt.

Burg Sayn
*Die alte Burg im Brextal ***

Von Kettig aus überqueren wir den Rhein, um über Neuwied nach Bendorf zu gelangen. Immer wieder beeindruckt der chaotische Verkehr. Wir sind deshalb froh, in das Tal des Brexbaches zu gelangen, Burg Sayn »dräut« auf der Höhe. Auch hier werden wir zu unserem Glück gezwungen, das Fahrzeug am Fuße des Burgberges stehen zu lassen, um am steinschen Burghaus vorbei, den Burgberg, der von Hirschen, Rehen und sonstigen halbwilden Tieren bewohnt wird, hinauf zur sehr schön restaurierten Stammburg des Grafen Johann von Sayn zu gelangen, der am 29. Oktober 1340 anerkennt, sein »castrum« von Balduin zu Lehen zu haben. Johann

Burg Sayn

Burg Sayn

von Sayn ist der, der an unseren Balduin seinen Anteil an Kobern, auf unserem Fahrplan der nächste Punkt, verkaufen muß. Nach Durchquerung des mächtigen Halsgrabens gelangen wir durch den Zwinger in die Vorburg und halten uns dort an der romanischen Burgkapelle (1220–1230) auf, die in vorzüglicher Weise mit einem Holz-Glasbau überdacht wurde, um die Fundamentreste, insbesondere den aus Tonplatten bestehenden Schmuckfußboden zu schützen. So geht es also auch, gerade öffentliche Burgeigentümer, also die gutbesoldeten Ober- und sonstigen Regierungsräte, sollten in Scharen herbeipilgern und Anschauungsunterricht nehmen. Überhaupt sind wir mit der Beschilderung einmal richtig zufriedengestellt. Nicht jeder reist mit Georg Dehio unter dem Arm durch die Lande, ein jeder hat aber das Recht, an Ort und Stelle über Kulturdenkmäler angemessen informiert zu werden. Hier sorgen ein Förderverein und ein Eigentümer dafür, daß, ausgehend vom Parkplatz beim Schmetterlingspark bis zum Burgfried und zur Schildmauer hin, alles ordentlich bezeichnet ist. Der Burgfried ist sehenswert, nicht (nur) seines Uhrenmuseums wegen, sondern weil er außen viereckig, innen fünfeckig aus Bruchstein gemauert wurde.

Sehr ordentlich ist auch das Café, welches durchaus mit allen modernen Anforderungen an die Gastronomie als in die Kernburg integriert bezeichnet werden kann.

Der Erwerb des Heftchens »Bendorf-Sayn«, in fürstlichem Rot gehalten, führt zu einer Überraschung und zu einer weiteren Entdeckungsreise: Dort wird die uns bisher nicht bekannte »alte Burg« von Brextal erwähnt. Diese Burg wird im August 1152 Lehen des Trierer Erzbischofs Hillin. Der Weg wird immer abenteuerlicher. Immer wieder Fehlanzeige und mehr als ein Abrutsch auf losem Geröll. Endlich ein Waldarbeiter, der uns den Weg weist. Danach geht es zu einer ausgeschilderten Hütte, von dort zum Berggrat über einen schmalen Fußweg zur Burg, die tatsächlich ins Brextal hineinragt. Zunächst stößt der völlig erschöpfte Burgenstürmer auf einen der Einschnitte im Felsgrat – die Hoffnung steigt. Dann, tatsächlich! Ein mächtiger Halsgraben und dahinter die völlig verschüttete, mit etwas Phantasie aber wiederzuerkennende, recht große Anlage. Ist der Halsgraben durch Hinabrutschen und käferartiges Erklimmen der gegenüberliegenden Seite überwunden, kann auf diesem Teil, der schließlich die Angriffsseite darstellt, natürlich der erhoffte schwere Bergfried ausgemacht werden. Der Turm mißt etwa sieben Meter im Durchmesser und hat eine Mauerstärke von 110 Zentimeter. Er soll damals schon eingemottet, also mit Erdmassen von außen verstärkt worden sein. Auf einem ungefähr 23 Meter langen Plateau schlossen sich Wohnbauten an. Die Burg ist nicht zerstört worden, sondern soll allmählich bis Ende des 16. Jahrhunderts verfallen sein. Ein weiteres Abenteuer für »Klein-Schliemann«.

Kobern

Lachende Dritte **

Wir haben nunmehr den nördlichen Teil des Landkreises bereist und wenden uns von Koblenz aus, die Mosel aufwärts, dem südlichen zu. Über die breit ausgebaute Bundesstraße gelangen wir zunächst nach Kobern-Gondorf. Wir wissen, daß die Niederburg bereits 1195 unserem Erzstift, nach einem Streit wegen des Baues zu Lehen aufgetragen wurde. Unserem Erzbischof Johann gefiel es nämlich wenig, als der Ehemann einer übriggebliebenen Erbtochter Gerlachs von Isenburg die Niederburg erbaute. Der Trierer siegte, der Neukoberner mußte das Lehen anerkennen.

Wir fahren vom Dorf aus den Mühlbach hinauf, der Beschilderung »Niederburg – Matthiaskapelle« folgend. In der Mittagshitze sind wir froh, ein gutes Stück mit dem Geländewagen bewältigen zu können. Guten Gewissens eigentlich auch wieder nicht, denn der Weg scheint seit 800 Jahren unverändert. Die vorwurfsvollen Gesichter der rot oder grün bestrumpften Wandersleute sind schon berechtigt. Immerhin handelt es sich bei dem schmalen Burgweg um einen Fußweg. Von Interesse ist zunächst der bereits um 1200 errichtete, trapezförmige Bergfried. Der Eingang auf halber Höhe ist noch vorhanden. Wir vergessen den, der ebenerdig eingebrochen wurde. Von hier oben aus weitet sich der Blick auf ein prächtiges Moseltal. Auch sind noch stolze Überreste des Palas mit spätgotischen Segmentbogenfenstern vorhanden. Die Anlage

Kobern

Kobern

ist gepflegt, eine Informationstafel fehlt jedoch.
1347 wendet Balduin erhebliche Summen auf, um jeweils ein Drittel der Burg und Herrschaft Kobern von drei Erbtöchtern, die als recht ansehnlich galten, zu kaufen. Er zahlte 4000 Gulden an Arnold von Pittingen, 17000 kl. Gulden an Graf Johann von Sayn, und an Salentin von Isenburg und seine Frau 2300 kl. Gulden – schon war das Erzstift Eigentümer.
Die auf das »schöne Kleeblatt« Kunigunde, Mechald und Jutta geleerte Flasche trockenen, durchgegorenen Moselriesling hebt an, Wirkung zu zeigen, als wir beschließen, das absolute Kleinod spätromanischer Sakralbaukunst, die Matthiaskapelle in der Oberburg, aufzusuchen. Auf abgeschürftem grauen Schieferfels zieht der Kreuzweg steil aufwärts, wobei wir, nicht nur der einzigartigen Aussicht wegen, schon hin und wieder rasten. Die schweißtreibende Anstrengung wird reich belohnt. Innerhalb des recht großzügigen Schildmauerrechtecks erhebt sich märchenhaft neben dem stumpf und traurig wirkenden Bergfried die kleine Reliquienkapelle so, als sei sie just von den Kreuzfahrern aufgerichtet worden. Der Bergfried ist vor wenigen Jahren untersucht und gesichert worden. Auffallend an diesem 9 x 9 Meter lichten und 15 Meter hohen Turm sind dessen 2,20 Meter dicken Mauern mit einer innenliegenden Treppe und zwei türgroßen Öffnungen im ersten Stockwerk. Der Wohnturm hatte eine hölzerne Treppe zum Eingang mit einem daneben befindlichen großen Fenster, war also ungewöhnlich repräsentativ. Um 1800 lebte hier ein Eremit. Der sechsseitige Zentralbau erinnert an die Grabeskirche in Jerusalem, auch an den Felsendom, letztlich an die Pfalzkapelle in Aachen, auch wenn der Bau nur eingeschossig ist. Die Kreuzzüge haben einen greifbaren Einfluß, der jetzt noch zu spüren ist, auch wenn der Sinn des herrlichen Bauwerks schon kurz nach dem Ableben unseres Erzbischofs Balduin schwand. Leider bemerken wir hier oben erst, daß der Zugang zur Kapelle schon im Dorf hätte organisiert werden müssen, fehlte uns doch der Schlüssel zum Eintritt ins Mittelalter pur. Es fehlt natürlich auch die einst hier bewahrte Reliquie, der Kopf des Apostels Matthias, der 1422 nach Trier gelangte.
Anfangs saß auf der weitläufigen Anlage ein kurtrierischer Amtmann, wobei die Oberburg aufgegeben und in die Niederburg umgezogen wurde. Die Burgen sind dann 1687–1689 zerstört worden, wobei die Matthiaskapelle wenigstens so weit geschont wurde, daß sie im 19. Jahrhundert wiederhergestellt werden konnte.

Burg Gondorf
Schloß Liebieg *

Von der Niederburg in Kobern zu unterscheiden ist die Niederburg in Gondorf, das nachmalige, wegen des Umbaus aus dem 19. Jahrhundert so benannte Schloß Liebieg. Hier haben wir es mit dem »fortalitium« zu tun, welches im April des Jahres 1330 und am 18. Juli 1336 zunächst von einem Ritter von Gondorf und dann einem Ritter von der Arken mit dem hübschen Vornamen Marsilius als Befesti-

Gondorf

gung bezeichnet und Balduin zu Lehen aufgetragen wird. Der aus einem quadratischen Grundriß bestehende, ehemals vier- bis fünfgeschossige Donjon wurde im 19. Jahrhundert neugotisch ausgebaut. Für uns ist die Moselfront mit einem kleinen, gewölbten Erker im zweiten Obergeschoß von Bedeutung, die nicht umgebaut wurde. Dennoch, das viergeschossige Schloß wirkt in sich geschlossen, die An- oder Umbauten sind nicht kitschig. Der Koblenzer Bankier hatte einen guten Architekten – mit Geschmack und Einfühlungsvermögen.
Wir verlassen Gondorf, nicht ohne einen Seitenhieb auf andere »Burgenfreunde«, die 1971 in der rheinland-pfälzischen Straßenverwaltung saßen oder noch sitzen und es wagten, die B 416 mitten durch die Hauptburg derer von der Leyen – wenn man es nicht gesehen hat, glaubt man es nicht – hindurchzubrechen. Uns kann keiner die Güterabwägung vorrechnen, die eine solche Kulturschande auch nur ansatzweise begründen würde.

Thurandt
*Der fliegende Ritter ***

Weiter moselaufwärts öffnet sich uns nach einer Biegung ein ungewöhnliches Bild: Auf der gegenüberliegenden Moselseite, auf einem langgezogenen, schroffen Berggrat befindet sich eine Burg mit zwei hohen, runden Türmen und zu ihren Füßen ein heimelig wirkendes Moseldörfchen, beschützt von der Burg und der von ihr ausgehenden Befestigung. Wir überqueren die Mosel, die Sonne taucht im abendlichen Rot die Burg in ein malerisches Licht, während Alken bereits im Schatten der Moselberge versinkt. Den Besuch der Doppelburg heben wir uns für den nächsten Tag auf, fahren, besser würden wir sagen, kurven durch die Weinberge zur Kapelle des »Bliedenberges«, die auf dem gegenüberliegenden Berghang liegt, um von dort den Blick auf Kurköln und Kurtrier zu genießen, um die letzten Sonnenstrahlen eines Tages einzufangen und die Geschichte vom »fliegenden Ritter« am Ort des Geschehens zu erleben:
Die Burg wurde um 1200 auf dem langgestreckten Felsgrat von Pfalzgraf Heinrich, Sohn Heinrichs des Löwen, zur Sicherung kaiserlicher, welfischer Interessen im Moselgebiet erbaut. Der eigenartig anmutende Name stammt, wieder einmal, aus den Kreuzzügen. Erinnern wir uns an das Jahr 1099, an die Gründung des Königreichs Jerusalem, den Triumph des Papstes über Könige und Fürsten, an das furchtbare Blutbad bei der Erstürmung Jerusalems und an Gottfried von Bouillon (dessen Nachfahren von Balduin I. bis Balduin V. Könige von Jerusalem werden). Erinnern wir uns an die furchtbare Katastrophe des zweiten Kreuzzuges, die Erschütterung des Glau-

Thurandt

bens an die Unfehlbarkeit des Papsttums als Verkünder des göttlichen Willens. Und denken wir dann an den dritten Kreuzzug (1189–1192), an die Eroberung Jerusalems durch den weisen Saladin, an den charakterlich bedenklichen König Richard Löwenherz und Kaiser Friedrich I., den Rotbart, der beim Baden im Saleph ertrinkt. Bei diesem Kreuzzug verharren wir; der vierte, fünfte, sechste bis siebte Kreuzzug – alle verliefen erfolglos.
Vergebens und verlustreich war auch die Belagerung der Syrerfeste Thuron bei Tyros. Dennoch benennt der Pfalzgraf seine Burg nach diesem Erlebnis.
Spannend ist auch das weitere Schicksal der Burg und das des pfälzischen Burggrafen Zurn oder Zorno (nomen est omen), der sich in den 40er Jahren des 13. Jahrhunderts – sich selbst, die Stärke seiner Burg und wohl auch den Einfluß der Pfalzgrafen überschätzend – als Raubritter betätigt haben soll, so jedenfalls die offizielle kurkölnische und kurtrierische Lesart.
Man wird einen Grund gesucht und den Anlaß gefunden haben, sich der Starken zu bemächtigen. Die vereinte Heeresmacht des Kölner Erzbischofs Konrad von Hochstaden und des Trierer Erzbischofs Arnold von Isenburg ist aber zunächst nicht in der Lage, die Burg zu nehmen.
Wir stellen auf unserer Rundreise immer wieder fest, daß die Burgen selten zu erstürmen waren. Die militärischen Eroberungen gelangen überwiegend nur durch Überrumpelung oder nie, bei Thurandt durch eine langjährige Belagerung. Dies läßt sowohl auf die militärtechnischen Mittel der damaligen Zeit schließen wie auf die Bedeutung der Burgen als Militärbauten: Sie waren nahezu unüberwindliche Zentren der Macht. Unser Zurn wußte das und verschanzte sich einfach. Die Belagerer vertrieben sich ihre Langeweile, indem sie soffen, was das Zeug hielt – anders kann man den Inhalt eines alten Schriftdokumentes von Münstermaifeld nicht umschreiben, wonach 3000 Fuder Moselwein vertilgt wurden. Wir multiplizieren die vielen Nullen, dividieren das Ganze durch zwei Jahre und gelangen mit Hilfe des elektronischen Lieblingsspielzeugs, des Coautors, auf

dem Bliedenberg sitzend, zu einem durchschnittlichen täglichen Weinkonsum von 4 109,6 Liter. Bei einer mittleren Belagerungsstärke von 500 Mann sind das, grob und sicherlich unrichtig, 8,22 Liter pro Person! Die Belagerung dauerte nicht ganz zwei Jahre, aber die Siegesfeier im September 1248 wird nochmal mehrere Fuder, vielleicht auch vielen Moselwinzern die Existenz gekostet haben. Wir nehmen uns vor, es bei der Rückkehr aus Alken bei maximal 3 000 ccm trockenem Moselwein zu belassen.

Wir sind jetzt beim fliegenden Ritter angelangt. Der zweifellos höchst fähige Burggraf Zurn deckte eine Verschwörung in den eigenen Reihen auf und überrumpelte einen Ritter der Burgmannschaft namens Brenner beim Versuch, die Burg in die Hände der Trierer und Kölner zu spielen. Zur Strafe wurde er auf ein Katapult gespannt und sollte per Luftpost in Richtung Bliedenberg befördert werden, wo die Trierer ihre Wurfmaschinen aufgestellt hatten.

Der arme Brenner tat den Schwur, eine Kapelle zu bauen, wenn er den Bliedenberg heil erreichen würde. Mit Hilfe der Mutter Gottes geschah dies auch. Brenner überlebte und ließ die versprochene Kapelle mit finanzieller Hilfe des Erzbischofs Arnold II. erbauen. Die Belagerer waren aber nun durch den »fliegenden Spion« über die Verhältnisse innerhalb der Burg bestens informiert, auch über die dort herrschende Wasserknappheit. Sie zündeten das reichlich vorhandene »Leergut«, nämlich die gepechten hölzernen Fässer an und trieben den beißenden Qualm zur Burg hinauf, die sich dann ergeben mußte. Der den Trierern höchst willkommene Ritter Zurn hat es überlebt und ist dann in Bullach im Elsaß verstorben.

Mit Einnahme der Burg erhält der Trierer Erzbischof den südlichen Teil, der nördliche mit dem ursprünglich runden Bergfried wird mit einer hohen, dicken Scheidemauer abgetrennt und von dem Kölner besetzt. Trier erbaut dann einen neuen Bergfried und schafft ein neues, 1915/16 wieder aufgebautes, eigenes Burgtor.

Trierer und Kölner vertragen sich, wobei »unser« Einfluß überwiegt, denn Trier hat die Gerichtsbarkeit. Der Friedensvertrag vom 17. September 1248 ist übrigens eine der ältesten Urkunden in deutscher Sprache. Wir überlegen nun, wie weit es per Luftlinie von der Kapelle bis zur Burg sein könnte. Wir einigen uns auf fünfhundert Meter. Wenn das so ist, könnten wir von hier aus die trierischen Belagerungsmaschine, die Blide, nicht die Befestigung, erreicht haben. Erst Balduin wird fast hundert Jahre später Zeuge des donnernden Einsatzes von Feuerwaffen. Bis um das Jahr 1500 fürchtete man aber immer noch die riesigen Schleudern für den Bogenwurf, die die zwischen 50 und 100 kg schweren (sic!) Steinkugeln aber auch nicht weiter als 400 Meter befördern konnten. Wir werden uns anläßlich der »Eltzer Fehde« und der Einnahme von Boppard noch mit der mittelalterlichen Artillerie beschäftigen können.

Die Sonne hat sich nun endgültig im Westen zur Ruhe begeben. Wir fahren zurück und gedenken in angemessener Weise der Belagerung der Burg.

Am nächsten Morgen steigen wir zu Fuß durch den Weinbergsweg den steilen Hang hinauf. Mit viel Liebe ist die 1689 zerstörte Doppelburg im Bestand gesichert und restauriert worden. Ob unbedingt moderne Blechnachbildungen von Ritterrüstungen und Ähnliches bereichernd wirken, mag dahingestellt sein, aber auch wir lassen uns gerne von der mittelalterlich anmutenden Atmosphäre dieser im bürgerlichen Besitz befindlichen Burg einfangen.

Endlich einmal findet der Zugang originalgetreu über eine Holzbrücke des Halsgrabens durch das wiederaufgebaute Torgebäude statt. Das kurkölnische Pfalzgrafentor ist noch vorhanden, wird aber nicht mehr benutzt. In der Burg selbst überrascht es uns nicht mehr, daß der Burgvogt Zurn mit nur wenigen Knechten die übersichtliche Anlage verteidigen konnte. Die Burganlage ist in vielerlei Hinsicht bemerkenswert, wir freuen uns auch über das mit viel Liebe hergestellte und auf der Burg zu erwerbende Heftchen, welches wir gerne unserer Sammlung beifügen.

Ehrenburg
*Der ewige Feind ***

Am Fuße der Ehrenburg breitet sich eine regelrechte Ferienlandschaft aus: Der Ehrbach hat seit einigen Kilometern die Klamm verlassen und beruhigt sich langsam, bevor er bei Brodenbach in die Mosel mündet. Das Tal ist sehr romantisch, und die auf schroffem Felsen aufragende Burg mit dem charakteristischen Doppelturm ist fast unerreichbar. Eine Entscheidung ist zu treffen: Wollen wir den Fußweg zur Burg hinauf nehmen oder, scheinbar bequemer, nach Brodenbach zurück fahren und von dort aus die Landstraße hinauf nehmen, die freilich schon auf der Karte abenteuerlich gewunden ist, und die Ehrenburg von der Bergseite aus erobern? Wir wählen letzteres, wahrscheinlich die zweitbeste Lösung.
Die Straßen vom Moseltal hinauf sind immer problematisch, müssen sie doch den oft steilen Felshang bezwingen. Diese Straße aber ist ein Kapitel für sich; wer sie engagiert angeht, sollte, oben angekommen, die Fiebertemperatur des Motors messen. Nach wenigen Kilometern hat man, gut ausgeschildert, die Abfahrt zur Ehrenburg und den Parkplatz erreicht, von dem aus man allerdings noch einen recht weiten Fußweg vor sich hat. Im Grunde ist es gut so, jeder Abstand zur Gegenwart erleichtert den Eintritt in unsere Vergangenheit.
Die Ruine ist mächtig, wobei vier Dinge besonders auffallen: der tiefe Halsgraben, über den endlich einmal eine Brücke aus Holz führt; der zum Hotel ausgebaute Palas mit seinem Fischgrätenmauerwerk; der Rampenturm der Oberburg und der gotische Doppelturm. Schon zweimal hat unsere kleine Reisegesellschaft versucht, die wenigen Betten des Romantikhotels zu erobern, jedesmal wurde der Angriff abgeschlagen, dafür konnten wir immerhin die Atmosphäre des Gebäudes und des Hofes der Vorburg gastronomisch bei mehreren Burgenfesten genießen. Die Eroberung des Rampenturms gelingt, wenn auch erst nach Überwindung eines scheußlichen Runddrehgroschengrabgitters, wel-

Ehrenburg

Ehrenburg

ches die Assoziation eines Gefängnisses vermittelt.
Der Rampenturm, an dem sich die Franzosen bei der Zerstörung der Burg 1689 die Zähne ausgebissen haben, was wir hämisch grinsend registrieren, ist wirklich ein bei unseren Burgen nicht wieder anzutreffendes, auch im übrigen höchst seltenes Beispiel eines Geschützturmes.
Die Auffahrt zur Oberburg führt über mehrere Stockwerke im Turm selbst, wobei die Auffahrt so großzügig bemessen ist, daß die Feuergeschütze bequem aufgestellt werden konnten. Das Verteidigungswerk soll aus dem Jahre 1495 stammen, war also bereits für Feuerwaffen ausgelegt. Den doppelten Bergfried, der an die Kasselburg bei Pelm erinnert, zu besteigen ist Ehrensache.
Wer nicht schwindelfrei ist, sollte besser in der kamingeheizten Wächterstube im obersten Geschoß Platz nehmen, denn oben auf den Zinnen geht es luftig und, bei einem Blick ins Ehrbachtal, durchaus schwindelerregend zu.
Der Doppelturm führt uns zu Balduin zurück. Ursprünglich war lediglich einer der beiden Türme als runder Bergfried vorhanden, als sich nämlich einundzwanzig Ritter dieser Gegend zu einem förmlichen Bund zusammenschlossen, um, so Dominicus, »ungestört dem Raube nachzugehen«. An der Spitze dieser Räuberbande stand Johann von Eltz, weshalb der dann 1331 ausbrechende und bis 1337 andauernde Krieg die »Eltzer Fehde« genannt wurde. Beim Besuch der Baldeneltz werden wir Grund und Anlaß dieser Auseinandersetzung noch näher kennenlernen. Jedenfalls beteiligten sich von Ehrenberg aus drei Ritter, nämlich Heinrich der Alte, Heinrich der Junge und Friedrich, des jungen Heinrich Bruder. Ob diese Herren tatsächlich dem Raube nachgingen oder lediglich als freie Reichsritterschaft auf ihre überkommenen Rechte pochten, dürfte wohl nicht mehr zu klären sein.
Für Balduin war die Sach- und Rechtslage klar, uns scheint, die Übergriffe der Ritter waren ihm sogar noch willkommen. Immerhin muß festgestellt werden, daß die Ehrenburg zunächst pfalzgräfliches Eigentum war, dann an Erzbischof Hillin fiel, der die Burg aber dem Pfalzgrafen zu Lehen geben mußte, so blieb es dann bis zum Ende unseres Kurfürstentums. Die Pfalzgrafen entlehnten die Burg weiter, eben an die Ritter von Ehrenburg, ihre Vasallen, worauf sich diese dann gegenüber Balduin, wenig erfolgreich, wie sich zeigen wird, beriefen.
Wir übernachten im »Schwarzen Ritter« in Brodenbach, einem stimmungsvollen Surrogat für die beiden auf Ehrenburg fehlgeschlagenen Versuche. So zäh und unerbittlich war übrigens auch das Rittergeschlecht. Nach dem verlorenen Krieg war die

Feindschaft gegen Trier und die zeitweise stiftstreue Stadt Koblenz nämlich nicht zu Ende.
Nach Balduin kommt es schon 1397 zu einem blutigen Krieg und der teilweisen Zerstörung der Burg durch die Koblenzer. Mit Friedrich stirbt etwa 1399 der letzte Ehrenburger und damit ein erklärter und hartnäckiger Feind des Erzstiftes aus.
Voller Leben ist die Ehrenburg bei Veranstaltung der Ritterspiele im Sommer. Dabei wird mittelalterliches Leben sehr professionell vermittelt, zur besonderen Freude nicht nur der kleinen Knappen, sondern auch mancher »großer Kinder«.
Nicht unerwähnt soll auch hier wieder die private Initiative zur Erhaltung des Kulturdenkmals »Burg« bleiben.

Bischofstein

Der Ring an der schützenden Hand des Erzbischofs *

Wir fahren weiter die B 416 moselaufwärts. Auf einem steilen Schieferfelsen, die Bahnlinie und die Straße überragend, sind der mächtige, runde Bergfried und die Gebäude der Burg von unten nur zu erkennen, wenn man sich den Hals durch die Windschutzscheibe verrenkt. Das Parken an der vielbefahrenen Straße ist schwierig. Auffallend ist das breite, weiße Band, welches den Turm, einem Ring auf einem Finger ähnlich, umzieht. Die Burg ist wieder aufgebaut und wird als Schülerheim benutzt. Im Vergleich zu der romantischen Reisebeschreibung von C. Hauptmann aus dem Jahre 1909 ein erfreuliches Bild. Wir haben übrigens auch hier, im Vergleich zu den älteren Reisedarstellungen, festgestellt, daß das, was damals noch als »schwarzer hoher Schieferschroffen«, als »ein Bild von undenkbarer Wildheit und rauher, zum Himmel ragender Felsen« beschrieben wird, von der Vegetation bekleidet worden ist, denn viele kahle Flächen sind inzwischen wieder von der Natur begrünt worden.
Erbauer der Burg war wahrscheinlich Erzbischof Arnold II. (1169–1173), den wir bei Thurandt als kriegerischen Landesfürsten kennenlernten. Mit der Belehnung der Burg war die Verpflichtung verbunden, die Moselfähre zu schützen und zu unterhalten, die Moselschiffahrt zu beschirmen – ein Sinnbild der schützenden Hand des Erzbischofs. Der weiße Mörtel ist der Überrest des Verputzes des inneren Teils des hölzernen Umgangs, von dem der Bergfried einmal umgeben war. Diese Umgänge sind unbegreiflicherweise auch bei den Restaurierungen unserer Burgen immer wieder weggelassen worden. Wenn wir uns an das Juwel Burg Ramstein erinnern, so ist dort an der Außenmauer, also nicht nur innen, jetzt auskragend, sogar der Rest eines Kamins zu erken-

Bischofstein

nen, der die hölzernen Balustraden wohnlich heizte, also dem steil aufragenden Mauerwerk noch vorgelagert war.
Der Sage nach verlor Erzbischof Johann (die Genealogie der trierischen Johänner reicht übrigens bis zum VII. von Schönenberg 1581–1599) die Burg kurzfristig an einen Strauchritter. Dieser inventarisierte den reichlich bemessenen Weinvorrat des Erzbischofs, goutierte denselben und wurde, der Leser erahnt bereits die Konsequenz, innerhalb kürzester Zeit von dem in Eile herbeigerückten Erzbischof in weinseligem Zustande überrascht und mußte, so die Sage, erst geprügelt werden, damit er erwachte. Das Erwachen war schrecklich, denn das Raubgezücht wurde mit aller Strenge gerichtet. Zur Mahnung daran ließ der Erzbischof einen weißen Ring um den Turm seiner Burg malen, weithin sichtbar verkündend, daß die Hand mit dem Bischofsring mit Strenge richten werde. Aus »unserer« Zeit ist urkundlich die Sorge Balduins um Bischofstein beurkundet: Am 7. September 1329 bekennt Heinrich von Pfaffendorf, die Burg als Lehen erhalten zu haben, einschließlich Gerichtsbarkeit und Archidiakonat. Er versprach die Öffnung und Unterhaltung der Burg, expressis verbis auch den Schutz des Moselübergangs. Am 1. Dezember 1338 hat dieses Versprechen ein Gottfried von Brandenburg schriftlich bekundet.

Eltz

Die Burg schlechthin ***

Wie sollen wir die Begeisterung vermitteln, die allein der Anblick der sechs bis sieben Geschosse hochragenden, versteckt gelegenen Burg, »das Gewirr und Gezipfel ihrer steilen Dächer und Erker« (Georg Dehio), im Herzen eines jeden ehrfürchtigen Besuchers erzeugt! Wir wollen uns auf die Beziehung von Eltz zu Balduin konzentrieren. Die Burg selbst sollte man nicht auf dem üblichen Touristenweg von der südlichen oder nördlichen Auffahrt (Parkplatz) aus erobern, sondern in jedem Falle entweder den Eltzbach aufwärts oder von Möntenich über Waldwege hinab. Wir haben es von Norden probiert, durch das wildromantische Bachtal, standen plötzlich auf einer grünen Aue, in einer Biegung vor Trutzeltz, die sich herrisch, dem Namen alle Ehre machend, vor uns auf einem schroffen Berggipfel erhob, bevor wir der niedriger gelegenen Ganerbenburg ansichtig wurden. Nunmehr dachten wir, Burg Eltz selbst könne nicht mehr weit entfernt sein, schließlich ist Trutzeltz nur wenige hundert Meter oberhalb errichtet worden. Dennoch war es doch noch ein gutes Stück Weg, dem Bachtal weiter folgend, als plötzlich die Befestigungswerke im Bachtal selbst und dann die Burg auftauchten.
Man sollte nicht der Versuchung unterliegen, alsdann den Berg hinaufzusteigen, um das Tor zu erreichen, man sollte vielmehr, dem Eltzbach in einem Omega folgend, um die Burg herumwandern. Die wenig begangenen Wege bieten ein Panorama und Einblicke auf die Burg, wie sie sich aus keinem der vielen wunderhübschen, bunten Bilderbücher ergeben. Im Gestrüpp des umliegenden Waldes entdecken wir noch den einen oder anderen Zeugen dafür, daß der ursprüngliche Handelsweg im Eltzbachtal verlief: Ruinen von Befestigungsanlagen und auf der Auwiese, unterhalb der Burg, ein Tor.
Auf diese Art kommen wir den östlich gelegenen größeren Befestigungsanlagen im Tal sehr nahe, die schon alleine, ohne die darüberliegende Burg, einen interessanten Aspekt abgeben. Innerhalb des »Omega«

Burg Eltz

verläuft offensichtlich noch der alte Handelsweg, der von »Platteltz«, dem ursprünglich einsamen Wohnturm in der Mitte des Plateaus, zu bewachen war. Dann hinauf, den Touristenrummel muß man akzeptieren, schließlich gehören wir selbst auch dazu.
Um nicht ins Schwärmen zu geraten, halten wir uns stringenter an den Plan, uns auf Balduin zu konzentrieren. Aber wie sollen wir das machen? Hier ist Mittelalter noch und noch, so ausgeprägt und eindrucksvoll wie nirgendwo zu erleben. Man schämt sich fast schon, mit der dicken, elektronisch gesteuerten Fotokamera in das lebendige Mittelalter einzubrechen. Beruhigend, daß wenigstens die Anfahrt mit den Fahrzeugen nicht möglich ist, den Besuchern vielmehr das zwingende Angebot des viertelstündigen Fußmarsches gemacht wird. Im Burghof selbst stehen wir vor dem ältesten Teil, Platteltz, dem rechteckigen Wohnturm, und gewahren rechts, in einer Ecke liegend, fünfzehn grob gehauene schwere Steinkugeln – angeblich noch stumme Zeugen der Durchsetzungskraft unseres Erzbischofs.
Aber nun, mitten hinein in das dramatische Geschehen: Freie Reichsritter dynastischer Herkunft – wie die Herren Johann von Eltz, Landslot, Thiderich, Richart und Heinrich, Richarts Bruder, weiter nun Besitzer der Burg Waldeck, die vier der Burg Schöneck und die drei der Ehrenburg – schlossen am 15. Juli 1331 einen Vertrag zum gegenseitigen Schutze und Rate, nach dem sie sich auch verpflichteten, fünfzig schwer bewaffnete Reiter neben ihren Burgbesatzungen zu stellen. Zum Einsatz dieser Reiter kam es offensichtlich nicht, denn Balduin agierte sofort.
Die »Eltzer Fehde« begann im Jahre 1331 mit der Einschließung der Burg, des Kopfes der aufsässigen Ritterschaft, der Eltz. Wir haben schon bei Thurandt erfahren, daß die Eroberung einer mittelalterlichen Burg nahezu unmöglich war. Dies hatte Balduin am eigenen Leibe erfahren, nämlich auf dem Zuge nach Rom als Begleiter seines Bruders, Graf Heinrich von Luxemburg, der am 6. Januar

1309 in Aachen zum »römischen« König, am 29. Juni 1312 in Rom zum Kaiser des Heiligen Römischen Reiches gekrönt wurde. Italien brachte dem mit so viel Enthusiasmus beginnenden Bruder kein Glück. Die Romfahrt können wir im Bilderzyklus aus dem Balduineum miterleben. Erfahrung hatte Balduin auch danach noch, im August 1324, bei der unrühmlichen Belagerung der freien Reichsstadt Metz sammeln dürfen, dann im September 1327 bei der Bezwingung der Stadt Boppard.

Also tat er das für ihn so Typische: Er bedrohte Eltz mit Baldeneltz, die wir nachher noch besuchen werden. Von dort schoß er mit Blieden, die wir bei Thurandt schon kennengelernt haben. Die Burg wurde von jeglicher Lebensmittelzufuhr abgeschnitten. Nach zwei Jahren Belagerung waren die Eltzer am Ende.

1333 bat man um Frieden. Das Überraschende an dieser Situation und dem am 9. Januar 1336 geschlossenen Friedensvertrag ist die Tatsache, daß Johann von Eltz, das Haupt der Widerständler, seine eigene Burg, deren trierisches Eigentum er allerdings anerkennen mußte, zu Lehen wiedererhielt. Balduin hängte ihn nicht auf, er vertrieb ihn auch nicht, sicherlich den ärgsten Feind der damaligen Jahre. Im Gegenteil, er machte ihn sich zum Verbündeten, indem er den auf den Knien liegenden ritterlichen Feind wieder aufrichtete. Sicherlich nicht nur ein Zeichen geschickter Diplomatie, sondern auch ein Wesenszug ritterlicher Denkweise.

Jakob III. von Eltz erwies sich von 1567 bis 1581 – in schwierigen Zeiten, die Protestanten standen ante portas – als Fels des Katholizismus und, ein alter kurtrierischer Traum ging in Erfüllung, im Jahre 1576 wurde die alte Reichsabtei personalisierend einverleibt. Ähnlich ging es der Stadt Trier, die am 27. Mai 1580, nach dem verlorenen Prozeß, ihm, dem Eltzer, huldigen mußte. Damit war der Traum von der freien Reichsstadt ausgeträumt.

Baldeneltz

Der Eltzer späte Rache *

Entschieden wurde der Krieg gegen den Eltzer Bund von Baldeneltz, der Burg auf dem nördlich der Ganerbenburg aufsteigenden, gegen Eltz ragenden Fels. Die Trutzfeste verkörpert, hier auf Schußweite der feindlichen Burg gegenüber, modellhaft Balduins Politik der Stärke, wenn der Erwerb von Burgen mit den zugehörigen Herrschaftsrechten durch Einsatz wirtschaftlicher Macht nicht zu erreichen war. Der Besuch der Ruine ist also für jeden Balduinreisenden »officium nobile«. Baldeneltz liegt, leider völlig vernachlässigt und, wie es scheint, unter akuter Einsturzgefahr,

Baldeneltz

Baldeneltz

stolz oberhalb der Familienburg auf dem Felsenrist mit einem herrlichen Schußfeld gegen die Burg.
Die Anlage selbst ist nicht sehr groß. Man gelangt über einen nunmehr halb zugeschütteten Burggraben durch das erste Tor, welches von einer nicht zu starken Mauer geschützt wird, alsdann durch das zweite Tor, welches in eine Schildmauer integriert, rechts neben einem starken, quadratischen Turmbau liegt. Durchschreitet man das Tor, was natürlich verboten ist, erhebt sich zur linken Seite der starke Turm, der von außen nicht zu erkennen ist, weil er die Funktion einer Schildmauer hat. Der Bau ist stark, dreigeschossig, ein Kamin ist noch gut zu erkennen, des weiteren der Aufgang zu den oberen Stockwerken, der in die Schildmauer hinein, durch Treppen hinauf zu den damals wohl vorhandenen Tournellen führt, den kleinen Ecktürmchen nach französischer Art. Das Bauwerk ist »Balduin pur«, als er die neue, westliche Art des Burgenbaus einführt, auf einen runden oder eckigen Bergfried mit einer davon abgesetzten Schildmauer verzichtet und statt dessen einen großen, rechteckigen Turm mit Außentürmchen, diesen erwähnten Tournellen, an den vier Ecken anschließt.
Von hier krachten die Blidersteine im hohen Bogen auf die Eltz, durchschlugen Dächer und erschütterten Mauern. Kaiser Otto IV. führte 1212 eine bis dahin in Deutschland unbekannte Steinschleuder »Blider« oder »Triboc« mit, die der Erfurter Chronist respektvoll als »teuflisches Werkzeug« bezeichnete. Die Rekonstruktion der Blide auf der Runneburg in Thüringen zeigt eine Gesamthöhe von 18 Meter. Bei 10 bis 20 Tonnen Gegengewicht wurden Blidersteine, die original dort gefunden wurden, mit einem Gewicht von 50 bis 100 Kilogramm 400 Meter weit geschleudert!
Leider ist der Zustand dieses landesgeschichtlich äußerst wichtigen Burgbaus so ruinös, daß der Zutritt verboten ist – für uns unbegreiflich, handelt es sich bei der Baldeneltz doch fast um eines der wichtigsten Denkmäler des großen trierischen Kurfürsten. Von außen ist die Bauweise nicht zu erkennen, urwaldmäßig überwuchert, ein Trauerspiel, und das auf dem besten, touristisch ideal zu erschließenden Aussichtspunkt für Burg Eltz.

Sevenich
Der Wappenfund

Hier haben wir lange nach der Burg gesucht, die am 13. September 1327 Ritter Heinrich, Beyer von Boppard, als offenes Lehen unserem Erzbischof anerkennt. Wir meinen, es im Maifeld gefunden zu haben, einem Vorort von Münstermaifeld. Es handelt sich um ein kleines Dörfchen, bestehend aus

einigen wenigen Bauernhöfen. Wir finden das Haus schnell. Es liegt an einem Bach. Offensichtlich war es früher ein Wohnturm, der von Wasser umflossen und geschützt war. Von Gräben ist natürlich nichts mehr zu sehen, alles ist eingeebnet.
Das Gebäude dient nun als Bauernhof. Es unterscheidet sich aber von den anderen Häusern, denn es strahlt irgendwie Würde aus, die allein aus der Tatsache resultiert, daß das Haus relativ hoch ist und, untrüglich, oberhalb der Eingangstür ein Wappen von 1777 zeigt: »Franz Ludwig edler Herr zu Eltz-Rübenach Ihro kurfürstlichen Durchlaucht zu Trier Geheimrat. Frau zu Eltz geborene von Reifenberg zu Sayn«. Wir nähern uns dem Hause, in der inzwischen schon zur Routine gewordenen Hoffnung, daß sich einer der Einwohner herausbegibt, ohne daß man an der Tür schellen muß. Tatsächlich erscheint der jetzige Besitzer. Er erzählt, das Haus sei bereits seit drei Generationen (mindestens) Familienbesitz. Es sei früher einmal eine »Raubritterburg« gewesen. Der alte Herr wird gesprächig und erklärt die Wappeninschrift. Wir sind offensichtlich nicht die ersten, die sich für das Schicksal dieses Hauses interessieren. Also, um ehrlich zu sein, ob das hier unsere Burg »Seveche« ist, erscheint uns zweifelhaft, denn der Beyer von Boppard hatte in der Eifel eigentlich nichts zu suchen und ein Sevenich gibt es auch im Rhein-Hunsrück-Kreis, südlich der Burg Waldeck.

Landesburg Münstermaifeld

Sic transit gloria mundi *

Das Sternchen gilt nicht der Burg des kurtrierischen Oberamtes, auch nicht dem Gesamteindruck des Städtchens. »Vernachlässigt« erscheint uns als eine milde Umschreibung des an hochinteressanten Bauwerken so reichen Ortes. Die Martinskirche, das Rathaus, die Dechanei, das Heilig-Geist-Hospital von 1309, diverse Stiftsherren- und Bürgerhäuser, die sechs Meter hohe Stadtmauer mit einst sechs Türmen und vier Toren aus dem 14., also unserem Jahrhundert. Alles verlangt nach Sorgfalt und Verständnis und natürlich auch nach Geld. Unsere kurtrierische Burg ist völlig verschwunden, dennoch sollte der Burgenfahrer das Städtchen nicht auslassen.

Kreis Cochem-Zell

Cochem

Der Phönix aus der Asche * * *

Zu Recht haben die Cochemer dem geheimen Kommerzienrat Jakob Luy Ravené aus Berlin eine Straße ihrer schönen Moselstadt gewidmet, nicht unweit vom Enderttor, diesem schönen Beispiel der Balduin zu verdankenden Stadtbefestigung, die mit der Erteilung der Stadtrechte im Jahre 1332 erfolgte.
Von »Baulust« getrieben, soll Ravené die im Jahre 1689 zerstörte kurtrierische Burg vom preußischen Fiskus erworben und wieder aufgebaut haben. Wir sind uns mit dem Leser sicherlich einig, daß wir auf unserer Rundreise gerne noch öfter auf »baulustige« Private dieses Kalibers gestoßen wären, dann wäre mancher Schutthaufen als Kulturdenkmal gerettet worden. Der Besuch der ehemaligen Reichsburg versteht sich für den Balduinreisenden von selbst, wurde sie doch von unserem Erzbischof umfangreich ausgebaut.
Die Burg ist keine Gründung eines trierischen Erzbischofs. Sie ist von Hause aus Reichsburg, mit der die Pfalzgrafen belehnt waren. Auch hier hatten diese Herren mit ihren Besitzungen an der Mosel wenig Glück, wovon fast immer Kurtrier profitierte.
Nachdem Pfalzgraf Wilhelm 1140 auf der Burg verstarb, stritten sich die Erben. König Konrad III. (1138–1152) zog die Burg als heimgefallenes Reichsgut ein, indem er sie kurzum besetzte. König Adolph von Nassau (1292–1298), wie fast alle deutschen Könige bis zum Halse in Schulden steckend, verpfändete 1294 die Burg an unseren Erzbischof Boemund I., den Leutseligen (1286–1299), und dabei blieb es. Kein deutscher König war mehr in der Lage, das Pfand einzulösen. Die sponheimischen Rechte löste Balduin dann, mit Erlaubnis

Cochem

Cochem

seines Bruders Heinrich VII., im Jahre 1309 ein. Damit war Eigentum und Besitz an das Erzstift geraten. Aus Balduins Zeiten haben wir eine Reihe von Nachweisen, daß sich unser Landesfürst nachdrücklich um die Ausstattung, den Unterhalt und die Ausrüstung der wichtigen trierischen Burg kümmerte.
Kommen wir auf Ravené zurück. Er ließ durch Architekten, die offensichtlich ihr Handwerk verstanden, die Burg zwar nach seiner Vorstellung, aber doch angelehnt an das Bild wiederherstellen, welches 1576 angefertigt worden war, also an den spätmittelalterlichen Zustand, denn bis dato war die Burg nie zerstört worden.
Wir empfinden dieses Werk als eine wohltuende Wiedergutmachung an unserer Landesgeschichte.
Historismus her, Neugotik hin, man hätte es anders, viel besser aber sicherlich nicht machen können. Mittelalterlich ist noch das Haupttor, wenn auch verändert, der sogenannte Hexenturm, der bei der Burgführung immer gern gezeigt wird, und der Bergfried mit der für Balduins Zeit typischen, starken Ummantelung. Das Innere ist sehr wohnlich eingerichtet, die Burgführung interessant und ein Rittermahl, an welchem wir vor Jahren schon einmal teilgenommen hatten, stimmungsvoll.
Unserem »Reise-Dominicus« (eine Fotokopie der wertvollen Ausgabe von 1862) entnehmen wir, daß neben Cochem und Klotten, welches wir im Anschluß noch aufsuchen werden, auch die Burg Kemplon unserem Kurfürsten von König Karl IV. als trierisches Eigentum bestätigt wurde.
Das Burghaus, einschließlich des schweren, runden Bergfrieds, wurde von Balduin 1346 als Lehen ausgegeben. Das Burghaus Kemplon lag an der Stelle, an der sich heute das Kapuzinerkloster erhebt. Natürlich haben wir versucht, uns der Sache durch das »Tor hinter Kempeln« in der Stadtbefestigung, dem »Balduins Tor«, zu nähern. Auf dem wunderschönen Hogenbergschen Kupferstich von MDLXXVI, der uns oftmals in den Auslagen der kleinen Geschäfte begegnet, ist die Burg noch sehr schön zu erkennen. Sie wird 1623 abgebrochen, zum Neubau des Kapuzinerklosters. Immerhin ist die Existenz dieser verschwundenen Burg im Bewußtsein der Bevölkerung, dies beweist eine Nachfrage in einem Geschäft, erfreulicherweise immer noch vorhanden.

Klotten

Die keramische Werkstatt

Unweit von Cochem, die B 49 moselabwärts fahrend, erhebt sich die immer noch in beeindruckenden Ruinen aufragende »Coraidelstein«, eine typische Höhenburg. Sie teilt rechtlich das Schicksal mit den Reichsburgen Cochem und Kemplon, kam also als Pfand an das Erzstift Trier. Von Interesse ist der quadratische Bergfried, der – möglicherweise auch von Balduin – verstärkt, also ummantelt wurde. Die Ruinen sind zumindest gesichert. Zu »unserer« Zeit wurde Coraidelstein schlicht als Burg Klotten bezeichnet, erst in der Neuzeit taucht der andere Name auf. Störend empfinden wir lediglich die anstelle des Torhauses errichtete Villa, die in das Mittelalter einbricht; angenehm ist, daß der steile Weg immer steinig ist. Dies erinnert uns an die Straßenverhältnisse der damaligen Zeit, ohne Pferd war nur der arme Mönch unterwegs.
Auch wenn der 8 x 8,5 Meter starke Bergfried teilweise eingestürzt ist (und einer Wiederherstellung harrt), erscheint er mit seinen fünf Geschossen doch noch atemberaubend.

Klotten

Pommern
Der »Bockturm«

Da wir uns in Cochem entschlossen haben, zunächst den nördlichen Teil des Landkreises zu bereisen, um Balduin aufzuspüren, fahren wir auf der B 49 weiter und gelangen nach Pommern. Das hübsche, touristisch nicht überlaufene Moselstädtchen ist 1878 mit dem Bau der Reichsbahn, der Strecke Koblenz–Trier gesegnet worden, dabei ist das Burghaus »Bockturm« abgebrochen worden.
Das Burghaus war südlich vom Pfarrhof zur Mosel hin gelegen und bestand aus einem rechteckigen Wohnturm von 15 x 11 Meter, besaß vier Geschosse und hatte im 18. Jahrhundert noch ein gebrochenes, stumpfes Dach.
Den hübschen Namen hat diese Burg von Ritter Wienand, genannt Bock, der am 20. Juni 1330 den Turm als erbliches Lehen erhält. Das Siegel derer von Bock führt einen Querbalken im Schild, belegt mit einem Bockskopf, eben dieser wurde auch als Helmzier getragen.
Erstmals erwähnt wird die trierische Lehensburg in einer Urkunde vom 7. Februar 1312, also bereits wenige Jahre nach Balduins Regierungsantritt. Das »castrum sive domus« erhält Ritter Wilhelm, genannt Walpode, der als Wappen einen gestenderten Schild mit Turnierkragen zeigt.
Wir müssen das Moseldörfchen nicht verlassen, ohne eine erzbischöfliche Lehensburg gesehen zu haben: den »Stockturm«. Er ist mit wenig Mühe zu finden, wenn man sich an der Straßenbezeichnung orientiert. Der wuchtige Wohnturm hebt sich an einem Weinbergshang massiv aus den angebauten Häusern hervor. Empfehlenswert ist ein Kletterstück hinter dem Hause. Dort ist der Graben, der in den Berg hineingebrochen wurde, zu sehen. Der massive, viereckige Wohnturm, heute noch – nach einer unvorteilhaften Veränderung von 1954 – Wohnzwecken dienend, wurde nach 1414 errichtet.

Burg Treis

Die Milvische Brücke *

Nach Pommern überqueren wir die Mosel, um auf das gegenüberliegende Ufer (noch vor wenigen Jahren hieß das einmal »Moselstrand«), nach Treis, zu gelangen. In dem Örtchen selbst sollte man nach einer Herberge Ausschau halten, um es Kaiser Heinrich V. gleichzutun, von dem überliefert ist, daß er dort anläßlich der Eroberung der beiden Burgen, die wir anschließend aufsuchen werden, übernachtete. Das »schloß trihis« liegt auf einem schmalen Grat kurz vor dem Zusammenfluß von Flaumbach und Dünnbach. Der quadratische Bergfried stammt von Erzbischof Hillin, der mit Gewalt schon im 12. Jahrhundert versuchte, Obererzstift und Untererzstift über die Moselachse zu verbinden.

1121 kam es zum handfesten Streit zwischen Kaiser Heinrich V. und dem Besitzer der Burg. Der Kaiser mußte die Burg Treis, wie auch die Wildburg, die wir im Anschluß aufsuchen, erobern. Zu einer Konfrontation zwischen Erzbischof Albero und dem Pfalzgrafen Hermann von Stahleck kam es, als dieser sich darauf berief, ihm habe der Kaiser die Burg übergeben.

Albero nahm das Bischofskreuz und trug es dem Heer höchstpersönlich gegen Hermann voran, als er mit einem Ritterheer anmarschierte. Der Graf von Namur trug das erzstiftliche Banner. Diese Situation zeigt den persönlichen Mut des »Teufels von Metz« und seine Rücksichtslosigkeit bei der Durchsetzung erzbischöflicher Interessen. Der Erfolg war der, daß die Burg Treis gegen freien Abzug der Besatzung ausgeliefert und Trier Eigentümer wurde. Aus der Zeit Balduins erfahren wir von den erzbischöflichen Burggrafen zu Treis, zum Beispiel von dem »Vrie von Treis«, fürwahr ein schöner Name, folgendes: Es fand sich bei Abbruch des ersten Tores im Jahre 1820 das Wappen zweier Junker von Treis, Burggrafen auf Baldeck, und unter einem Kreuz die Worte:

»TREIS FREI FAND ICH DICH? FREI LASS ICH DICH.«

Verfolgen wir den Weg von der Straßengabelung her, bereitet das Auffinden der ursprünglichen Zufahrt doch gewisse Probleme, da die Anlage zugewachsen, schlicht ungepflegt ist. Schade drum, denn die Auffahrt an sich ist nicht uninteressant. Es lohnt durchaus, das oben genannte erste Tor aufzuspüren, weil es mit einem darübergebauten zweiten Tor verbunden war. Im Gebüsch findet sich letzteres, dann auch die S-förmige Wegführung innerhalb eines Zwingers. Die Reste einer Kapelle am Fuße des Berges und ein Burgmannenhaus können ebenso nach einiger Kletterei, die uns aber viel Spaß und auch Schrammen brachte, aufgestöbert werden, wie die besondere Merkwürdigkeit eines »Innengrabens«.

Treis

Dieser Halsgraben, nördlich vom Bergfried zu finden, gehörte wohl vor dem Ausbau der Burg zu deren äußerer Verteidigung. Nunmehr ist er in den Burgbereich integriert. Der Burgfried ist glücklicherweise gesichert und – unglücklicherweise wieder einmal – durch einen ebenerdigen Mauereinbruch verschandelt. Innen befanden sich fünf Stockwerke. Zu erkennen ist immer noch der originale Eingang im dritten Geschoß mit einer Wehrgangstür, einer Abtrittsnische. Im vierten Geschoß befindet sich ein Ausguß in der Wand, im fünften je zwei Aussichtsfenster pro Seite des quadratischen, hohen Turmes, die, da teilweise durchgebrochen, wie Zimmer wirken.

Der Turm ist »trierisch«, denn er wurde von Erzbischof Hillin im 12. Jahrhundert erbaut beziehungsweise ausgebaut.

Balduin legte besonderen Wert auf Burg Treis als wichtiges Bindeglied zwischen Ober- und Unterstift einerseits, Wehr- und Trutzburg gegen die aufmüpfigen Herren des Hunsrücks andererseits. Auch der konkurrierende kölnische Einflußbereich mußte zurückgedrängt werden. Aufmerksam werden wir auf ein älteres Ehegebot, wonach den Burggrafen von Treis untersagt war, außerhalb der Trierer Ministerialität zu heiraten.

Von außen nunmehr einen wiedererstandenen Eindruck vermittelnd, bietet die Wildburg das genaue Gegenteil zum Erhaltungszustand der alten Burg Treis. Auf dem quadratischen Bergfried flattert eine Fahne.

Vom Bachtal aus, dem alten Zufahrtsweg hinter der »Geistesmühle«, ist der in romanischen Formen wiedererstandene Palas zu sehen, eine große Überraschung im Vergleich zu den Fotografien, die noch 1984 von diesem Bauwerk veröffentlicht wurden, als Nachdruck in den »Kunstdenkmälern des Landkreises Cochem« abgebildet.

Wildburg

Es ist herrlich, das »Vorher-Nachher« anzuschauen und mitzuerleben, was in Privatinitiative noch alles geschieht. Die Geschichte der Wildburg ist eng mit der Burg Treis verknüpft, auch machte sie die Eroberung durch Kaiser Heinrich V. ebenso mit wie die unseres Erzbischofs Albero. Nachdem wir den Felsen, auch hier glücklicherweise mit dem Geländewagen unterwegs, erklommen haben, endet unsere Fahrt vor dem Halsgraben, hinter dem sich die Burg erstreckt. Zunächst ist da das Außentor mit einer wiedererstellten Holzbrücke, danach reckt sich der auf Fels gesetzte, völlig intakte, wuchtige Bergfried. Herzerfrischend, wenn man sich das Foto der Ruinenreste vergegenwärtigt. Das Originalmauerwerk ist, etwa bis zur Hälfte der jetzigen Höhe, noch gut an seiner dunkleren Farbe zu erkennen.

Ein Schmuckstück wurde der Palas, der auch von innen noch im Ruinenzustand interessante Details enthalten hatte. Das Gebäude selbst wirkt von außen, wie es beschrieben wird: bemerkenswert und ausgewogen.

Der Komplex erhielt 1957 ein Dach und ist jetzt zu Wohnzwecken ausgebaut. Wir beglückwünschen den Besitzer zu diesem Werk, konnten aber mit unserer Bewunderung nicht näher- bzw. eintreten, da wir niemanden antrafen, den wir hätten freundlich um Zutritt bitten können.

Wir finden zwar keine Hinweistafeln, dafür aber an der Mühle im Tal, in einer Mosaikfelstafel, ein Bildnis Kaiser Heinrichs V. mit der Inschrift: »Eroberte 1121 die Burgen in Treis und übertrug sie dem Erzstift Trier. Er übernachtete in Treis. Dies war die große geschichtliche Stunde dieses Ortes« – dies vor einem riesigen Mühlstein.

Damit sind wir an der Ostgrenze des Landkreises angekommen. Wir wenden uns nunmehr von der Kreisstadt Cochem aus den südlichen, moselaufwärts gelegenen, balduinischen Burgen zu.

Senheim
*Das neue Haus **

Wir bleiben also zunächst im Moseltal. Diesmal fahren wir die B 49 entlang, an Beilstein mit der Ruine Metternich vorbei nach Senheim, dort über die Moselbrücke in den Ort hinein. Wir suchen den »turrim seu domum meam defensabilem novam edificatam cum propugnaculis«, also den Turm oder ›mein neues, verteidigungsfähiges Haus mit der Schutzwehr‹, welches der Ritter Collin von Senheim am 14. Dezember 1327 gegen Zahlung von 60 Pfund Heller unserem Erzbischof gegen Lehen übereignet, wobei wir auf das wunderschöne Beilstein zurückkommen, denn interessanterweise werden die Rechte dieses Nachbarn, nämlich Johann von Braunshorn, Herrn von Beilstein, ausweislich der Urkunde ausdrücklich gewahrt. Die Herrschaft Beilstein, Lehen des Kölner Erzstiftes, sollte integriert werden.

Dies geschah natürlich gegen Geld, denn Trier mußte dem Orte Senheim 132 Pfund Heller zahlen. Nach bewährter Manier fahren wir direkt in den Ort hinein und suchen nach einem Hinweis auf eine Burg oder ein herrschaftliches Gebäude. Zunächst vergebens, dann entdecken wir das Straßenschild »Zur Vogtei«, und innerhalb dieser kleinen, gewundenen Straße ragt plötzlich ein Wohnturm auf. Dieser ist vorzüglich restauriert. Der Nachbar erzählt, daß der neue Besitzer ein Künstler aus dem Ort sei. Dieser habe zunächst versucht, sogar die alte Mauerstruktur zu bewahren, indem lediglich die Schiefersteine verfugt werden sollten. Aus diesen Gründen wurde auch sehr sorgfältig jeder Krakstein ausgemauert, jeder Fensterbogen restauriert. Dann stellte man fest, aus welchen Gründen auch immer, daß ein Verfugen nicht ausreichte. Somit wurde das gesamte Gebäude verputzt und mit einer sehr schönen, weißen Mineralfarbe angestrichen. So wird, stellen wir uns vor, das Gebäude im Mittelalter auch ausgesehen haben, allerdings freistehend, mit dem vorerwähnten Verteidigungswerk – wohl ein Graben mit Mauer oder Palisade. Das Gebäude macht von außen

Senheim

den relativ guten Eindruck eines ordentlichen Wohnturms. Wegen der fast zwei Meter dicken Mauern verbleibt innen lediglich ein einziger Raum. Im Dach sind die vor der Restaurierung vorhandenen Gauben wiederhergerichtet worden.
Der freundliche Nachbar erklärt weiter, um das obere Geschoß zu sichern, seien erhebliche Arbeiten notwendig gewesen. Er zeigt uns, daß die Wand stark nach außen geneigt ist. Wenn hier nichts geschehen wäre – nach einigen Jahren wäre der Turm zusammengebrochen. Der Turm hat vier Geschosse, ist bis zum Dachanfang ungefähr zwölf Meter hoch, die Giebelseite hat einen Kamin, und es sind mehrere Rundbogenfenster vorhanden – und dies alles scheint auch original zu sein. Wir können im Inneren – da die Bauarbeiten noch im Gange sind, begehen wir wieder einmal Hausfriedensbruch – sehen, daß die Balken nicht auf den Seitenmauern, sondern auf Wandbalken ruhen, die ihrerseits auf Steinkonsolen lagern, so wie es in den »Kunstdenkmälern« auch beschrieben ist. Das Gebäude stammt aus dem 13. Jahrhundert. Die Suche hat sich gelohnt. Das Dörfchen selbst ist ein schöner Erholungsort.

Neef
Johann III. von Metzenhausen *

In Senheim befinden wir uns eigentlich auf der richtigen, der rechten Moselseite, auf der auch Neef liegt. Die Mosel ist hier nur einseitig mit einer Straße erschlossen. Wir fahren an der Klosterruine Stuben vorbei und weiter moselaufwärts, um nach Neef zu gelangen. Die früher von einem Graben umgebene Burg muß schon etwas gesucht werden, ist aber unmittelbar an der Mosel gelegen. Die Fassade ist glücklicherweise renoviert. Hervor-

Neef

ragend sind die wahrscheinlich noch aus der Mitte des 13. Jahrhunderts stammenden Kleeblatt- bzw. Dreipaßblenden, das über eine Freitreppe erreichbare Sandsteinportal und ein Erker, der im Inneren ein spätgotisches Rippengewölbe aufweisen soll. Durch Zufall treffen wir auf einen Hausbewohner, der einen Artikel hervorkramt, der die Geschichte des Hauses, Geburtsort des trierischen Kurfürsten Johann III. von Metzenhausen (1531– 1540), beschreibt und uns – dies ist schon eine kleine Sensation – die innen im Wohnhaus befindliche, wunderschöne einläufige Holztreppe mit durchbrochener Akanthusschnitzerei in der Brüstung zeigt.
Wieder vor dem Hause stehend, denken wir uns einfach die neuzeitlichen Anbauten weg, die sich respektlos an das Haus anlehnen, und schon entschwinden der linke neue Eingang wie die modernen Fenster. Das Haus hat im Inneren zwei Stockwerke, und Johann III. von Metzenhausen darf zur Welt kommen. Dies war ein Mann mit Durchsetzungsvermögen. Er regierte leider nur neun Jahre, da er im Juli 1540 in Trier einem Schlaganfall erlegen war, ordnete aber bis dahin das Staatswesen, trat für einen Ausgleich der religiösen Gegensätze der Deutschen ein und mußte dabei erleben, daß trierisches Territorium, wie unsere Grafschaft Veldenz, ab 1537

lutherisch wurde (und es bis heute blieb). Er regelte die zivile Rechtsprechung in Kurtrier neu, wie die geistliche. Er selbst war ein manischer Reliquiensammler, er besaß solche mit Ablaß für rund zwei Millionen Jahre! Natürlich förderte er den Pilgerzug zum Heiligen Rock, um an der Spendenfreude finanziell kräftig zu partizipieren.

Burg Arras
Der Grobschmied und seine zwölf Söhne *

Die Novelle »Des Erzbischofs Weihnachtsgeschenk« liest sich immer noch mit der gleichen atemlosen Aufmerksamkeit, wie wir sie als Lausejungen dem »Schwab« oder dem »Prinzen Eisenherz« gezollt haben. Der Novelle zufolge setzte sich im Jahre 938 tatkräftig der Grob- und Waffenschmied Arras, wohnhaft in einer Hütte im Alftal, zur Verteidigung des Erzstiftes ein, als – wie es heißt – die Hunnen, also die Ungarn (vielleicht waren es auch die Normannen) in das Reich einfielen und durch das Moseltal gegen Trier vordrangen. Der damalige trierische Erzbischof Rotbert benötigte Zeit zur Aufstellung der Verteidigungsstreitmacht, der Graf von Bertrich gab sich dem Trunke hin. Da nahm der Waffenschmied sein und das Schicksal der Mosellande in die groben Fäuste und organisierte die Verteidigung im Gewirr der Schluchten und Pässe.
Der Schmied schlug sich mit seinen zwölf Söhnen (!) wacker und hielt sieben Tage aus, bis endlich der Erzbischof Entsatz lieferte und die Hunnen über den Rhein zurücktrieb. Nunmehr tritt leibhaftig Kaiser Otto I., der Große, auf.
Die neu erbaute Burg wird dem mit seinem mächtigen Schmiedehammer in der ledernen Schürze erscheinenden Schmied nach Ritterschlag zum erblichen Lehen gegeben, als Weihnachtsgeschenk, zum Dank für die Verteidigung des Eifelpasses. Im Burghof der kleinen, hübsch nachempfundenen Anlage sitzend, macht sich diese Ge-

Arras

schichte sehr gut bei dem weiten Blick in das Alfer- und Höllental, den Königsforst Gondelwald.
Wir sind von Alf in das Ueßbachtal hineingefahren und haben den gutausgeschilderten Weg zur Burg gefunden. Die Anfahrt erfolgt nunmehr von Westen her. Ein Parkplatz ist in der ehemaligen Vorburg, dem Wirtschaftshof, vorhanden. Dies ist freilich nicht der Originaleingang. Der ursprüngliche Zugang erfolgte von Südosten her, also genau von der anderen Seite aus durch zwei Tore. Er führte am Bergfried vorbei durch einen Zwinger in den vorderen Burghof. Die Burg hat, von der Sage abgesehen, eine interessante Geschichte. Sie war Reichsburg, die zu Lehen ausgegeben wurde, zunächst an die Pfalzgrafen, dann, wie so oft an der Mosel, ab 1120 an die Trierer Erzbischöfe. Diese setzten wiederum örtliche Lehensmänner ein, wobei das Nebeneinander von kaiserlichem und trierischem Lehen verblieb.
Die Sonne inmitten der Wälder und Weinberge genießend, kommen wir noch kurz auf Erzbischof Rotbert (931–956) zurück. Er stammte aus dem Geschlecht Widukinds, Herzog von Sachsen, der sich erfolglos gegen Karl den Großen zur Wehr setzte. Von ihm, dies müssen wir zugestehen, dem uns bis dato völlig unbekannten Rotbert (selbst in Trier erinnert keine Straße an ihn) stammen wesentliche Fundamentteile der Burg, auf die der Kurstaat dann aufbaute. Er erhielt in einer Urkunde von 947, wofür auch immer, von Otto I. Bestätigungen ehemals königlicher Rechte, insbesondere die Steuerhoheit und die Ausübung der Gerichtsbarkeit. Im Grunde waren es sämtliche, eigentlich den königlichen Grafen obliegenden Rechte und Befugnisse, die dem Erzbischof lehensweise übertragen wurden. Otto meinte wohl, die erbenlos bleibenden Kirchenfürsten seien eine verläßliche Stütze des Deutschen Königtums, was teilweise auch stimmte, stellten diese doch auch das Gros des königlichen Heeres. Erwähnenswert ist auch, daß sich Rotbert mit dem Kölner Erzbischof um das Recht der Krönung des Königs gestritten hatte. Wir wissen, daß dies dann letztendlich nach der unter Balduin in Rhens 1338 begonnenen Gesetzgebung zum Königswahlrecht im Jahre 1356 im »Reichsgrundgesetz«, der »Goldenen Bulle«, zugunsten des Erzbischofs von Köln geregelt wurde.
Besichtigen wir Burg Arras weiter. Wir erfahren, daß die Restaurierung ohne öffentliche Zuschüsse seit der Zerstörung im Oktober 1689 (man kann es fast schon nicht mehr hören) liebevoll durch Private erfolgte, wobei der Juristenstand, denkmalpflegerische Meriten erwerbend, mehrfach vertreten ist.
Ein kleines Museum vermittelt Beschaulichkeit und Erinnerung an einen Verwandten des derzeitigen Besitzers, den verstorbenen Bundespräsidenten Heinrich Lübke. Der Bergfried kann bestiegen werden. Wir befinden uns auf dem ältesten Bauwerk des Landkreises. Die charakteristisch anmutenden Zinnen sind nicht »maurisch«, sondern nur der konservierte Zustand nach den glücklicherweise nicht vollständig gelungenen Zerstörungen durch Ludwig XIV.
In der dort eingerichteten Gaststätte läßt es sich angenehm verweilen. Wir gedenken bei einem guten Schoppen Moselwein unseres Erzbischofs Johann von Baden, einem baufreudigen Kurfürsten, der die Kassen des Erzstiftes arg plünderte und mittels eines Werbefeldzuges im Jahre 1500 drei Wochen lang die gesamte trierische Ritterschaft und die Stände auf Arras bewirtete. Dies stand in unmittelbarem Zusammenhang mit der Einsetzung seines Großneffen Jakob

Arras

von Baden zum Koadjutor, denn Johann II. fühlte sich offensichtlich – und zu Recht – überfordert. Er starb dann auch schon im Februar 1503 auf Ehrenbreitstein. Letzterer ist eine höchst erfreuliche, leider viel zu früh verstorbene Persönlichkeit, im Grunde auch von uns zu Unrecht völlig vergessen. Der Sohn des Markgrafen Christoph von Baden brachte endlich einmal nicht nur Gerissenheit, wie seine Vorgänger, sondern auch das mit, was man erwerben muß. Er hatte wie Balduin in Frankreich studiert und besaß eine ausgezeichnete Bildung.
Wie Balduin machte er sich daran, die Schulden des Erzstiftes in den Griff zu bekommen, abzubauen und das Vermögen wieder zu ordnen, insbesondere die von den Vorgängern verpfändeten Burgen auszulösen. Johann schuf die ersten Gesetze für eine einheitliche Wirtschaftsordnung, starb dann aber bereits 40jährig mittem im Aufbruch zu einem großen, erfolgreichen Leben. Ihm wäre die Regierungszeit unseres Kurfürsten Balduin zu gönnen gewesen, denn die Ansätze waren vergleichbar. Zwar hatte Jakob II. in Richard von Greiffenklau-Vollraths (wir erinnern uns an Ehrenbreitstein und den Vogel Greiff) einen tüchtigen, nicht aber intellektuell durchgebildeten Nachfolger.
Was wäre aus dem Kurfürstentum geworden, hätte er die Chancen gehabt, wie Balduin fast fünfzig Jahre zu regieren?

Die Marienburg
Der Zeller Hamm

Die von weitem immerhin noch ansehnliche Marienburg liegt für eine Burg ideal, mitten auf dem engen, so scheint es, allseitig von der Mosel umflossenen Berg. Von Burg Arras aus läßt sich die Marienburg durchaus auch zu Fuß erreichen. Der Besuch lohnt zweier Dinge wegen, zum einen wegen des Ausblicks vom Petersberg in das Moselgeschlängel, zum anderen der geretteten Reste der ehemaligen Klosterkirche der Augustinerinnen wegen. Hier ist allerdings nur

Marienburg

der Chor von Interesse, während von der Burganlage selbst, mit Ausnahme der Wehrmauern, die als Stützmauern dienen, überhaupt nichts mehr zu ahnen ist.
Zwar wurde die Kirche wiederaufgebaut und ein Jugendbildungswerk in die Ruinen hineingesetzt; architektonisch gefallen wird uns das jedoch nie. Das 1145 bezeugte »castrum Mariae« wurde zwar in ein Kloster umfunktioniert, dennoch weiter in den Verteidigungsanlagen von den Kurfürsten verstärkt. Hier paarten sich wie im Staate selbst weltliche und geistliche Macht. Die Anlage hatte immer noch das Aussehen einer Burg, auch deren Schutzfunktion, bis sie im 17. Jahrhundert zerfiel.

Merl
Das trinkfreudige Zandtengeschlecht

Die Kunst besteht jetzt darin, von der Marienburg aus nach Merl auf der westlichen Moselseite zu gelangen. Dies funktioniert aber erst bei Bullay oder bei Zell. Natürlich sind wir in dem Moselörtchen sofort auf die Zandtstraße gestoßen. Während es noch in unseren mitgeführten »Kunstdenkmälern« Obergasse oder Borngasse heißt, hat sich die Gemeinde dieses wichtigen trierischen Adelsgeschlechtes erinnert und die auf nichts verweisende Straße umbenannt. Dies ist höchst erfreulich.
Wir suchen aber den Turm, den der Wepeling Friedrich Mohr von Wald, genannt Meyr von Merl, halb zu Eigentum, halb als kurtrierisches Lehen besaß, worüber er am 9. März 1328 unserem Kurfürsten einen Revers ausstellte. Zu finden ist dieses Burghaus in der Zandtstraße 70, dreigeschossig, mit dem inzwischen so erfreulich restaurierten Burghaus in Senheim vergleichbar.
Hier beenden wir unsere Rundreise durch den Landkreis Cochem-Zell, um uns dem Landkreis Ahrweiler zuzuwenden.

Merl

Kreis Ahrweiler, Neuwied und Altenkirchen

Kaltenborn

Nomen est omen

Im Kreis Ahrweiler sind drei Burgen mit dem Namen Balduins verbunden. Wegen der von uns bevorzugten ländlichen Ruhe beginnen wir nicht am Rhein, sondern mitten in der Eifel, in unmittelbarer Nähe zur Hohen Acht.
Das Dorf Kaltenborn liegt unterhalb der mit 747 Meter höchsten Erhebung dieser Gegend. Freiherr Philipp von Virneburg hatte gegen Zahlung von 300 Pfund und Übertragung des Lehens seine Burg Kaltenborn Balduin am 2. April 1335 übereignet. 1348 ist die Burg Stammsitz der Ritter von Kaltenborn. Die Burg stand neben der spätromanischen Pfarrkirche St. Servatius, die durch ihren freistehenden Glockenturm aus der ersten Hälfte des 13. Jahrhunderts auffällt.
Der Bau ist im 19. Jahrhundert restlos abgebrochen worden. Eine Erinnerung an den Adelssitz ist leider nicht mehr vorhanden.

Kempenich

»Die mit den rothen Aermeln« *

Streit gab es unter den Söhnen zweier Brüder, die Anspruch auf Burg und Herrschaft Kempenich erhoben. Die einen, Simon und Dietrich, verbanden sich unter anderem mit Johann von Eltz, der andere, Gerhard, mit Erzbischof Balduin und einer Rittergemeinschaft, die sich »Die mit den rothen Aermeln« nannte. Je enger die Bande, desto grimmiger scheint auch der Streit zu sein, Bürgerkriege, Nachbarstreite und Familienauseinandersetzungen zeugen davon. So war es auch hier. Dietrich von Kempenich besetzte einfach die katholische Pfarrkirche St. Philippus und Jakobus, mußte sich dann aber den Verbündeten seines Vetters Gerhard ergeben, nachdem dieser sich den Beinamen des »Sengers« erworben hatte – gut passend zu den damals üblichen Bezeichnungen wie Brenner, Türstoßer, Bock. Die Besetzung hatte natürlich auch ein kirchenrechtliches Nachspiel, nämlich den Bann.
Am 11. Juni 1331 kam es zum Ausgleich. Simon mußte dem Ritterbund »mit den rothen Aermeln« 1000 Pfund Heller zahlen, Burg und Turm zu Kempenich übernahm Simons Schwager, Graf Johann von Sayn vorläufig. In der Urkunde Balduins vom 17. Juni 1345 wurde die Burg dann an Simon von Kempenich zu Lehen gegeben. Der Sieger der Affäre, Gerhard, war ohne Nachkommen verstorben. Anlaß zu Streit gab es also nicht mehr. In Kempenich angenommen beginnt die Suche.
Im Dorf treffen wir noch auch die bei der Fehde umkämpfte Kirche mit ihrem romanischen Westturm, die Burg jedoch, obwohl in unserer ansonsten sehr zuverlässigen Karte immerhin als Ruine verzeichnet, ist zunächst nicht zu finden. Wir befahren den gesamten Bergrücken, nachdem uns die Straßen »Zur Alten Burg« und »Burgstraße« Mut eingeflößt haben, doch noch immer ohne Ergebnis. Zwar gibt es dort oben eine wunderschöne Grillhütte, aber keinen einzigen, auch nur marginalen Hinweis auf die Burgruine. Im Dorf befindet sich freilich eine Hinweistafel, auf der das schöne Wappen, die Lage des Dorfes 492 Meter über dem Meeresspiegel und auch die der Burg verzeichnet ist. Wir versuchen es also noch einmal: Die Burgstraße hinauf

Kempenich

bis zum Sportplatz, an diesem links vorbei und geradeaus den Berg hinauf. Die Suche lohnt ungemein. Im dichten Wald tut sich zunächst ein mächtiger Graben auf, in den Bergrücken hineingeschlagen.
Wir glauben schon, am Ziel zu sein. Als wir den dahinterliegenden Hügel ersteigen, tut sich aber ein zweiter, nicht minder mächtiger Halsgraben auf, hinter dem die Burg liegt. Die Reste sind bewohnt. Das Ganze macht den Eindruck einer verwunschenen kleinen Anlage, völlig abseits, versteckt im Wald, nur für »Eingeweihte«. Die Burg befindet sich in Privatbesitz. Eine Besichtigung ist nicht möglich, unser zweimaliges Schellen hatte keinen Erfolg. Von außen lohnt der nur mit Kletterschuhen zu bewerkstelligende Anstieg bis unmittelbar an die Burgmauern, wegen der Nordmauer und der dort zu bewundernden, spätgotischen Sprossenfenster. Wir versuchen zu fotografieren, die Lichtverhältnisse sind aber wegen des dichten Waldes schwierig, (siehe oben).
Um Näheres über die Burg zu erfahren, wenden wir uns an die Verbandsgemeindeverwaltung in Niederzissen und erhalten dort freundliche Auskunft, sogar ein hektographiertes Blatt, das Auskunft über die Geschichte der Burg erteilt. So erfahren wir, daß die bedeutende Burganlage 1689 (wir können nur noch müde lächeln) zerstört wurde.

Vernich
Die Backsteinburg *

In Kempenich beschließen wir, den nahen Autobahnanschluß zur A 61 zu nehmen, um die neben Windeck am nördlichsten gelegene kurfürstliche Lehensburg aufzusuchen.
Groß-Vernich ist zwischen Euskirchen und Weilerswist an der B 51 zu finden. Die Ortsdurchfahrt heißt dort, wie es sich gehört, Trierer Straße. Im Ortsteil Groß-Vernich zur Erft, also westlich unterhalb einer Schule gelegen, nehmen wir den Kurfürstenweg und entdecken die immer noch stattlichen Ruinen einer für uns ungewohnten Burg, da in rotem Backstein errichtet. Die Seite zur Kuh-Wiese hin ist weniger zerstört, der Burggraben und die offensichtlich künstliche Aufschüttung des recht kleinen, übersichtlichen Burgbereiches ist noch wunderschön zu erkennen und auch zu begehen. Zu besichtigen sind die Außenmauern der Wasserburg und der noch hoch aufragende Torturm. Zum Gutshof hin ist leider alles eingeebnet, wäre aber ohne großen Aufwand wiederherstellbar. Bei dieser Burganlage handelt es sich um eine zweite Anlage, nachdem eine Motte am Südausgang von Groß-Vernich aufgegeben und diese Burg hier in der zweiten Hälfte des 14. Jahrhunderts erbaut wurde. Sie ist dann 1460 von Söldnern der Stadt Köln in der »Vernicher Fehde« erobert worden.

Vernich

Gegen Ende des 14. Jahrhunderts kam noch die Burg Klein-Vernich hinzu.
Die Ansicht von Groß-Vernich ist aus zwei älteren Zeichnungen aus dem Jahr 1705 und einem Aquarell aus dem 18. Jahrhundert zu rekonstruieren. Die Burg war charakteristisch für eine rheinländische Wasserburg: Die malerische Vermischung von Fachwerkbau und Backstein, die reiche Ausstattung mit Ecktürmchen, steile Dächer und hohe, mächtige Kamine an den Schmalseiten. Dies alles ist leider bis auf den Torturm verschwunden.
Die Anfang des 18. Jahrhunderts erbaute Kirche in Groß-Vernich ist eine Stiftung unseres Kurfürsten Hugo von Orsbeck, der das Kurfürstentum in der leidvollen Zeit der Auseinandersetzung mit dem französischen »Sonnenkönig« regierte oder regieren mußte. Da unsere Zeiten bedeutend leichter sind, könnte auch etwas für dieses Kulturdenkmal getan werden. Mit diesem Wunsche verabschieden wir uns von Vernich und verlassen auf der A 61 Richtung Süden die beginnende rheinische Tiefebene mit ihrem für uns ungewohnten großzügigeren und leichteren Charakter.
Nachzutragen ist natürlich noch die Urkunde, nämlich die vom 14. Oktober 1351, der Lehensrevers, wonach der Markgraf Wilhelm von Jülich die Burg Vernich unserem Erzbischof aufträgt.

Brohleck
Der Umbau

Der Ausflug nach Brohl lohnt schon allein des Brohltals wegen, einem der schönsten Seitentäler des Rheins zwischen Koblenz und Bonn. Rechts die Ruine Olbrück, links das romantische Schloß Schweppenburg liegenlassend, fahren wir in den Ort Brohl-Lützing

Brohleck

hinein. Der Weg zum Schloß Brohleck ist befahrbar, wir registrieren eine schöne alte Pflasterung. Nach Passieren des äußeren Tores stellt sich die Enttäuschung dann aber schnell ein. Die Burg ist mit einer Verteidigungsanlage Balduin zweimal zu Lehen aufgetragen worden, und zwar am 5. Mai 1325 als »castrum seu fortalicium« gegen 400 Mark Lehengeld von Johann Burggraf von Rheineck, einem Freiherrn, dann Burg und Veste am 12. Dezember 1352 von dem Pfalzgrafen bei Rhein und dem Herzog von Baiern. Die Burg wurde 1888 aber dermaßen destruktiv in einen Neuadelssitz umgebaut, daß es schaudert. Der Zeitgeschmack trieb ungeheure Kitschblüten. Das Anwesen ist nunmehr von einer Anzahl von Familien bewohnt, leider auch ziemlich heruntergekommen. Eine lange Ahnentafel kündet von den adeligen Besitzern und benennt diejenigen, die im Burggraben (wo soll der gewesen sein?) ertrunken sein sollen. Das Mittelalter,

erst recht unser Balduin, wird auf dieser Tafel vollkommen vergessen.
Dies waren die Burgen im Kreis Ahrweiler. Wir wenden uns nun dem Landkreis Neuwied zu.

Burg Arenfels
Der Prozeß *

Wenn wir im Laufe unserer Reise oftmals auf ein geländegängiges Fahrzeug oder Schusters Rappen nicht verzichten mögen, um das Ziel des Weges zu erreichen, so macht es uns hier unser Kurfürst einfach und bequem. Das heutige Schloß Arenfels am Rhein ist leicht zu erreichen. Einzutauchen in die Welt des 14. Jahrhunderts, des ausgehenden Mittelalters, wird uns aber durch das, was sich vor uns erhebt, erschwert. 19. Jahrhundert und ein starkes Stück Neugotik mit so vielen Fenstern, wie das Jahr Tage zählt, ragen anstelle des ehemaligen mittelalterlichen Herrschaftssitzes empor, den ein gewisser Gerlach von Isenburg Mitte des 13. Jahrhunderts geschaffen hatte. Der Name wird erwähnt, weil er bei der Auseinandersetzung, die unser Kurfürst in und um den Westerwald führen mußte, eine wesentliche Rolle spielte, denn der Enkel, mit dem 1371 die Herren von Isenburg-Arenfels ausstarben, trug denselben Vornamen.
Der Sockel des Bergfriedes ist noch original, er allein lohnt den Besuch. Die Umwandlung in ein offenes Schloß erfolgte ab dem 16. Jahrhundert. Viel wichtiger aber ist, daß Kurtrier die Lehenshoheit über die Burg und das, was damit verbunden war, beanspruchte. Der Erwerb vollzog sich bei der überwiegenden Anzahl der im Erzstift vorhandenen lehensabhängigen Burgen – wie wir meist gesehen haben friedvoll in kommerzieller Art und Weise. Der wirtschaftlich und damit auch politisch starke Kurfürst Balduin kaufte Burg und Herrschaft, gab dann den unmittelbaren Besitz, den gesamten Nießbrauch, dem ehemaligen Eigentümer wieder »zu Lehen«.
Wir wissen, daß dies ein beliebtes Mittel wirtschaftlich heruntergekommener Adelsfamilien war, sich des Besitzes der Burg und der Herrschaft zu vergewissern und dennoch an die benötigte Summe Geldes oder an ein Tauschobjekt zu gelangen. Schon 1340 zählte man zum Erzstift 103

Arenfels

lehensabhängige Burgen. Bezüglich Arenfels kommt es aber zum Rechtsstreit, als 1345 Johann von Arenfels ohne direkte Erben stirbt und sowohl Balduin als auch Johanns Vetter Gerlach von Isenburg Ansprüche auf den Besitz erheben.
Der Prozeß endet mit dem Urteil des Manngerichtes zugunsten unseres Erzbischofs, der – wie immer klug Rücksicht nehmend – die Burg aber nicht einzog, sondern seinem Prozeßgegner zu Lehen gab.
Das Privileg der Besichtigung wurde dem Autor zuteil durch den Besitzer, Freiherrn von Geyr, im Zuge einer Exkursion der Deutschen Burgenvereinigung, der beizutreten uns ebenso fruchtbar wie empfehlenswert erscheint. Wer kölnische Neugotik mag, wird bestens bedient, von diesseitigem Interesse sind eher der Renaissance-Nordbau, der leersteht, und der massive Bergfried, sicherlich noch aus der Gründungszeit.

Dierdorf
Das Maussoleum

Von der ganz östlich im Landkreis weiland vorhandenen Wasserburg Dierdorf, wir hatten sie über Sayn und die B 413 wild kurvend erreicht – besser gesagt, eben nicht erreicht, weil sie nur weiland vorhanden war – ist zu berichten, daß diese 1701 abgebrochen wurde, um einem Schloß zu weichen, welches wiederum 1902 abgebrochen wurde.
Der Park, mit Teich und Fontäne, deutet noch auf das »castrum«, welches Freiherr Wilhelm von Isenburg-Braunsberg am 29. Mai des Jahres 1330 als Lehen Balduins bestätigt. Im Schloßgarten ist als Reminiszenz noch ein hübsches Maussoleum vorhanden, welches unter anderem das Alabaster-Wandgrab des Kölner Kurfürsten Salentin von Isenburg († 1610) zeigt.

Burg Bruch
Das öffentliche Schwimmbad

Der Standort der »veste«, die am 29. Oktober 1329 von den Freiherrn Gottfried und Engelbrecht von Sayn-Vallendar, Grafen zu Wittgenstein, für 330 Pfund Heller gegen Lehen an Balduin verkauft wurde, war höchst schwierig zu erfahren – zu »erfahren« im eigentlichen Sinne. Im Gegensatz zu der südwestlich von Wittlich, von uns bereits aufgesuchten, namensgleichen Burg wissen wir von dieser zunächst einmal nur den ungefähren Standort, nämlich in der Gemeinde Bürdenbach, Kreis Altenkirchen zwischen Flammersfeld und Oberlahr. Wir fahren von Dierdorf aus die Wied hinunter und erleben eine wunderbare Landschaft, deren Straßen zu Recht als »befahrenswert« gekennzeichnet sind. Nachdem wir uns in der Nähe von Bürdenbach einquartiert haben, im Hotel (natürlich) niemand Bescheid weiß, fahren wir, inzwischen gewitzt, zur Verbandsgemeindeverwaltung Flammersfeld, wo man uns diesmal wieder gerne weiterhilft, uns sogar mit Fotokopien eines Artikels aus dem Jahr 1974 »Haus und Herrschaft Bruch« höchst wertvolle Informationen liefert, die wir sonst wohl nur mühsam in Bibliotheken gefunden hätten. Danach stand die Burg im Wiedtal bereits im 13. Jahrhundert. Sie soll dann durch einen Herzog von Jülich zerstört worden sein. 1515 wurde ein Wasserschloß erbaut, von dem noch eine alte Ansicht vorhanden ist. Dieses Wasserschloß wurde dann in einen Renaissancebau umgewandelt. Das hochgräfliche Haus Bruch ist aber im 19. Jahrhundert niedergelegt worden. Das Gelände des ehemaligen Schlosses ging in den Besitz der Gemeinde Oberlahr über, die ein zentrales Freibad errichtete.
Letzteres kann im Gegensatz zu dem ersteren besichtigt werden.

Westerwaldkreis

Montabaur
*Die Kreuzritter ***

Wir beginnen unsere Reise im Westerwaldkreis – zunächst weit weg – in bedeutend wärmeren Gefilden, unweit dem wichtigen Kreuzfahrerhafen Akkon nördlich von Haifa 1291, noch einem der letzten christlichen Stützpunkte nach dem mißglückten Abenteuer der Kreuzzüge. Von dort aus gelangen wir – leider nur in Gedanken – südöstlich nach Nazareth, und von dort sind es nur noch ungefähr zehn Kilometer bis zum »mons Tabor«. Diese als uneinnehmbar geltende Bergfestung war anläßlich des fünften Kreuzzuges 1217 blutig umkämpft. Wir wissen, daß es nur einem überragenden Kaiser wie Friedrich II. – gleich, ob im päpstlichen Banne befindlich oder nicht – gelingen konnte, diese verfahrene Karre wenigstens kurzfristig wieder aus dem Dreck zu ziehen. So gelang es ihm, Jerusalem auf kurze Zeit wiederzugewinnen, während der ungarische König, Andreas II. von Akkon aus erfolglos operierte. In Erinnerung hieran benennt unser Erzbischof Theoderich II., Graf von Wied (1212–1242) – wir haben ihn schon als den eigentlich »ersten Kurfürsten« beschrieben – seine 1227 gegen die Grafen von Nassau wiederaufgebaute Burg nunmehr Montabaur.

Das starke Kastell diente den Nachfolgern Theoderichs als Residenz und Verwaltungszentrum für den nördlichsten Teil des Erzstiftes, dem Westerwald. Mittelpunkt des Rest-Erzstiftes sollte das Schloß 1794 werden, nachdem der sächsische Königssohn Clemens Wenzeslaus (Kurfürst 1768–1803), vor den französischen Truppen fliehend, den Reststaat von Montabaur aus regierte. Das sächsische Königshaus – seit August dem Starken nicht gerade im Geruch, erfolgreiche Staatsmänner hervorgebracht zu haben – versuchte in mehreren Anläufen, Clemens zu plazieren. Der Mann hatte im Siebenjährigen Krieg zunächst als Offizier auf seiten des Kaisers gekämpft, und wurde dann Bischof von Freising, Regensburg und Augsburg, ohne die Priesterweihe empfangen zu haben. Das Domkapitel wählte ihn gegen englischen Einspruch, da Clemens franzosenfreundlich gesinnt war.

Letzteres bereitete insofern Sorgen, als das französische Königreich Lothringen erworben und über Metz, Diedenhofen und Saarlouis unmittelbar an das Erzbistum herangerückt war. Luxemburg war bekanntlich österreichisch. Erinnern wir uns, daß im Juli 1789 das Volk in Paris die Bastille stürmte, daß die französischen Prinzen, die seine Vettern waren, Koblenz mit dem gesamten Hoch- und Niederadel zur französischen Emigrantenhauptstadt machten, daß seine netten französischen Vettern ein Heer von 20 000 Mann dort zusammenzogen und daß »unser« Clemens überhaupt keinen Plan in seiner Tasche, geschweige denn in seinem Kopf hatte, konsequent etwas zu tun außer, seinen persönlichen Reichtum zu mehren. Natürlich ließ er sich von den Preußen und deren maßlosem Imponiergehabe gegen Frankreich einfangen, duldete im Sommer 1792 den Einfall der preußischen Armee nebst Emigrantenschar quer durch seinen Kurfürstenstaat die Mosel entlang nach Frankreich.

Damit war das Ende gekommen. Der Feldzug, an dem bekanntlich Johann Wolfgang von Goethe als Spaziergänger teilnahm, endete in einer Katastrophe, das Blatt wendete sich und die französischen Revolutionsheere stießen ihrerseits vor, nachdem die

Montabaur

Preußen nach 14stündiger Kanonade ihre Truppen erfolglos von Valmy abzogen. Koblenz und Trier wurden bedroht, aber von kaiserlichen Truppen gehalten. Clemens Wenzeslaus hatte nichts Besseres zu tun, als sich mit dem Hofschatz, den aus den Kirchen zusammengerafften Kostbarkeiten und seinen Maitressen heimlich aus dem Staube zu machen. Wir haben bereits berichtet, was er mit dem höchst wertvollen trierischen Exemplar der »Goldenen Bulle« gemacht hat.
So etwas muß die Trierer und Koblenzer aufgerichtet haben, die um ihr Überleben kämpften. Das Kriegsglück wendete sich hin und her, das maulstarke Preußen zog sich aus dem Engagement gegen die Franzosen zurück, um sich an Polen zu bereichern. Nachdem sich Clemens Wenzeslaus 1793 mit seiner Regierung wieder erholte und auch militärische, fruchtlose Anstrengungen unternahm, rückten am 8. August 1794 die Franzosen mit 14 000 bis 15 000 Mann gegen den weit unterlegenen kaiserlichen Feldherrn Freiherr von Blankenstein von Zerf auf Trier vor. Auf der Höhe bei Pellingen kam es zur Schlacht, die zur Abwehr der Franzosen führte, aber den Rückzug notwendig machte. Trier wurde aufgegeben.
Am Morgen des 9. August gegen 8.00 Uhr zogen die ersten französischen Truppen unter General Moreau durch das Neutor – einem der ältesten mittelalterlichen Stadttore überhaupt, auf Betreiben des Stadtrates gegen die preußische Denkmalpflege irrsinnigerweise später abgerissen – in Trier ein. Damit endete das Kapitel Landeshauptstadt des Kurfürstentums in Trier, Mitte Oktober dann auch in Koblenz. Clemens Wenzeslaus hatte seine Residenz bereits am 5. Oktober wiederum, diesmal letztmalig, verlassen. Ihm persönlich ging es gut, der Bevölkerung äußerst schlecht.
Clemens Wenzeslaus läßt sich charakterisieren als ein Mensch, der so viele Chancen ungenutzt gelassen hat, daß er seiner Aufgabe als Erzbischof und Kurfürst, also als verantwortlicher Politiker eines Kurstaates, nicht gerecht wurde. Er verlor einen Staat, in seiner Ausdehnung und Verwaltung im Grunde auf Balduin zurückgehend, immerhin 280.000 Einwohner stark, durch ein gut gerütteltes Maß eigener Schuld.
Von Montabaur, später von Ehrenbreitstein aus, regierte er den verbliebenen Zipfel des Untererzstiftes bis 1803 das heißt bis zum Reichsdeputationshauptschluß und der Säkularisierung. Mit diesem Vertrag vom 25. Februar kamen die rechtsrheinischen

Teile von Kurtrier an Nassau-Weilburg. Clemens Wenzeslaus verstarb mit 73 Jahren auf einem Schloß der Augsburger Bischöfe in Marktoberdorf am 27. Juli 1812. Mit der Abhandlung des letzten Kurfürsten vergessen wir aber nicht unser Kastell Humbach. Das Schloß, so wie es sich jetzt darstellt, verkörpert ganz das 17. Jahrhundert. Besonders schön sind die glockenförmigen Dachgauben und der im Grunde immer noch mittelalterliche, prächtige runde Bergfried, der die anderen Ecktürme weit überragt. Am Torbau fällt ein Wappen auf, welches wir selbst entziffern können: »Johannes D. D. archieps trever et princeps elector administrator prumensis a 1588«, also das Wappen des letzten der sieben »Johanniter«, nämlich Johann VII. von Schönenberg, Kurfürst 1581–1599. Dieser Johann wurde der »Hexenjäger« genannt, denn er war dafür verantwortlich, daß zwischen 1586 und 1594 in der Stadt Trier über 300 völlig unschuldige Frauen und Männer gefoltert und verbrannt wurden. Daneben war das Erzstift auch noch dem wirtschaftlichen Zusammenbruch nahe. Krieg, Hunger und Pest herrschten.

Wir freuen uns an dem gepflegten Äußeren unserer kurfürstlichen Burg, auch darüber, daß die Stadt noch einen Sinn für ihre Vergangenheit bewahrt. So ist es beispielsweise kein Problem, wieder ein gut gemachtes Heftchen für unsere Sammlung zur informativen Unterrichtung zu erwerben, was ja nicht überall der Fall ist.

Montabaur

Sporkenburg
Die kurfürstlichen Wacholderbüsche **

Wir verlassen Montabaur auf der B 49, nicht ohne den Stundenstein, einen obeliskartigen Meilenstein, zu studieren, an der damaligen Hauptverkehrsader Koblenz–Montabaur–Limburg–Frankfurt aufgestellt, einer Straße, die als Chaussee von Johann Philipp von Walderdorff und Clemens Wenzeslaus von Sachsen ausgebaut wurde. Der Stundenstein befindet sich am Ende des bisherigen Teilstücks der B 49 über der neuen Trasse und tut durch zwei Inschriften kund, daß es »V Stunden nach Coblenz 1789« und »XVII Stunden von Franckfurt« seien und daß man sich im »CT«, also im Churfürstentum Trier, befindet.

Die von uns im Landkreis zunächst aufzusuchende Lehensburg ist die, die Johann von Helfenstein mit Urkunde vom 22. Januar 1310 Balduin zu Lehen aufträgt – eine Burg, die er unter erzbischöflichem Schutz neu erbaut hatte. Ende des 13. Jahrhunderts war diese Burg auf Grund und Boden der Abtei St. Matthias zu Trier errichtet, dann aber von dem Grafen Otto von Nassau zerstört worden. 1635 von den Franzosen nochmals stark beschädigt, ist sie in den letzten Jahren teilweise sehr sorgfältig restauriert worden, handelt es sich doch um eine vom Bau her ungewöhnliche Anlage. Die Burg liegt einsam im ehemals mit Wacholderbüschen (Spurcha) bestandenen Spurkenwald, der heutigen Montabaurhöhe. Von Eitelborn sind es vielleicht noch zwei Kilometer, zumindest sind Wegweiser aufgestellt, allerdings gebietet auf halbem Wege eine Schranke Halt.

Sporkenburg

Hier gibt es zwei Möglichkeiten, die Burg zu erreichen. Wir haben beide ausprobiert, da wir die Burg auch zweimal aufsuchten. Beides macht Freude, denn der Besuch lohnt ungemein. Über einem mächtigen Halsgraben erhebt sich die fünfstöckige Schildmauer, die den Bergfried ersetzt, verstärkt durch Tourellen, nach westlichem Vorbild. Die die Tourellen abschließenden Kopfkonsolen sind hochinteressant, wurden auch sorgfältig restauriert. Die Anlage ist 35 Meter lang und 18 Meter breit, wegen der aufragenden Höhe der Mauern wirklich atemberaubend. Einmal durch Graupelschauer gestählt, beim zweiten Besuch durch Sonnenschein verwöhnt, übernachten wir in der Nähe, in Arzbach, gut und preiswert. Wir lassen es uns nicht nehmen, einen Ausflug weitere tausend Jahre zurück zu unternehmen und erklettern einen Limesturm, der armen römischen Soldaten gedenkend, die bei diesem »Sauwetter« aus dem azurblauen Italien hierhin beordert wurden.

Grenzau
*Der 20. April 1347 ***

Auf ganz andere Charaktere stoßen wir bei dem Besuch der Burg Grenzau, nunmehr zur Stadt Höhr-Grenzhausen gehörend – aber alles der Reihe nach. Jenseits der Autobahn gelegen, glücklicherweise weit genug von deren Hektik entfernt, wurde im Saynbachtal die Burg »Gransioie« von Heinrich I. von Isenburg um 1200 erbaut. Für einen der Reisenden bedeutet dieser Name nur ein leises Schmunzeln, und der andere muß nachfragen. Für den letzteren, der mehr schreibt als fotografiert, Anlaß zu beklagen, daß trotz unmittelbarer Nachbarschaft Frankreichs an rheinland-pfälzischen Schulen, in der Vergangenheit zumindest, das große Latinum Priorität vor dem Erlernen der französischen Sprache hatte, selbst bei einem Gymnasium mit einem »neusprachlichen« Zweig. Hier soll sich ja glücklicherweise in allerneuester Zeit etwas ändern, zieht in trierische Lande doch französische Eßkultur ein und ist es chic, über die Grenze nach Frankreich oder Luxemburg schlemmen zu fahren. Der Frankophone tut sich da natürlich leichter.

Also – »große Freude« in Grenzau. Zum Philosophieren ein wunderschöner, mittelalterlich anmutender Fachwerkbau von 1631 zu Füßen der Burg, nahe dem rauschenden Saynbach. Wir nehmen die Gelegenheit wahr, übernachten auch dort, wenn auch nicht ganz so stilecht, dafür aber sehr preiswert. Es ist Abend geworden, und wir planen den Besuch der »dräuenden« Burg auf den nächsten Tag. Abends haben wir Zeit, bei einer guten Flasche Wein über einen Charakterkopf wie Gerhard von Westerburg zu sprechen.

In den vierziger Jahren expandiert Balduin weiter, die ständige Geldnot der Westerwälder Ritter, Freiherren

Grenzau

und Grafen geschickt ausnutzend. Wie die von Eltz, so pochte hier insbesondere der Freiherr Reinhard von Westerburg – der nicht viel mehr besaß als etwas Land um Westerburg, Schaumburg und Schadeck an der Lahn und einen Anteil an Cleeberg im Taunus – auf seine Reichsunmittelbarkeit, die noch von besonderen Sympathien zwischen ihm persönlich und Kaiser Ludwig dem Bayer geprägt wurde. Das Geschichtsbild dieses gebildeten, auch vom Äußeren her ansprechenden Ritters wirkt, obwohl erbitterter Gegner unseres Kurfürsten, sehr sympathisch. Er hatte erkannt, daß es in den vierziger Jahren um die uralte Selbständigkeit seiner Adelsfamilie ging, als Balduin begann, auch ihn mit seinen Burgen zu vereinnahmen. Zunächst einmal griff er 1344 in einem Präventivschlag Balduin an, was damit endete, daß er die Burg Schadeck noch im selben Jahr verlor. Nicht besser erging es dem Isenburger, dessen Lehensburg Grenzau von den Trierern erobert wurde. Diese Burg war seit 1328 bereits trierisches Lehen, so daß die Eroberung sicherlich keinen Rechtsbruch darstellte, sondern nur die Wiederherstellung der einstigen Verhältnisse. Philipp von Isenburg mußte dann das trierische Eigentum an der Burg anerkennen, erhielt aber eine Hälfte der Burg zu Lehen.

Reinhard ließ aber nicht ab, sondern besetzte Grenzau, indem er sich heimlich Zutritt verschaffte und den trierischen Burggrafen einfach hinauswarf. Nach Ritterart schickte er, zusammen mit Philipp, am 6. April 1347 einen Fehdebrief an Balduin nach Boppard. Balduin selbst hatte keine Zeit, um zu reagieren. Ohne seine Weisung abzuwarten, machten sich die Koblenzer am 20. April 1347 auf und versuchten, die Grenzau zurückzuerobern. Sie selbst hatten daran virulentes Interesse, denn Reinhard hatte ein Prämonstratenserkloster ausgeplündert, bedrohte die Schiffahrt und überfiel ahnungslos dahinziehende Kaufleute. Wir können, indem wir uns im Gastraum umblicken, miterleben, was an diesem Tage geschah: Da spritzt das Blut aus den gespaltenen Häuptern, durchbohren Schwerter und Speere Kettenhemde und Schilde. Die sorglos nach Grenzau ziehenden, sich offensichtlich mehr auf eine bequeme Belagerung als auf eine streitige Auseinandersetzung einrichtenden Koblenzer waren den Westerburgern in die Falle gegangen. Reinhard überfiel etwa 800 Mann bei dem »Bolushügel« hinter Vallendar. »Da wurden die von Koblenz jämmerlich erschlagen und niedergeworfen und blieben ihrer tot auf dem Platze 172 Mann«.

Dies bedeutete für Balduin einen ungeheuren Schlag, denn zum Gegenangriff war er zu dieser Zeit und auch später tatsächlich nicht mehr in der Lage. Für eine militärische Niederwerfung Reinhards gab es bis zu dessen Tode keine Möglichkeit mehr. In Koblenz saß der Schock so tief, daß bis 1794 alljährlich unter Beteiligung der gesamten Bürgerschaft ein feierliches Seelenamt in der Liebfrauenkirche stattfand, an das sich eine Prozession durch die ganze Stadt zu sämtlichen sieben Kirchen anschloß. Zu Beginn der Messe stieg ein mit einem roten und einem blauen Strumpf bekleideter Mann auf einen Stein und gedachte dort dieses Tages. Selbstverständlich haben wir den Stein in Koblenz gesucht und ihn tatsächlich bei der Liebfrauenkirche an der Ecke Mehlstraße, fast völlig von einem nunmehr als Gaststätte genutzten Haus überbaut, gefunden. Diese Tatsache ist erfreulich, nicht aber, daß der Stein nunmehr wohl nur noch Hunden zur Befriedigung eines dringenden Bedürfnisses dient. Daraufstellen kann man sich auch nicht mehr. Die Inschrift verrät Grund und Anlaß der Aufstellung. Balduin entschädigte die Koblenzer finanziell mit einer Anweisung auf den Zoll. Mit Reinhard von Westerburg kam er nach wie vor nicht klar, auch nutzte dessen Ernennung zum erblichen Amtmann auf Schadeck und obersten Amtmann auf Montabaur, Limburg, Boppard, Oberwesel und Bacharach am 29. Juli 1350 nichts, denn in Jahresfrist verzichtet Reinhard wieder auf dieses Amt. Immerhin behauptet er für sich und seine Nachkommen ein kleines Territorium noch drei Jahre über das Ende des Erzstiftes hinaus. Grenzau fällt Balduin zu. In den folgenden Jahrhunderten festigt das Erzstift indes ebenso seine Stellung im Westerwald, nicht unter dem Einsatz kriegerischer, sondern finanzieller Mittel. So blieb Grenzau weiterhin trierisch, wird 1735 von den Franzosen zerstört und teilweise wieder aufgebaut.

Besonders schön ist der dreieckige Bergfried aus dem 14. Jahrhundert, der einen beeindruckend tiefen Halsgraben bewacht. Vieles ist dreieckig an Grenzau, so auch der Grundriß der Burganlage selbst, die sich im Privatbesitz befindet. Besonders erfreulich ist, daß der Eingang zum Bergfried nur über eine hölzerne Treppe erreicht wird, die früher bei der Belagerung abgebrochen wurde. Glücklicherweise findet sich ebenerdig nicht dieser schreckliche moderne Durchbruch, wie so fürchterlich verunstaltend bei vielen anderen Burgfrieden. Innerhalb dicker Mauern, die anfangs 3,5 Meter betragen, führen Steintreppen von dem in zwölf Meter Höhe liegenden Zugang über den tiefen Vorratskeller zu den drei Turmgeschossen hinauf zur Wehrplattform. Im Sturm einnehmbar war diese Burg, erst recht dieser Bergfried, sicherlich nicht. Die Burg befindet sich in Privatbesitz, alles in allem: eine höchst bemerkenswerte, unbedingt besuchenswerte trierische Lehensburg. Deshalb erhält sie auch zwei Sternchen in unserer Wertung.

Landesburg Hartenfels

*Der »Schmanddippe« **

Weit in den Norden des Landkreises stoßen wir vor, um die kurtrierische Grenzfeste Hartenfels zu erreichen.

Hartenfels

Zum Schutze dieses nördlichsten Teils des Kurfürstentums erwarb 1249 Arnold II., Graf von Isenburg-Braunsberg, von der Gräfin Mechthild ihre Statt Hartenfels und befestigte die Burg, die Sitz eines Burggrafen und mit Balduin Sitz eines Amtmannes wurde. Es ist eine typische Höhenburg. Das Dörfchen schmiegt sich an die kreisrunde Anlage, von der allerdings nur noch der »Schmanddippe«, der kreisrunde, achtzehn Meter hohe Bergfried und unbedeutende Mauerreste vorhanden sind. Dennoch lohnt der Aufgang von der Kirche aus, auch wenn die Anlage nicht übermäßig gepflegt wirkt. Erfreulich, daß kein ebenerdiger Eingang in den Bergfried hineingebrochen wurde. Der ursprüngliche Zugang, der sich auf mittlerer Höhe befindet, ist gut zu erkennen. Mit wenig Aufwand wäre ein hölzerner Zugang zu restaurieren. Der Bergfried böte eine herrliche Gelegenheit, weit ins Land zu schauen. Eine irgendwie geartete, auch nur andeutungsweise Erwähnung der ehemaligen kurfürstlichen Bedeutung des Ortes fehlt allenthalben.

Dreifelden
Atlantis

Selten haben wir uns so über den Wandel einer Landschaft gewundert wie bei der »Westerwälder Seenplatte«. Dreifelden, mitten im Erholungsgebiet liegend, wurde von uns einmal um die Osterfeiertage, ein anderes Mal, ein Jahr später, mitten im Sommer aufgesucht, um die kleine Veste Rohrburg zu finden, die Lehensburg, die am 22. September 1342 von Balduin dem Grafen Wilhelm von Wied zu Lehen gegeben wurde. Es handelt sich nach der Urkunde um einen »burgerlichen buw und eine vesten uf unserem eigen zu Drivelten uff dem Bruche«. Die »Rohrburg« ist ganz einfach und ohne Zeugnis im Weiher versunken, den Graf Friedrich von Wied im 17. Jahrhundert durch Stauung angelegt hat. Sonstige Nachricht über das Schicksal der Rohrburg haben wir nicht. Die harsche Landschaft in den Ostertagen wandelte sich im Sommer in eine Ferienlandschaft par excellence, ein Badebetrieb, wie bei Rimini, ein Campingplatz neben dem anderen, alles schön gelegen und ein Strand, wirklich einladender als so mancher italienische.

Froneck
Der kaiserliche Friedhof

Zu einer weiteren Lehensburg fahren wir über Hachenburg hinaus noch weiter nördlich zum Kloster Marienstatt, das allein schon besuchenswert ist. Archäologische Anforderungen drohten uns zu erwarten, denn unsere Burg wurde kurz nach Balduin bereits geschleift. Aufzufinden hofften wir also allenfalls noch »Erdwerke«. Die Abtei Marienstatt mit dem hübschen Wappen von 1212 liegt versteckt im Tal der Nister, fast schon einsam. Hier starben, die romantische Gegend der »Kroppacher Schweiz« kaum genießend, 600 arme kaiserlich-königliche Soldaten der österreichischen Armee zwischen 1793 und 1797, als hier ein Hilfslazarett eingerichtet worden war. Und schon holt uns grausam das Ende unseres Kurfürstentums ein.

Froneck

Hier starben also Österreicher für die absolutistischen deutschen Fürsten gegen die französischen Revolutionstruppen. Auf der Suche nach der Burg Froneck begegnet uns auf der anderen Seite des Nistermäanders der »kaiserliche Friedhof« mitten im Wald. Ein Steinkreuz trägt die Inschrift:
»Ruhestätte der in den Jahren 1793 bis 97 in der Abtei St. Marienstatt verstorbenen und dahier beerdigten K. K. österreichischen Krieger. Errichtet im Jahr 1856.«
Nun aber auf nach Froneck: Als geographische Stelle hierfür kommt eigentlich nur der Fels in Betracht, der, von der Nister eingeschlossen, wenige hundert Meter entfernt kühn hochaufragt. Richtig, nach Passieren der uralten, vierbogigen, sehenswerten Nisterbrücke halten wir uns rechts, die Felsen hinauf. Oben – tatsächlich eindrucksvoll, wenn auch sehr versteckt – sind die beiden in den Fels gehauenen Abschnittsgräben erkennbar, des weiteren eingeschlagene Terrassenanlagen, die die Gebäude trugen. Alles klein, aber fein, gerade recht für das Fundament eines Burgenneubaus. Die zu Balduins Zeiten vorgenommene Zerstörung war perfekt, denn Mauerreste sind keine mehr vorhanden. Nach neuerlichen Untersuchungen könnte es sich hier aber auch um eine in den Fels gebaute hölzerne Burg gehandelt haben – eben weil keinerlei Fundamentspuren gefunden wurden. Also, auch unter diesem Aspekt höchst lohnenswert.
Bereits im 14. Jahrhundert wurde die Burg geschleift, die Graf Johann von Sayn anstelle der Burg Nister errichtete, die sein Bruder Robin 1340 dem Erzstift Trier zu Lehen auftrug. Denn bereits 1343 beschwerte sich die Abtei St. Marienstatt über die sie unmittelbar bedrohende Burg, so daß der Graf die Burg wieder abbrechen und versprechen mußte, den Burgplatz nicht mehr zu bebauen.

Windeck
Das Heimatmuseum * *

Wir beschließen, Windeck von Marienstatt aus zu besuchen. Graf Gerhard von Berg-Ravensburg übertrug die Burg am 14. Oktober 1351 gegen Lehen unserem Kurfürsten.
Die »Vesten« liegt im »Windecker Ländchen«, unmittelbar über dem Ort Altwindeck, der mit seinen alten bergischen Fachwerkhäusern mittelalterliche Romantik versprüht.
Unmittelbar am Fuße des Burgberges ist in der ehemaligen Schule ein kleines Heimatmuseum eingerichtet, das durchaus sehenswert ist.
Aus der Geschichte wissen wir, daß Windeck selbst am 23. März 1174 auf dem Hoftage zu Aachen Graf Heinrich Raspe von Thüringen als Lehen übertragen wurde. 1247 wurde Graf Adolf von Berg, eine der beherrschenden Figuren dieser Zeit, mit der Burg belehnt. Sie war Stützpunkt der bergischen Grafen gegen die Grafen von Sayn und die Herren von Blankenberg und Mittelpunkt eines bergischen Amtes. Die Burg »Neu-Windeck« ist 1312 bis 1345 erbaut worden.
Sie wurde im Dreißigjährigen Krieg, 1632, und dann 1655 stark zerstört. 1962 begann der Rhein-Sieg-Kreis mit den Restaurierungsarbeiten.
Wiederaufgebaut sind der Bergfried und Teile des Palas, also der Herrenwohnung. Im Wald sind noch gut ausgedehnte Mauerreste zu erkennen. Die Burg besitzt stattliche Ausmaße. Schön zu erkennen sind die Gräben. An der südlichen Bergseite wurde ein Vorgebäude mit einem Eingang und Bogenfenster ausgegraben. Es bedarf nicht mehr sehr viel an Phantasie, sich vorzustellen, daß auch unter den übrigen Schutthalden noch interessante Reste zu bergen sein werden.
Die Archäologen haben zum Teil sogar sehr exakt behauene Mauerstücke sorgsam aufgereiht.

Der Bergfried weist die immer wieder erstaunliche Mauerdicke von fast vier Meter im Fundament auf. Die Außenmauern sind hochgezogen, doch offensichtlich jüngeren Datums, und markieren nur noch den Außendurchmesser. Die ursprüngliche Stärke ist nicht mehr durchgehalten. Das Originalmauerwerk ist im Fundament noch zum Teil sehr gut erhalten und durch die unsymmetrische Anhäufung von unbehauenen Steinen und Mörtel zu erkennen.
Auch die weiteren Außenmauern sind von erstaunlicher Dicke, mindestens drei Meter. Vom Tal schallt das Blöken der Lämmer bis zur Burg hinauf, von der aus wir gegen Abend einen herrlichen Blick ins sonnendurchflutete Siegtal und die Ruhe eines wunderschönen Tages genießen.
In Dattenfeld ist das Wahrzeichen, der »Siegtal-Dom«, eine dreischiffige, dem heiligen Laurentius geweihte Kirche, markanter Punkt in der Landschaft, denn die Kirche überragt mit ihren beiden Türmen von 56 Meter Höhe das gesamte Ortsbild. Auf dem Rückweg ist die daruntergelegene, ebenfalls sehr schön restaurierte Kapelle, die schon zu Beginn des 13. Jahrhunderts erwähnt wurde, zu besuchen. Sie lädt zum Studieren der ausgelegten Beschreibung ein. Zwei Fenster weisen sehr ursprüngliche Ansichten der Burg aus. Unbedingt ansehen sollte man sich auch die Grabsteine der letzten Besitzer des ursprünglichen Geschlechtes aus dem 15. Jahrhundert, ein mittelalterliches Juwel.

Windeck

Liebenscheid
Die Wallgräben

An Weihnachten 1353, also noch kurz vor dem Tode unseres Erzbischofs, bestätigt Graf Heinrich von Nassau die Lehensburg Liebenscheid. Das Dörfchen liegt ganz oben im Norden, von Froneck aus über die B 414 östlich zu erreichen. Zeitweilig Sitz der Grafen von Nassau-Beilstein, ist von der kleinen Burg, die bereits 1645 Ruine gewesen sein soll, überhaupt nichts mehr vorhanden, obwohl das Dörfchen 1360 sogar Stadtrecht erhalten hatte. Wir konnten nicht einmal mehr den Verlauf der ehemaligen Wallgräben erkennen.
Alles ist dem Vergessen anheimgefallen. Wir fahren wieder gen Süden.

Weltersburg
Die Salzstraße *

Das Dörfchen ist südlich von Westerburg zu finden. Besuchenswert, nicht wegen einer hochaufragenden Burg, sondern des geschichtlichen Bewußtseins wegen. Von unserer Lehensburg sind nur noch zwei geringe Mauerreste vorhanden, auch vergleichbar der Landesburg Neuerburg, die wir auf unserer Reise durch den Kreis Wittlich kennengelernt haben. Was hat man hier aber daraus gemacht! Die Gemeinde hat vorzügliche Anlagen mit Wegweisern, saubere Wege, Panoramabilder und exakte geschichtliche Hinweise geschaffen. Die Gemeinde zeichnet sich dadurch aus, daß ihre Bürger ganz offensichtlich auf ihre Geschichte stolz sind und sie pflegen. Von der Burg hat sich hinter der Kapelle am Südosthang der Kuppe ein Rest der Schildmauer erhalten,

Weltersburg

Fundamentreste von einigen Bauten der Unterburg sind freigelegt und zu sehen. Das Dörfchen hatte 1314 bereits Stadtrecht erhalten. Reste einer Stadtmauer und ein noch erhaltener runder Turm sind immerhin noch nachvollziehbar. Vielleicht ist auch erwähnenswert, daß Johann Kaspar Goethe, der Vater unseres später geadelten Johann Wolfgang, das unterhalb des Burgberges liegende Schlößchen einer verwandten Familie am 27. Mai 1779 aufsuchte, anläßlich der Taufe eines Neffen. Erwähnenswert ist auch, wir entnehmen es der Hinweistafel, daß die Weltersburg zu den umstrittensten Besitzungen im Westerwald gehörte und zum Schutz der »Hohenstraße« von Köln nach Frankfurt, der Salzstraße, errichtet worden war. Kurtrier setzte sich im Zuge der Gegenreformation durch, wodurch das Dorf zur einzigen katholischen Ortschaft in der Grafschaft Westerburg wurde und dies bis heute blieb.

Molsberg
*Das Holzmodell ***

Als letzte Lehensburg im Westerwaldkreis besuchen wir Molsberg – ein kleiner Höhepunkt. Von Weltersburg aus ist das Dörfchen ganz einfach nach Süden fahrend zu erreichen. Wir übernachten direkt unterhalb des im 18. Jahrhundert errichteten, unvollendeten Schloßneubaus. Die Schloßanlage erinnert in der Asymmetrie an das kurfürstliche Palais in Trier und ist tatsächlich immer noch im Besitz der Erbauer, der Grafen Walderdorff, die mit Erzbischof Johann Philipp einen nicht unbedeutenden Trierer Kurfürsten stellten. Er regierte von 1756 bis 1768 das Erzstift. Baufreudig wie alle Barockfürsten, naiv fromm, gleichzeitig verschwenderisch, ein wahrhaftiges großes Kind seiner Zeit. Nach Beendigung des Siebenjährigen Krieges führte er Kurtrier in eine Zeit der ersehnten Ruhe. Irgendwie spüren wir das auch hier, vor dem Schloß stehend. Von der Burg, die am 20. August 1353 der Freiherr Giso von Molsberg als Lehensburg bestätigt, ist natürlich nichts mehr zu sehen. Aber, es soll ja ein Holzmodell von 1760 im Schloß vorhanden sein.

Beim zweiten Besuch gelingt es uns, dessen ansichtig zu werden. Durch einen hilfreichen Zufall treffen wir auf die Schwester des derzeitigen, das Schloß besitzenden Grafen, die uns freundlicherweise das Modell zeigt, das kurz vor Abbruch der mittelalterlichen Burg zum Neubau des Schlosses angefertigt wurde. Sie erwähnt noch, daß es ihr, dem Bruder und den Kindern damals streng verboten war, mit dem Modell zu spielen. Den Kindern des derzeitigen Grafen dürfte es ebenso ergehen.

Wir freuen uns über den gepflegten Zustand des Schlosses.

Molsberg

Rhein-Lahn-Kreis

Diez
Die Jugendburg *

Wir beginnen unsere Rundreise durch den Rhein-Lahn-Kreis in Diez, um dann die Lahn bis nach Nassau zu verfolgen, soweit uns das Flüßchen hierzu Gelegenheit gibt. Am 10. Februar 1334 tragen die Grafen Gottfried und Gerhard von Diez ihre neu errichtete Stammburg unserem Kurfürsten Balduin auf. Das Schloß reckt sich heute auf einem Porphyrfelsen über die teilweise gestaute Lahn und das Städtchen, das bereits 1329 Stadtrecht erhielt. Auf der (an diesem Tag zunächst vergeblichen) Suche nach einem Hotel haben wir das Fahrzeug auf einem Parkplatz abgestellt und so Gelegenheit, die hübsche Altstadt zu besichtigen und den Schloßberg hinauf zu marschieren. Der Brunnen und die Bäume vor dem Tore spiegeln eine

Diez

kleine Fürstenresidenz des 17. und 18. Jahrhunderts wider. Der Hof der Vorburg ist ohne weiteres zu betreten, nicht aber die Burg selbst. »Privat-Jugendherberge«.
Dennoch gelingt es uns beim zweiten Anlauf, dem mächtigen, mit zehn Meter Seitenlänge beeindruckenden quadratischen Bergfried vom südwestlichen Zwinger aus näher zu kommen. Auch sehen wir den jetzt überbauten Stumpf eines runden Bergfrieds, welcher, auf der felsigen Anhöhe gegen die Angriffsseite gerichtet, der wohl ältere der beiden Türme ist. Wir lesen, daß es sich vielleicht um den Bergfried aus dem 13. Jahrhundert handeln kann. Er wurde erst vor wenigen Jahren restauriert, dennoch sind einige Reminiszenzen an die ehemalige Strafanstalt verblieben, auch macht sich die außen angebrachte stählerne Feuerwehrtreppe in luftiger, gut sichtbarer Höhe nicht sehr vorteilhaft. Eine Informationstafel fehlt, die Besichtigungsmöglichkeit ist, wie erwähnt, dornig, aber: Die tun was, voluntas landanda est – der gute Wille ist zu loben!
Für Balduin war die Übertragung dieser Lehensburg ein wichtiger Erfolg an der Lahn, zu deren Beherrschung, wir werden es nach einer halben Stunde Fahrt in Balduinstein erfahren, er erhebliche Anstrengungen unternahm, die letztlich aber nur – betrachtet man die weitere territoriale Entwicklung des Kurfürstentums – Anfangserfolge darstellen, die von den Nachfolgern nicht ausgebaut werden konnten.

Balduinstein
Der Geist des Kurfürsten ***

»Der vurgeschriben Baldewinus, der slug ein burg bei der groß Lane uf, nit verre under Limpurg unde die nante Baldenstein«, so Tilemann Elhen von

Wolfhagen, limburgischer Propagandist der kurfürstlichen Interessen. Dahinter steckt ein gehöriges Stück Frechheit von seiten unseres Erzbischofs, ein glatter Rechtsbruch, Eroberungstaktik, aber, wie meistens, erfolgreich. Der Weg von Diez nach Balduinstein führt leider nicht mehr unmittelbar an der Lahn entlang, sondern über die Höhen auf die düster wirkende Neuschöpfung des 19. Jahrhunderts: die Schaumburg. Kurz vorher geht es aber, wir meinen glücklicherweise, bergab in das Lahntal. Was auch immer »dräuen« heißen soll, hier ist das Wort sicherlich angebracht. Der neugotische Bau wirkt auf uns unfreundlich, beklemmend. Wir freuen uns dagegen auf die sich nun auftuende Balduinstein, die in gelbem Verputz am Ortseingang wachende Schöpfung unseres Kurfürsten. Wir wollen es auch nicht verhehlen, dies ist ein Höhepunkt unserer Reisen. Den schönsten Blick auf das Dörfchen, das 1321, bereits ein Jahr nach dem Bau der Burg, Stadtrechte erhielt, hat man jenseits der Lahn von einem dortigen Hotel aus. Der Leser wird nicht viel Phantasie benötigen, um Stadtmauer und »Festung« als mittelalterlich wiederzuerkennen. Die Dorfsanierung hat hier in jüngster Zeit bemerkenswerte Früchte getragen, unserer Burg hat man sich nunmehr liebevoll angenommen. Beim zweiten Anlauf schaffen wir eine Besichtigung. Sie wird eher zur Klettertour und ist sicherlich nicht für jeden unserer Leser geeignet. Im Zwinger der kleinen, atemberaubenden Burganlage stehend, versteht man eher den Sinn der Burganlage. Über den in den Kreidefels tief eingeschlagenen Abschnittsgraben, durch den heute der Zugang zu den Häusern des Besitzers des »Jugendbildungswerks« führt, ragen jetzt noch sehr schön erkennbar die Ruinen der ungewöhnlich starken Brückenanlage mit Torgebäude auf. Kein Wunder, daß die Anlage von uns nur über eine lange, schwankende Aluminiumleiter zu besuchen war, die uns hilfreich geliehen wurde. Glücklicherweise ist kein neuer künstlicher Eingang geschaffen worden. Vom kleinen Zwinger aus klettern wir in das Herz der Burg, den »in der neuen Weise« angelegten, rechteckigen Wohn- und Verteidigungsturm.

Hier stehen wir also mitten in dem, was für Balduins Burgenbau so charakteristisch ist: dem die Kernburg beherrschenden Wehr- und Wohnbau, unter Verzicht auf die Errichtung eines runden oder quadratischen, rechteckigen oder rhombischen, eines dreieckigen, oder fünfeckigen Bergfriedes und dem sich anschließenden Wohngebäude, dem Palas. Bergfried und Palas, Verteidigungswerk und Wohngebäude sind also vereint. Diese Bauweise gibt der Anlage eine gewisse Monumentalität, gleichzeitig aber auch eine früheren Burgen gegenüber größere Lichte und Weite der Säle, die immer und in jedem Stockwerk durch große Kamine beheizt wurden. Dieser »Donjon« ist uns bereits in Ramstein oder Baldeneltz begegnet und wird uns noch ausgeprägter auf unserer nächsten Reise in den Rhein-Hunsrück-Kreis begegnen. Wegen der kleinen, übersichtlichen Anlage hält Balduinstein, was die Burg von ihrer Geschichte her verspricht. Hier weht wirklich der Geist unseres Kurfürsten durch das immer noch starke Gemäuer. Wir sind aber bei der Schilderung der Geschichte des Bauwerkes durch die Aluminiumleiter unterbrochen worden. Besitzer der Schaumburg war Reinhard von Westerburg. Auf dessen Grund und Boden ließ Balduin in kürzester Zeit als Trutz- und Sperrburg Balduinstein errichten, günstig zur Lahn gelegen, die leicht gesperrt werden konnte, den Zugang von der Schaumburg durch das Tälchen abriegelnd.

Balduinstein

Zähneknirschend mußte Freiherr Reinhard den Rechtsbruch tolerieren, mehr noch, er mußte ihn wenig später sogar sanktionieren, indem er gezwungen wurde, Grund und Boden, auf dem Balduinstein bereits errichtet war, an Balduin zu verkaufen! Wir wissen und haben es in Grenzau miterlebt, daß es dem »kleinen« Freiherrn am 20. April 1347 gelingt, unserem großen Kurfürsten die Grenzen aufzuzeigen. Hier mußte er aber nochmals nachgeben.
Balduinstein ist somit ein unbedingtes »must« für jeden Burgenfreund!

Cramberg
Das Lebensmittelgeschäft

Die Lahn hat sich bei unserem zweiten Besuch in eine »Großwasserstraße« verwandelt. Jetzt, mitten im Sommer, herrscht auf dem Flüßchen ein Bootsverkehr, den die Mosel in dieser Weise überhaupt nicht kennt: Da wird gepaddelt, gerudert, Wasserski gefahren, Ausflugsbötchen drängeln sich zwischen kleinen Luxusdampfern. Nahezu jede freie Wiese ist mit Zelten und Wohnwagen besetzt, an den Ufern wird geangelt, in den Fluten geschwommen.
Eine herrliche Ferienlandschaft befindet sich hier im Naturpark Nassau. Von Balduinstein aus nach Cramberg zu gelangen ist gar nicht so einfach, wie es von der Karte her erscheint. Im Dörfchen selbst, wo wir mitten vor der schönen evangelischen Pfarrkirche von 1791 parken, erfahren wir, daß sich einmal Fundamentreste der Burg befanden, wo jetzt ein Lebensmittelgeschäft ist. Es bleibt uns also lediglich zu notieren, daß es Balduin mit der Burg Cramberg gelungen war, einen weiteren Stützpunkt an der Lahn zu erwerben, als am 18. Juni 1346 der Ritter Heinrich von Cramburg eine noch nicht erbaute Burg zu Lehen erhielt. Weil die Urkunde einen so schönen Text hat, der zum einen deutsch, zum anderen charakteristisch ist, wollen wir ihn zitieren:
»... daz ich den burglichen buw und vesten die ich ufflan und buwen sal zu campurg durch mit willen und gehengnisze mins hern baldewin mit dem grunde bivange begriffe und buwe die noch da wärent begriffen und gemacht von dem selben mime herren von triere zu ufgebigen ledigen lehen entphangen und entphaen an diesem briefe also daz min herre sine nahkomen und stift sich dar mide behelfen sollen und morgen alle zijt und zu allen yren willen als mit yren ledigem und ufgebigen huse und vesten.«
Juristisch klar ist die Rechtsbindung durch den Lehensvertrag formuliert. Mit Errichtung der Burg entsteht ein fester Stützpunkt, von dem aus Herrschaft ausgeübt werden konnte. Persönlich ist der Ritter, der aus dem niederen Adel stammt (Ritter, Freiherr), somit auch an Balduin gebunden, was für die nicht immer vermögenden Ritterfamilien ausschlaggebend werden kann. Daß es aber auch arme Grafen gab, deren schlechte Vermögenslage von unserem Kurfürsten ausgenutzt wurde, erfahren wir beim Besuch der folgenden Burg.

Laurenburg
*Wunder gibt es immer wieder ***

In Cramberg befinden wir uns linksseitig der Lahn. Wir müssen nun auf die andere Seite, denn an der Lahn weiter abwärts war es Balduin am 24. Oktober 1353 gelungen, die dem Grafen Adolf von Nassau gehörende Hälfte der Laurenburg gegen Lehen zu erwerben. Diese Grafen waren in offensichtlichen Geldschwierigkeiten, denn hier bringt es unser Erzbischof immer wieder fertig, wichtige Stützpunkte zu kaufen.

Laurenburg

Der fünfeckige Bergfried am jenseitigen Lahnufer taucht bald auf. Welch eine Überraschung im Vergleich zu unserem Besuch vom vergangenen Jahr: Der damals ruinöse, ungepflegte, überwachsene Turm mit verstreut unter Gebüsch liegenden, kaum wiederzuerkennenden Mauerresten der Anbauten hat sich plötzlich herausgeputzt. Wir steigen einen Fußweg hinauf, der am Fuße des Burgberges hinter dem schlichten Schloß der Fürsten von Anhalt-Bernburg-Schaumburg beginnt. Ist das eine Freude, zu sehen, was hier geschehen ist! Die Burg ist als solche wieder erkennbar. Der Turm ist begehbar, fast schon bewohnbar und, unser Herz geht auf, endlich auch original über eine Holztreppe zum ersten Obergeschoß zu erreichen. Der Halsgraben, gegen den sich wie bei einem Schiff der Bug des Bergfrieds reckt, ist gesäubert, und die Wehrmauern sind zum Teil wiedererrichtet. Es ist eine wunderschöne Anlage entstanden, klein und übersichtlich. Sogar ein kleiner, unaufdringlicher Kiosk mit Getränken ist vorhanden, die an diesem Tag – die Sonne brennt – hochwillkommen sind. Wir erkunden noch den östlichen Teil des Burgberges und stoßen auf weitere Abschnittsgräben, die in den Fels eingeschlagen sind, und auf Mauerwerkreste, die gar nicht so unbedeutend sind. So geht es also auch. Bei der Reise zuvor war noch ein Schild aufgestellt: »Betreten des Waldes wegen Einsturzgefahr der Burg verboten.« So schnell ändern sich die Zeiten, sogar zum Besseren.

Nassau

*Der Freiherr vom Stein ***

An der Lahn entlang von Laurenburg aus weiter hinunter zu fahren, ist ein reines Vergnügen. Ferienlandschaften tun sich auf, teilweise sogar Weinbau. Die alles überragende Höhenburg fahren wir zunächst nicht an, sondern suchen das bei der Burgruine Stein errichtete Denkmal für den großen Staatsmann auf. »Schön scheußlich«, der Bedeutung unseres wohl größten Staatsmannes des 19. Jahrhunderts (neben Bismarck), der endlich die Erbuntertänigkeit der Bauern aufhebt, überhaupt nicht angemessen.
Die wesentlichen Teile der Burg selbst wurden nach der Zerstörung im letzten Krieg wiedererrichtet, so die Außenmauern, der Abschnittsgraben, der weithin sichtbare Bergfried – we-

Nassau

gen seiner in luftiger Höhe auch begehbaren vier »Wichhäuschen« charakteristisch – und der Palas, in dem jetzt eine Gaststätte untergebracht ist. Diese Maßnahmen entsprechen der Bedeutung der Stammburg dieses Geschlechtes, aus dem schließlich die Familie des derzeitigen Großherzogs von Luxemburg herrührt.
Von dieser Burg zeugen zwei Urkunden aus Balduins Nachlaß: Eine vom 19. Mai 1340, in der die gesamte Burg, eine vom 10. Oktober 1352, in der ein Anteil an der Veste und dem Haus an den Grafen Gerlach von Nassau wegen »nützlicher Dienste« übertragen wird. Das Lehen sollte aber wieder zurückfallen, wenn nicht »wenigstens« die Töchter es schaffen sollten, Söhne in die mittelalterlich harte Welt zu setzen, worauf Balduin im Interesse des trierischen Stiftes natürlicherweise wenn nicht hoffte, so doch setzte.

Burg Sterrenberg
*Der feindliche Bruder ***

Zurück an den Rhein nach Kamp-Bornhofen gegenüber von Boppard. Mit dem Wagen läßt es sich bequem zu den beiden auf steiler Anhöhe des Rheins gelegenen Burgen Liebenstein und Sterrenberg fahren. Wir gehen über zwei Brücken, durch zwei jeweils von hohen Schildmauern geschützte Eingänge.
Die äußere Schildmauer stammt aus »unserer« Zeit, der Balduins. Links, zum Rhein hin, befindet sich ein Neubau, der leider »nur gotisierend« ist. Gegenüber, auf einem weiteren Felssockel, liegt der wuchtige, viereckige Bergfried. Hoch oben flattert endlich mal wieder lustig eine Fahne. Der Turm ist weiß gekälkt, er wurde 1974 im oberen Teil rekonstruiert. Insgesamt eine schöne, im Privatbesitz stehende Anlage. Wir genießen den Blick in das Rheintal und auf Bad Salzig. Vielleicht wird auch der, zu dessen Gedenken wir diese Reise unternehmen, sich des öfteren hier aufgehalten haben, wenn er wieder einmal mit dem widerspenstigen Boppard zu ringen hatte. Hier oben saß er angenehm und sicher, unten im Tal, in der Stadt, wir werden sie noch aufsuchen, war die Luft im Grunde immer »dick«.
Brüder sind die etwas höher gelegene Liebenstein und Sterrenberg durch-

Sterrenberg

aus, wurden sie doch von derselben Adelsfamilie erbaut, wobei Liebenstein etwas später der Abdeckung der Bergseite dienen sollte. Auseinandergerissen wurden die Brüder erst durch die Übertragung der älteren Sterrenberg an Kurtrier – und das kam so: Balduins zweiter Hilfszug nach Böhmen war notwendig geworden, als sein Neffe Johann mit dem dortigen Adel, angeführt durch Heinrich von Lipa, wieder einmal Probleme hatte. Balduin greift mit »mehr als tausend Helmen« für ihn und damit für König Ludwig ein. Er erhält von ihm als Entschädigung in Nürnberg, am 9. März 1316, das bisherige Königspfand, Burg Sterrenberg. 1320 befindet sich die Burg dann ganz in trierischem Besitz. Von Feindseligkeiten zwischen Liebenstein und Sterrenberg ist nichts bekannt. Von Balduin wissen wir, daß er das Burggrafenamt, welches der Ritter Heinrich von Boppard 1341 erhält, mit seinen Aufgaben – wie es sich bei Balduin gehört, natürlich schriftlich – peinlich genau regelt.

Reichenberg

*Die verkehrte Schildmauer ****

Als unser Erzbischof Balduin mit Urkunde vom 10. August 1319 dem Grafen Wilhelm von Katzenelnbogen die Erlaubnis zum Bau der Burg Reichenberg bei Einräumung eines Lehensverhältnisses übertrug, ahnte er möglicherweise schon, daß die Katzenelnbogener zu den großen Burgenbauern dieses Zeitalters gehören würden. Ein Beispiel dieser Kunst ist Reichenberg, an der B 274, östlich von St. Goarshausen gelegen.
Fahren wir das Dorf von der Höhe kommend an, erleben wir eine Burg, die für unsere mittelalterlichen Verhältnisse schlichtweg als riesig zu bezeichnen ist. Verweilen wir zunächst

Reichenberg

an der Straße und versuchen wir uns zu orientieren:
Rechts (östlich) vom Halsgraben kommend, an einem wuchtigen Außenturm vorbei, gelangt man durch den Torbau, an der Rampe des Weges erkennbar, in die Vorburg, jetzt zu den dort stehenden, zu Wohnzwecken genutzten, neueren Gebäuden. Dahinter erst, auf der Höhe des Berges, wird es interessant. Das, was links aufragt, ist der Rest einer nach rechts, also zum Halsgraben, zum Eingang hin orientierten vier bis acht Meter starken Schildmauer, die zu unserem Aussichtspunkt hin, also nach Süden, wie gegenüberliegend verdeckt, nach Norden durch zwei wuchtige, runde Ecktürme abgeschlossen wurde. Wir schauen von unserem Aussichtspunkt her praktisch von innen gegen die Mauer, durch diese zwei Türme nicht mehr behindert, die leider 1813 und dann 1971 abgestürzt sind. Wie in unserem Dehio zu lesen ist, ein großer Verlust für die

Reichenberg

abendländische Burgenbaukunst, deshalb, weil diese Flankentürme, bis zu vierzig Meter hoch (!) mit sieben Meter Durchmesser, in der Höhe mit je drei halbrunden Tourellen und stockwerkweise versetzten Treppen versehen waren. Wir müssen uns leider mit dieser Beschreibung zufrieden geben. Das, was sich rechts, von unserem Standpunkt also östlich vor der Schildmauer befindet, sollte eigentlich nach Westen, also links dahinter liegen, denn jetzt, so wie gebaut, befindet sich die Schildmauer auf der dem Eingang und dem vom Halsgraben unterbrochenen Bergrücken abgewandten, eigentlich falschen Seite. So ist dieser interessante Bau aber nun einmal entstanden, nachdem die Burg 1352 geteilt wurde. Erwähnenswert wäre noch vieles, auch die Kasematten, im nach rechts dem Halsgraben zugewandten Teil des Saalbaus, die noch für Armbrüste bestimmt waren, oder der englische Einfluß auf den hier ungewöhnlichen Baustil der Flachdächer und Zinnen. Der Besuch der in privatem Eigentum stehenden Burg war uns durch die Deutsche Burgenvereinigung ermöglicht worden. So wurden wir Zeugen der erheblichen Sicherungsarbeiten, insbesondere für den Saalbau mit seinen hochinteressanten Säulen in drei Geschoßebenen und der kleinen feinen Wandmalerei im Kapellenraum.

Hessen

Hadamar

Der Segen des Städtebauförderungsgesetzes *

Wir beginnen unsere Rundreise im Hessischen, im Kreis Limburg, in Hadamar.
Die Ortschaft war Residenz der Linie Nassau-Hadamar. Der ursprünglich ummauerte Hof wurde zur Wasserburg ausgebaut, die Graf Emich von Nassau am 4. April 1334 unserem Kurfürsten gegen Lehen übertrug.
Die ehemalige Wasserburg ist nach einem Brand von 1566 als Schloß und im 17. Jahrhundert im Renaissancestil zu dem größten nassauischen Schloß ausgebaut worden. Bei unserem ersten Besuch machte die Anlage einen schlimmen Eindruck, aber bereits zwei Jahre später ist die alte Pracht,

Hadamar

zumindest von außen, wiederhergestellt. Dem Anspruch der Geschichte wurde glücklicherweise einmal Genüge getan. Hier fühlen wir uns wieder wohl.
Die angrenzenden Remisen sind ebenfalls ausgebaut und bewirtschaftet. Sie laden zum Spaziergang am Elbbach ein. Wir können im kleinen auch die segensreichen Wirkungen der Verkehrsberuhigung durch bauliche Maßnahmen, die sich einfügen und zum Charakter des Schlosses passen, ergehen und besichtigen.
Das Innere bleibt uns leider verwehrt, was wir aber verschmerzen, da die Renaissance schließlich nicht »unser« Zeitalter ist.

Schadeck

Der ewige Zankapfel *

Unsere Fahrt auf Balduins Spuren führt uns zurück zur Lahn, östlich von Limburg flußaufwärts. Gegenüber dem hübschen Ort Runkel, welcher seinerseits von einer herrlichen Burgruine beherrscht wird, thront unsere Burg.
Bewacht oder belauert wird Runkel von Schadeck, auf einem sich steil über der Lahn erhebenden Felsen gelegen. Schon von weitem ist der noch verbliebene mehrstöckige Bau düster aufgereckt auszumachen.
Der lebenslange Widersacher im Westerwald, Reinhard von Westerburg, brauchte diese strategisch ungeheuer wichtige Befestigung gegen die Vettern auf der anderen Lahnseite in Runkel. Mit Urkunde vom 21. Juli 1321 gelang es aber Balduin, die Burg gegen Lehen zu erwerben. Er mußte jedoch 1344 zu den Waffen greifen und die Burg handgreiflich erobern, um sich in deren Besitz zu setzen. Er beschränkte das Lehen von Reinhard von Westerburg auf eine Hälfte der Burg, die andere blieb im kurtrieri-

schen Eigentum und Besitz und damit im direkten Zugriff.
Diesen – zugegeben unserem Idealbild eines mittelalterlichen Ritters entsprechenden Reinhard – in die Knie zu zwingen, war unser Kurfürst nicht in der Lage. Letztlich muß auch der Wahrheit die Ehre gegeben werden, schließlich verteidigte Reinhard im Westerwald lediglich seine Rechte gegen den offensiven, mitunter auch aggressiv und rücksichtslos vorgehenden Kurfürsten, an der damals höchst unruhigen Lahn, bespielsweise bei Balduinstein. Aber was ist schon Recht?
Betreffend Schadeck kam es dann am 1. Mai 1350 zu einem Vergleich, nachdem Balduin die mit der Grenzauer Fehde geschlagene Scharte letztlich nicht völlig auszuwetzen in der Lage war, oder auch weiter aus besserer Einsicht auf einen Kraftakt verzichtete.
Die Sühne sah vor, daß die Burg mit den Burgleuten und allem Zubehör dem Erzbischof für seine Lebenstage gehören sollte, nach seinem Tode dagegen an Reinhard und seine Erben, allerdings als ein offenes Haus und Lehen des Stiftes zu Trier, fallen sollte. Also Eigentum Trier, Besitz und Nutzung wieder Westerburg.
Bei Schadeck konnte Balduin, wie an der Lahn an vielen anderen Stellen auch, zwar die derzeitige Stellung und Situation sichern, dem trierischen Stift die Zukunft dort aber nicht. Tatsächlich ist auch der überwiegende Teil der Positionen an der Lahn, von Balduin schweißopfernd erworben, später wieder verlorengegangen.
Die uns durch diese geschichtlichen Vorgänge noch interessanter erscheinende Burg kann von der Lahn her direkt überhaupt nicht erreicht werden. Sie ist über eine steile Straße zu erklimmen.
Obwohl der große Treppenturm eingestürzt und die Burg 1803 teilweise abgerissen war, sind immer noch genügend Reminiszenzen vorhanden.
Im Burghof können noch interessante Details der Steinhauerarbeiten an den Türgewänden ausgemacht werden. Auch wenn der Burggraben und das damals sicherlich stark befestigte Tor verschwunden sind, bietet die Anlage, wenn auch stark vernachlässigt, immer noch einen schönen Eindruck von der ehemaligen Wehrhaftigkeit – und vom Durchstehvermögen unseres Kurfürsten.

Schadeck

Villmar
Eine alte Rechnung

Von Schadeck über Runkel, an der Lahn entlang über Sträßchen, wie sie schöner zu befahren nicht sein könnten, geht es weiter westwärts nach Villmar.
Auf einem Felsen über der Lahn, höchst romantisch gelegen, schaut Konrad I., deutscher König und Graf des Lahngaues (911–918), als würde-

volle Gestalt eines Denkmals nach Villmar. Auf dem hübsch angerichteten Areal ist ihm auch eine Inschrift gewidmet, wonach er in treuer Sorge für des Reiches Sicherheit und Macht sterbend Heinrich von Sachsen Krone und Herrschaft übergab. Weiter:
»König Conrad, der hier steht,
liebevoll ins Lahntal spet,
auf dem harten Felsenstein,
ist für all ein Stelldichein«.
Ein anderer, nämlich Heinrich III., schenkte 1053 einen Königshof in Villmar an das spätere Matthiasstift in Trier.
Die Herren von Isenburg mußten sich als Vögte gegen die Trierer durchsetzen, wobei Erzbischof Boemund auf den Rechten der Trierer Kirche bestand und sie handgreiflich durchsetzte, indem er – obwohl durch sein hohes Alter ein eher friedlicher Mann – 1295 Villmar belagerte und es auch einnahm.
Dieses Schicksal ereilte Villmar Anfang August 1348 wiederum. Diesmal war es Balduin, der seine Rechte mit kriegerischer Macht durchsetzen mußte, denn Villmar, wieder bestärkt durch Reinhard von Westerburg und Philipp von Isenburg, hatte sich angeschickt, das trierische Lahngebiet zu verwüsten. Balduin machte kurzen Prozeß, rückte mit einer ordentlichen Streitmacht an und begann die Burg mit Hilfe von Belagerungsmaschinen zu berennen.
Es soll viel Blut geflossen sein. Nach vierzehn Tagen unterwarfen sich die Villmarer. Sie erklärten sich bereit, Stadt und Burg drei Adeligen zu übergeben und für den Fall, daß Balduin nachweisen könne, daß Villmar rechtlich zu seiner Kirche gehöre, sollte Stadt und Burg in sein unumschränktes Eigentum übergehen. Unser Kurfürst zog ab, Villmar brach die Vereinbarung und übergab gar nichts.
Im Verlauf der weiteren Geschichte, nachdem die Isenburger Vögte geblieben waren, mußten sie den Besitz an Trier verkaufen, welches dann ab 1565 schließlich in den Genuß der Herrschaft kam.

Villmar

Vom Konrad-Denkmal aus fahren wir in den Ort hinein. Auf einer Anhöhe ist zumindest nach Osten hin noch ein Teil der weiträumigen Befestigungen zu erkennen, die den Burgberg, der nunmehr von der Kirche beherrscht wird, umschließen.
Bis 1800 wurde die stattliche Burg als Kellerei benutzt. Einen anschaulichen Eindruck von der damaligen Wehrhaftigkeit kann man in der Gaststätte »König-Konrad-Halle«, wo wir Rast machen, anhand eines Wandgemäldes erlangen.

Mengerskirchen

Die steckengebliebene Stadt

Von Villmar aus gelangen wir über wunderschöne Straßen durch den Naturpark Hoch-Taunus nach Norden,

Mengerskirchen

an Weilburg vorbei nach Mengerskirchen.

Der Ort hatte 1321 bereits Stadtrecht erhalten, sich aber nie städtisch entwickeln können, obwohl die Burg, ausgebaut und kommunal genutzt, auch heute noch einen nicht nur gepflegten, sondern auch nicht ganz unbedeutenden Eindruck vermittelt.

Die Burg der Grafen von Nassau wird 1341 genannt und geht mit Balduins Lehenbrief, gegeben zu Trier am 10. Oktober 1952, in das Eigentum des Stiftes über, wobei Heinrich von Nassau die Burg zu Lehen empfängt.

Ganz interessant ist noch die weitere Regelung, die zusammen mit den Burgen Nassau und Beilstein, letztere werden wir im Anschluß aufsuchen, vereinbart wurde.

Wie bei Nassau – wonach dem Grafen und seiner Frau in Ermangelung von Söhnen eingeräumt wird, daß die Töchter und dann deren Söhne diese Lehen von dem Erzbischof zu Trier empfangen sollen – haben die Töchter keine männlichen Nachkommen. Die Lehen fallen so wieder an Trier zurück. Nach der Urkunde zahlt Balduin immerhin 1200 kleine Gulden als Lehngeld für die Auftragung der Burg Mengerskirchen.

Aus der Burg, die in kriegerische Auseinandersetzungen verwickelt wurde, ist heute ein braves Verwaltungsgebäude geworden. Wir freuen uns, daß zum einen der Charakter erhalten und wiederhergestellt wurde, zum anderen die herrschaftliche Anmutung blieb. Was diesem Flecken zum Vorteil gereicht.

Beilstein
Die Ehebrecherin *

Hinter Mengerskirchen, auf einer landschaftlich reizvollen Straße und nur wenige Kilometer östlich, erreichen wir Beilstein. Die auf halber Höhe über dem Ulmbach immer noch trotzig residierende Burg ist in schwarzem Basalt gebaut und macht, trotz der zur Zeit begonnenen Restaurierungsarbeiten, einen »morbiden« Eindruck.

Teile der Burg, die Anbauten aus der Renaissancezeit, sind wieder intakt, eine Zehntscheune wird eindrucksvoll aufgebaut. Die Anlage vermittelt so langsam wieder den Eindruck einer kleinen Residenz, wie sie Anfang des 17. Jahrhunderts von Grafen der Linie Nassau-Beilstein eingerichtet worden war.

Aus dieser Zeit stammt auch die unterhalb der Burg liegende Schloßkirche. Zuvor mußte die arme Anna von Sachsen, die Ehefrau Wilhelms des Schweigers, hier von 1572 bis 1575 ihre Tage verbringen, nachdem sie des Ehebruchs überführt worden war. Die Burg selbst, von der immer noch, trotz des Anfang des 19. Jahrhunderts vorgenommenen Abbruchs, wesentliche Teile vorhanden sind, stammt aus der ersten Hälfte des 14. Jahrhunderts, was sie für uns gerade besonders interessant macht.

Erwähnt wird sie bereits am 9. Januar 1325, als »domus et fortalitium castrum«, die der Graf Johann von Nassau unserem Erzbischof zu Lehen aufträgt, dann nochmals am 10. Oktober 1352.

Der Ort hat seinen verträumten Charakter erhalten, auch wenn die 1321 verliehenen Stadtrechte nicht bewirkt

Beilstein

haben, daß es zu einer städtischen Entwicklung gekommen wäre. Besondere Freude bereitet es, den Fortgang der Restaurierungsarbeiten in der Zehntscheune in einem gewissen zeitlichen Abstand zu verfolgen, denn nach dem ersten Besuch hat sich ein Jahr später schon einiges getan, vielleicht hält der Schwung auch noch weiter an.

Jedenfalls scheint das Bewußtsein für die eigene Vergangenheit geschärft zu sein. Wir haben jedenfalls gerne hier verweilt.

Hohensolms

Die Jugendburg **

Dies ist nun unser östlichster Vorstoß, die am weitesten ins Hessische hineingeschobene Position, die unser Erzbischof durch Übertragung einer Burg gegen Lehen besetzen konnte. Entstanden ist sie aus dem Gegensatz zwischen den Landgrafen zu Hessen und dem Kurfürsten von Mainz. Das trierische Erzstift drang unter der kraftvollen Führung unseres Kurfürsten, was die Karte unserer Burgen eindeutig ausweist, immer weiter an der Lahn vor, wobei in diesem, wie in den folgenden Jahrhunderten, die sich oftmals als unfähig erweisenden Herren von Nassau Vorschub leisteten.

Philipp von Solms schließt seinerseits eine Reihe von Verträgen mit Balduin, so auch die Auftragung der Burg Hohensolms am 17. März 1331. Einen unmittelbaren Einfluß konnte unser Kurfürst von dieser im Grunde weit abgelegenen Burg nicht ausüben. Die Auftragung von Hohensolms wird so auch eher als ein Beweis für eine enge politische Zusammenarbeit zu sehen sein. Schließlich ist Graf Philipp, im Gegensatz zu den Nassauern, nicht so leicht aus dem Sattel zu heben oder zu verdrängen.

Die Suche nach der Burg selbst macht durchaus Vergnügen. Fahren wir die Lahn aufwärts. Kurz vor Wetzlar stoßen wir auf »Burgsolms«, hart am Fluß gelegen.

Die Irritation ist nur kurz, für die Dauer eines Picknicks, welches wir dort einlegen, wo einmal die Wasserburg der Grafen stand. Jetzt hat man

einen »wunderschönen« sauberen Platz daraus gemacht. Wir fühlen uns unmittelbar an Weißkirchen im Saarland und den dortigen, ebenfalls »wunderschönen« sauberen Parkplatz erinnert.
Sic transit gloria mundi, so schnell ebnen die Leute ihre eigene Geschichte ein, und wenn man nachfragt, warum ein Besuch ihres Dörfchens denn überhaupt lohnen könnte, dann verfängt eben der Hinweis auf einen Parkplatz oder eine schöne neue Mehrzweckhalle kaum.
Ungefähr fünfzehn Kilometer nördlich von Wetzlar gelangen wir durch herrliche Wälder zu unserer Burg, so meinen wir jedenfalls zunächst.
Hier angekommen, müssen wir innehalten, denn das, was sich dort wunderbar vor uns so herrschaftlich auf dem Ramsberg geriert, ist sie eigentlich nicht.
Unsere stand auf dem Altenberg, zwei Kilometer südlicher, wurde 1328 zerstört, dann wiederhergestellt und im

Hohensolms

Jahre 1349 endgültig von Hessen vernichtet. Erst 1351 ist die Anlage, die wir heute besichtigen können, zwei Kilometer nördlich von unserer Burg errichtet worden.
Da auf dem 441 Meter hohen Altenberg aber nichts zu entdecken, sondern nur die Aussicht zu genießen ist, halten wir uns an den Nachfolger.
Die Anlage hat große Ausmaße, denn die mittelalterlichen Reste wurden in die Gebäulichkeiten miteinbezogen, die den Grafen von Solms-Hohensolms seit dem Ausgang des Mittelalters als Residenz dienten.
Der sicherlich damals vorhandene Bergfried hat es nicht überlebt, zumindest nicht als eigenständiger Bauteil, und die zum mächtigen Graben hin aufgetürmte Schildmauer hat, trotz des schloßartigen Umbaus, von ihrer Wehrhaftigkeit nichts verloren. Wir meinen, eine Stärke von fünf Metern feststellen zu können.
Der Ort hat eher fühlbare, denn sichtbare Ansätze städtischen Lebens, nämlich einer fürstlichen Miniresidenz. Tatsächlich besitzen die Hohensolmser einen Freiheitsbrief von 1639. Im Jahre 1848 wurden die Stadtrechte aber offiziell wieder aufgehoben. Es sollte nicht sein, obwohl der Ort eine mittelalterliche Ortsbefestigung besitzt, deren Rudimente wir natürlich aufstöbern.
In den 20er Jahren unseres Jahrhunderts wurde die oftmals zerstörte Burg endgültig friedlichen Zwecken zugeführt. Die evangelische Kirche betreibt dort eine Jugendburg. Das geschäftige Treiben und das Gelächter der jungen Leute ist gerechter Ausgleich für die oftmals blutige Vergangenheit.
Was uns weiter erfreut hat, war der Erhaltungszustand und auch die liebevolle Beschilderung, die den interessierten Besucher nicht darüber im Dunkeln tappen läßt, womit er es hier zu tun hat.

Rhein-Hunsrück-Kreis

Burg Simmern
Des Erzbischofs Schenkung

Wir beginnen unsere Rundreise im Rhein-Hunsrück-Kreis, im Zentrum der kurpfälzischen Hunsrücker Besitzungen. Kurz nach Balduins Tod ging der trierische Einfluß dort schon verloren, den Balduin durch seine finanzielle Überlegenheit gegenüber dem Raugrafen Georg von Neubamberg errungen hatte.
Am 30. November des Jahres 1330 bestätigt dieser das Obereigentum des Erzstiftes bezüglich der Burg Simmern. Er erhält 100 Pfund Heller für die Burg geschenkt, weiter 600 Pfund Heller Lehngeld und darüber hinaus ein Darlehen von 200 Pfund Heller. Die Schenkung von 100 Pfund Heller erscheint dann noch in den Hauptrechnungen vom 1. Oktober 1336 bis zum 1. Oktober 1341, buchhalterisch genau. Von der Burg ist nichts mehr auffindbar. Sie stand wohl an der Stelle des sogenannten Neuen Schlosses, in dem sich nun das Heimatmuseum befindet. Wenn sie dort stand, handelte es sich um eine Wasserburg, denn das Gebäude war von Gräben umgeben. Aus der Glanzzeit Simmerns als Residenz der herzoglichen Familie Pfalz-Simmern (1459–1598) sind noch eine Reihe sehenswerter Grabdenkmäler in der evangelischen Pfarrkirche St. Stephan nach vielfältigen Zerstörungen gerettet.

Kirchberg
Kastrum Kyrperg

Zugriff auf die mächtigen Sponheimer – wir haben ein besonderes Exemplar dieser Familie in der jungen Witwe Loretta bei Starkenburg kennengelernt – gelingt Balduin nur sporadisch. Die Burg Kirchberg wird von dem Grafen Simon von Sponheim zwar am 18. August 1322 unserem Erzbischof gegen Lehen aufgetragen, wobei der bisherige Lehensherr, Pfalzgraf Adolf zustimmte. Balduin hatte die finanziellen Schwierigkeiten der Grafenfamilie ausgenutzt, die sich aber 1337 bereits dem Zugriff durch Rückzahlung entwinden konnte. Bei den Sponheimern, die sich schließlich auch erfolgreich gegen die mächtigen Pfalzgrafen durchsetzten, hatte Balduin trotz mehrfacher Versuche im Grunde keinen Erfolg zu verbuchen.
Genausowenig in dem bereits auf einer römischen Landkarte erwähnten, städtisch anmutenden Ort, der zwar durch seinen Marktplatz, seine Adelssitze und die Kirche verzaubert, in dem an unsere Burg aber nichts mehr erinnert, wäre da nicht eine Erzählung von der Auseinandersetzung zwischen Balduin und dem Grafen Simon. Dessen Gemahlin Elisabeth, aus dem Hause Falkenburg, eine Nichte Balduins, trat 1331 weinend dem zum Angriff entschlossenen Erzbischof entgegen, hatte ihre Kinder auf dem Arm und rief: »Vater, greif in dein Herz und schone uns, Du hast ja heute noch die Macht, uns zu retten.« Diese rührenden Worte machten Eindruck, Balduin willigte in einen Frieden ein und erhielt die Stadt Kirchberg.

Dill
»Klein-Baldeneck« ***

Von Kirchberg aus nur wenige Kilometer östlich liegt die sehenswerte Ruine der Burg Dill. Von ferne ist die auf dem Schieferfelsen, inmitten einer bachumflossenen Senke liegende Burg sehr schön von einem römischen Wachturm aus zu sehen. Fleißige, ge-

Dill

schichtsbewußte Hände haben kurz vor der Ortschaft, links abzweigend, auf der Höhe die alte Römerstraße 100 Meter weit nachgebaut und einen Turm mit Palisaden und Graben andeutungsweise rekonstruiert. Darüber hinaus erfreut uns die Beschilderung. Wir nehmen den Ausflug ins Altertum zum Anlaß, ein schönes Picknick zu veranstalten.

Alsdann geht's ins Dorf hinein, über den Sohrbach, den Schieferfelsen hinauf. Es gelingt uns, den Kastellan aufzutreiben, der, den schweren Schlüssel in der Hand, den Zugang zur Ruine öffnet. Die Burg wurde 1329 von Balduins Truppen gestürmt und zerstört. Ganz offensichtlich ist, daß der Wiederaufbau aber noch zu seinen Lebzeiten erfolgte, denn wir haben wieder den typischen Baustil Balduins vor uns: einen großen, massiven, rechteckigen Wohnturm – ursprünglich waren es sicherlich vier Stockwerke, d. h. er war nahezu doppelt so hoch wie jetzt noch –, die Kaminkonsolen in jedem Stockwerk, die relativ großen Fenster, alles wie in Baldeneck und Balduinstein! Die Burganlage selbst umfaßt den gesamten Felsen. Die Burg befindet sich in Privatbesitz. Wir wagen nicht, die Überlegung zu wiederholen, daß hier auch öffentliche Gelder besser investiert wären als beispielsweise bei den autobahnähnlichen Ortsdurchfahrten, die dann wenige Jahre später, zu gefährlichen Rennbahnen geworden, mit viel Geld zurückgebaut werden müssen. Die Besitzerin ist liebenswürdig und dem Interessierten gegenüber aufgeschlossen – etwa durch Aushändigung der Schlüssel, um die romantische Anlage zu besuchen.

Kommen wir aber noch einmal auf die Geschichte der Burg und auf den Grafen von Sponheim zurück. Dieser erkennt in der Urkunde vom 19. September 1338 an, daß er die Hälfte der Burg Dill mit umfangreichem Zubehör von Trier zu Lehen habe. Dies geschieht in derselben Urkunde, mit der er auch die Burg Birkenfeld als trierisch anerkennt. Der andere Teil der Burg wird bereits ein Jahr später unserem Erzbischof für 1200 Pfund verpfändet, was zur Folge hat, daß die Burgmannen dem Erzbischof Gehorsam schwören müssen. Auch als Ruine hat Dill als Auszeichnung drei Sterne verdient, denn Balduin ist ganz nah.

Buch
Die Abtretung

Zurück in Simmern, wenden wir uns zunächst der nördlichen Hälfte des Landkreises zu, befahren die kleinen bäuerlichen Sträßchen über Kastellaun nach Buch, mitten auf dem »Hundsbuckel«. Am 26. Juli 1325 erwirken die Ritter Richard und Wierich von Buch das Recht, eine Burg in Buch zu errichten. Die beiden hatten Balduin als Gegenleistung gestattet, auf ihrem Land, das sie zu Lehen besitzen, die Landesburg Balduinseck zu errichten. Ob es zum Bau dieser »Veste« Buch auch tatsächlich gekommen ist, wissen wir nicht. In einem nahegelegenen Waldstück soll vor langer Zeit wohl einmal ein Bau gestanden haben, von dem aber nichts mehr zu finden ist. Sehr schön ist hier ein Naturdenkmal besonderer Art, nämlich eine mitten auf der Hauptstraße in einer Kreuzung stehende riesige Eiche, die kaum von vier Menschen umfaßt werden kann. Die zehn dicken Arme der Krone recken sich gegen den Himmel.
Die Gemeinde erinnert sich aber offensichtlich ihrer mittelalterlichen Vergangenheit, immerhin schmückte man das Gemeindehaus mit einem Mosaik. Es stellt links den Ritter von Buch dar, der mittels einer Urkunde aus dem Jahre 1325 dem ebenfalls abgebildeten Erzbischof Balduin das Land abtritt, auf dem dann die Landesburg errichtet wird.

Balduinseck
Der Amtsitz ***

Und nun zu einem weiteren »Hit« unserer Reisen.
Von Buch aus nur wenige Fahrminuten entfernt, erhebt sich mächtig auf einem Schieferfelsen, vom Mörsdorfer Bach umflossen, der Prototyp des balduinschen Amtssitzes, noch mächtiger als der Bau, den wir in Balduinstein bereits kennengelernt haben.
1325–1330 von Balduin erbaut, viereckig, wuchtig, viergeschossig, einem Wohnblock gleich, an allen vier Ecken, ab dem dritten Geschoß nach allen Seiten hin Tourellen. Das Baumaß ist ausgewogen, massiv und beeindruckend. 42 Meter Länge und 14,5 Meter Breite. Die Wendeltreppe ist in der nordöstlichen Ecke in die Mauer integriert und führt durch alle Stockwerke. Im Erdgeschoß ist jetzt noch die Zisterne erkennbar, wobei wir uns fragen, wo hier das Wasser heruntergekommen sein mag. In allen Stockwerken sind großdimensionierte, wuchtige Kaminanlagen erkennbar, auch ein Merkmal der Bauten unseres Kurfürsten. Er wird wohl genauso leicht gefroren haben wie die heutigen Reisebegleiter, denn immer wieder fallen bei seinen Bauten die Kamine besonders ins Auge.
Wir wissen, daß unser Kurfürst eher schmächtig war. Die vor dem Trierer Hauptbahnhof aufgestellte Figur des Balduinsbrunnens entspricht wohl seiner tatsächlichen Physiognomie. Er war ein kleiner Mann, »thet doch große Thaten oder Werck«, also kein körperlicher Riese. Ausweislich der fast zeitgenössisch erstellten Limburger Chronik heißt es, daß er klein von Person, aber gut proportioniert gewesen sei. Später wird berichtet, er habe

Balduinseck

Balduinseck

einen Körper von geringer Größe gehabt, leicht beweglich und feinfühlig; dennoch hatte er in seiner Jugend, so wird wohlwollend berichtet, zu Bingen im Abbacher Hof einen gegen ihn anreitenden Knecht mitsamt dem Pferd zu Boden geworfen. Zäh muß der Mann gewesen sein, denn bis in die letzten Jahre seines hohen Alters läßt sich verfolgen, daß er nicht in Trier im Palast saß und regierte, sondern ständig unterwegs war. Sein Kopf entspricht dieser Beschreibung, unterstellen wir, daß die aus Eichenholz geschnitzte Chorstuhlwange von 1340, im bischöflichen Diözesanmuseum zu Trier, von uns schon mehrmals bewundert, ein Porträt darstellt. Die Wissenschaft tut das, wir folgen ihr darin natürlich allzu gerne.
Eine Brille hatte er nicht auf, aber sicherlich nötig, weil er doch kurzsichtig war, aber das soll ja auch andere intelligente Leute treffen. Ob letzteres auch von König Johann dem Blinden, seinem Neffen, behauptet werden kann, mag dahinstehen, jedenfalls hatten die Luxemburger immer mit diesem Malheur zu kämpfen.
Gerühmt wird das »freundlich würdige Antlitz« des Erzbischofs. Er war in seinen Jugendjahren blond und mäßig gelockt, später ergraut. Alles in allem natürlich nicht so, wie die Koblenzer ihn auf der Balduinsbrücke darzustellen belieben. Wir haben ihn uns vielmehr so vorzustellen wie auf dem trierischen Denkmal. Da schlanke Leute schneller frieren als beleibte, mögen die großen Kaminanlagen auf seine persönliche Anweisung hin gebaut worden sein.
Balduinseck weist weiter die übliche Vorburg aus, wobei der Torbau und die nördliche Wehrmauer leider verschwunden sind. Die Burg ist der *Idealtypus* der westlich inspirierten Burgenbaukunst unseres Kurfürsten. Der fehlende Bergfried, die Monumentalität des Rechteckbaus sind die »neue Art« der damaligen Festungstechnik, die zu berücksichtigen hatte, daß nur geringe Mannschaften zur Verfügung standen und der Bau der Repräsentation wie der praktischen Verwaltung zu dienen hatte. Wir wissen von ungewöhnlich kurzen Bauzeiten, also einem wichtigen Merkmal

der Person Balduins, nämlich einem hohen Organisationstalent. Zum Beweis für das persönliche Engagement dieses ungewöhnlichen Mannes dienen natürlich die Namensgebungen Baldenau, Balduinstein, Baldeneltz, Baldenruise (Rauschenburg) und – eben – Baldeneck.
Es wäre natürlich hochinteressant, etwas über Baumeister oder Handwerker zu erfahren. Im Gegensatz zu den Verwaltungsfachleuten (zum Beispiel Notar Losse) oder Generälen (zum Beispiel Freiherrn von Schönecken) ist aber darüber rein gar nichts bekannt, obwohl sich weit über die Hälfte der überlieferten Urkunden inhaltlich mit Burgen oder Burglehen befassen.
Dieser »Tower« war als Grenzburg gegen Kastellaun errichtet worden. Balduin installierte ein Amt mit Amtsleuten, die eine Reihe von umliegenden Ortschaften bis zur Mosel hin verwalteten. Kriegerische Handlungen hat der Bau nie gesehen, er verfiel vielmehr, was bis heute nicht aufgehalten wurde.
Dringend sollten doch die Mauern des obersten Stockwerks mit den Tourellen (wenigstens) wiederhergestellt werden. Erfreulich ist das Ambiente: keine Frittenbude, kein Restaurant, der Bach säuselt, die Straße ist kaum befahren, die Wälder rauschen, fast schon kitschig schön. Wir genießen es .

Waldeck

*Die Nerother Wandervögel ***

Bei Baldeneltz haben wir die Eltzer Fehde (1331–1337) erwähnt, die schwere Auseinandersetzung der um ihre Reichsunmittelbarkeit kämpfenden Ritter der Burgen Eltz, Schöneck, Ehrenburg und Waldeck. Von der Burg Waldeck meldeten sich neun Besitzer als Widerstandskämpfer. Aus

Waldeck

den überlieferten Namen wird erkenntlich, daß Waldeck eigentlich aus zwei Burgen bestand, nämlich der Oberburg und der Niederburg. Wir wissen, daß Balduin mit Hilfe der Rauschenburg und Baldeneltz die »Hörner der Übermütigen zermalmte«, nachdem er zunächst Burg Eltz angegriffen und, nach Belagerung, bereits im ersten Jahr der Fehde niedergerungen hatte. Bei den anderen drei Burgen dauerte es bis zum Beginn des Jahres 1336. Erst dann konnte Frieden geschlossen werden, indem sich die Ritter allerdings dem Kurfürsten unterwerfen mußten und seine Lehensleute wurden, so der Ritter Wilhelm von Waldeck, fast drei Jahre zuvor noch erbitterter Gegner, nach der Urkunde vom 25. November 1339.
Auch diese Hunsrücker Burg ist einsam und herrlich gelegen. Sie ist nur von Dorweiler aus auf einem Feldwege zu erreichen. Burg Freudenkoppe bei Neroth, wir besuchten sie auf unserer ersten Reise, kommt uns in den Sinn, da die »Nerother Wandervögel« die Burganlage besitzen und die Oberburg bereits ausgebaut haben. Je nachdem, zu welcher Jahreszeit wir ankommen, herrscht buntes Treiben. Das Burghaus, Palasgebäude, ist wiedererrichtet, mit einem imponierenden Kaminzug.
Die Unterburg, das ehemalige Schloß Waldeck, muß über einen anderen Weg, der in Serpentinen das Baybach-

tal hinunterführt, erschlossen werden. Eine Ansicht aus dem 17. Jahrhundert zeigt eine mächtige Schloßanlage mit einem dreistöckigen Herrenhaus, zahlreichen Türmen und Nebengebäuden. Der ach so sonnige Franzosenkönig verbrannte auch hier alles, was greifbar war.
Den Marquis de Crèques rührte auch ein Fußfall der verzweifelten Freifrau Boos von Waldeck nicht, das Schloß ging in Flammen auf. Mittelalterlich ist noch die in den Felsen gehauene Zisterne und ein Turm.
Der Name der Boosen glänzt in Kurtrier zum letzten Male, als im Februar 1768 ein trierischer Domdechant, Freiherr Boos von Waldeck, bei der Wahl des – wie es sich zeigen wird letzten – Kurfürsten gegen Clemens Wenzeslaus von Sachsen antritt. Aber auch dieser Boos hätte das Rad der Geschichte nicht aufhalten können: *panta rhei* – alles fließt. Daß Kurtrier dann mit französischer Hilfe schon im Juni 1794 den Bach hinuntergehen mußte, war aber bei der Wahl ebensowenig abzusehen wie die Folgen der französischen Revolution – von der wir (fast) alle heute noch profitieren.

Braunshorn
Das Neubaugebiet

Die Reise zu den nördlich von Simmern gelegenen Burgen unseres Kurfürsten verläuft mäanderartig, denn von Waldeck aus ist eine Überquerung des Baybaches nach Osten hin praktisch nicht möglich, zumindest nicht mit Fahrzeugen. Deshalb zurück über Beltheim auf die B 327, dann östlich nach Braunshorn. Dort stand eine »Veste«, die von dem Pfalzgrafen bei Rhein, Rupprecht der Ältere, Herzog von Bayern, am 12. Dezember 1352 zusammen mit der Ehrenburg, Brohleck, Stahleck, Rheinböllen (zur Hälfte) Balduin für ein Lehengeld in Höhe von 3000 Pfund aufgetragen wurde.
Wir erhalten im Gasthaus freundliche Auskunft. In der Straße »Zur alten Burg« finden wir das Grundstück in einem Neubaugebiet. Es ist eingezäunt und mit Bäumen bepflanzt. Für das schöne Baugrundstück gibt es keine Baugenehmigung, sagt man uns. So ein Jammer! Das Grundstück befindet sich in Privatbesitz. Zu erkennen ist nichts. Die Burg ist aber schon seit dem 10./11. Jahrhundert nachweisbar. Da ein Hügel vorhanden ist, könnte es sich um eine Motte, also eine turmbewehrte Wallburg gehandelt haben. Man müßte schon mal nachgraben, denn so uninteressant, wie es heute – mit Verlaub – erscheint, ist Braunshorn auch wieder nicht. Vielleicht kommt mal jemand auf die Idee, anstelle eines neugepflasterten Dorfplatzes mit Waschbetonbrunnen eine kleine mittelalterliche Burganlage zu sichern und zugänglich zu machen.

Die Rauschenburg
Baldenruise ***

Um es gleich vorweg zu sagen, dieses beeindruckende Bauwerk Balduins ist weitgehend unbekannt, touristisch überhaupt nicht erschlossen, ein unbedingt lohnendes Ziel einer Abenteuer-Entdeckungsfahrt, und wie wir meinen, eines der spannendsten Ziele unserer Reise zu Balduin überhaupt. Deshalb auch die drei Sterne. Das Auffinden der in sämtlichen Karten als Ruine wiedergegebenen Anlage ist weit schwieriger als zunächst angenommen.
In unserem Kunstführer wird die Rauschenburg, zur Gemeinde Oppenhausen gehörend, als ungefähr zwei Kilometer südlich des Ortes liegend beschrieben.

Rauschenburg

Die Burg ist von jeder Seite her schwer zu erreichen, von Oppenhausen aber sicherlich am beschwerlichsten. Wir raten also, sich von Süden zu nähern, von dem Ort Mermuth her. Im Dörfchen selbst ist noch ein Schild vorhanden, welches aber letztlich nur die Himmelsrichtung darstellt. Nach wenigen Metern Feldweg ist man auf sich allein und seine Spürnase gestellt. Richtig ist schon einmal die Überlegung, daß die Rauschenburg schon vom Namen her etwas mit der wildromantischen Ehrbachklamm zu tun haben muß. Nördlich von Mermuth öffnet sich ein Tal, welches dann tief eingeschnitten zum Ehrbach führt. Am Zusammentreffen dieser beiden Schluchten liegt das großartige Bauwerk Balduins. Dies ist aber nur die ungefähre Himmelsrichtung. Zunächst heißt es, Schusters Rappen zu satteln oder, was wir (zugestandener Weise) vorzogen, mit Vierradantrieb gemütlich über die Feldwege zockeln – immer in Richtung Norden. Kein Wegweiser, kein Wanderwegzeichen, nichts hindert den Entdeckerdrang. Wer sich an unsere vorgegebene Beschreibung hält, wonach die Burg an dem Zusammenfluß dieser beiden Bäche aufzuspüren ist, wird irgendwann im Dickicht die unheimlichen Mauern dieser kleinen, aber ungeheuer festen gotischen Anlage vor sich sehen, unversehens, denn aus der Ferne ist die Burg, von Süden her zumindest, nicht auszumachen. Alles ist vergessen, ruinenhaft. Bei unserem zweiten Besuch ist der Eingang sogar abgesperrt.

Hier ist lehrbuchartig alles vorhanden, was der Burgenfreund sucht: die Lage auf schroffen Felsen nach drei Seiten, dennoch auf halber Höhe von einer Seite erreichbar, der wuchtige Halsgraben, über dem die Fundamentreste der Brücke noch zu erkennen sind, der zerfallene Torbau, der Außenzwinger, der Zugang zur fünfseitigen Anlage auf der abgewandten, geschützten Seite, der atemberaubende Eintritt in den Innenhof, die Innenseiten der monumentalen Mauern, die immer noch die Spuren des längst vergangenen, dreistöckigen Wohngebäudes (Holzbalkenansätze, Kamin) zeigen und der kleinere, auf der höchsten

Rauschenburg

Spitze erbaute, runde Bergfried. Dies war klar und eindeutig eine ausschließlich militärische Anlage, denn unheimlich wirkt sie immer noch, wehrhaft, beeindruckend, vielleicht sogar bedrückend. Von wohnlichen Fenstern oder Erkern ist überhaupt nichts zu sehen. Hier haben sicherlich lediglich Soldaten gehaust.

Wir treten wieder hinaus auf die Vormauer, die schwindelerregend auf dem Felsgrat zum Ehrbachtal hin vorgebaut ist und genießen einen Blick in die beiden unberührten Täler, der dermaßen stimmungsvoll ist, daß wir uns von dem Eindruck dieser urtypischen Balduinburg in dieser Lage erst langsam erholen. Hier können wir das Werk unseres Kurfürsten mit Händen greifen. »Baldenruise«, wie sie auch genannt wird, wurde im Zuge der Eltzer Fehde als Stützpunkt, Trutzburg, gegen das Ritterbündnis dieser Herren errichtet. Auch mit besten Belagerungsmaschinen, über die das Ritterbündnis sicher nicht verfügte, war diese starke, wir dürfen hier einmal stilwidrig sagen »Festung«, nie zu erobern. Dies wird auch ein Grund dafür gewesen sein, hier ein kurtrierisches Amt einzurichten.

Hundert Jahre später verfiel die Burg aber schon. Dies ist natürlich einerseits ein Glücksfall, denn die Burg wurde nicht zerstört, wir können also noch im Original Balduin erfahren. Andererseits kümmert sich kein Mensch mehr um diese stolzesten Zeugen unserer landesgeschichtlichen Vergangenheit, denn nur bei Baldenau und neuerdings Balduinstein wird das Vermächtnis unseres größten trierischen Kurfürsten gepflegt, während Baldeneltz, Baldeneck und letztlich auch hier unser Baldenrüsse verludern. Es hieße sicherlich, die Mittel der Eigentümer, des Landes und die der Bundesanstalt für Arbeit überfordern, würde man verlangen, daß alle diese Burgen so im Bestand gesichert werden, wie dies bespielhaft in Baldenau geschieht.

Wenn man schon nicht rekonstruieren kann, dann ist es aber wenigstens moralische Pflicht, ein Erbe, um welches uns viele andere beneiden, zu bewahren. Wer weiß schon etwas von diesem höchst interessanten Menschen Balduin von Luxemburg? Fragen Sie, verehrter Leser, bei Ihrem nächsten Urlaub in Bayern einmal Hauptschüler, was sie mit dem Namen Maximilian anzufangen wissen. Es muß nicht Ludwig II. sein, den jedes kleine Kind kennt. Die Geschichte des Bayeri-

Rauschenburg

schen Königreiches ist ganz einfach dort im Bewußtsein verwurzelt und verbindet die Bayern und macht sie stolz. Dies liegt sicherlich nicht allein daran, daß dort nicht mit 1794, wie bei uns, mit der Landesherrlichkeit Schluß war, nein – es besteht einfach ein Interesse an der eigenen Geschichte, an der Erkenntnis der eigenen Identität, die bereits in der Hauptschule im Geschichtsunterricht vermittelt wird. Ein Blick in den dortigen Lehrplan dürfte für rheinland-pfälzische Lehrer höchst interessant, wahrscheinlich befremdlich wirken.
Auf unserer Reise in unsere eigene rheinland-pfälzische Vergangenheit sind wir weder in Trier noch in Koblenz, weder in Wittlich noch in Montabaur, im Oberstift nicht und nicht im Unterstift auf ein einziges Museum getroffen, welches einen Eindruck von der Geschichte des Kurfürstentums vermittelte. Zwar gibt es hier und da Ansätze, sorgfältig gemachte Einblicke, aber selbst im hervorragenden Diözesanmuseum in Trier gibt es keine zusammenhängende Geschichtsdarstellung.
Dies mag wohl, haben wir den Eindruck, auch daran liegen, daß sich im Grunde niemand so recht als zuständig erachtet, das Land nicht, weil die Geschichte des Kurfürstentums Kirchengeschichte ist, umgekehrt mag der bischöfliche Stuhl das gleiche Argument verwenden. Die Stadt Trier ist schon mit ihrer Stadtgeschichte überfordert, die oft genug gegen den Landesfürsten gerichtet war, wollte sie doch freie Reichsstadt sein. Einzig das römische Erbe wird im rheinischen Landesmuseum in Trier beispielgebend dargestellt. Das Lamentieren hat aber keinen Sinn, zurück zu Baldenruise. Trutzburg war sie gegen Waldeck, Ehrenburg und Schöneck, alle nur wenige Kilometer entfernt gelegen. 1332 erbaut, hatte sie ihre Funktion mit Beendigung der Eltzer Fehde im Jahre 1336 erfüllt. Sie war dann nur noch wenige Jahre Sitz eines kurtrierischen Amtmannes und wurde schließlich aufgegeben.

Schöneck
Das streitbare Rittergeschlecht *

Eine so abenteuerliche Fahrt hatten wir mit dem Geländewagen seit dem Aufsuchen der »Eselsburg« bei der alten Burg Sayn im Bexbachtal nicht mehr erlebt. Von der Rauschenburg aus sind wir über die Waldwege hinunter ins Tal, zur Ehrbachklamm gefahren. Dies ist ein Naturschauspiel sondergleichen. Vor uns breiten sich zerklüftete Felsen aus, durch die sich der Bach reißend zwängt und oben, auf stolzer Höhe, die düstere Ruine von Baldenrüsse. Mit dem Wagen geht es dann doch noch einigermaßen bis zu einer verwunschenen Mühle, wo wir uns sogar noch an einem Bier erfrischen können. Diese Mühle im Ehrbachtal ist sicherlich ein Geheimtip für Wanderer, die sich anschicken, von der Ehrenburg durch die Ehrbachklamm hinaufzumarschieren.
Schöneck ist schon sichtbar, auf einem langgezogenen Bergrücken fast am Ende des Tals liegend. Bis dahin sind aber für uns wie für den Wagen noch erhebliche, im Grunde unserer Abenteuerlust entsprechende Schwierigkeiten zu meistern. Der Bach bleibt

Schöneck

Schöneck

nicht brav in seinem Bett liegen, sondern springt, von Jahr zu Jahr und Frühjahr zu Frühjahr wechselnd, zuweilen auch über den Weg, der tatsächlich nur schwer zu befahren ist. Unterhalb der Schöneck gibt es Restauration. Dort treffen wir auch auf einen etwas besser befestigten Weg. Die Burg ist nach Norden durch den üblichen, immer noch sehr ansehnlichen Halsgraben abgesichert. Es sind noch durchaus bedeutende Mauern vorhanden, in die sich bereits Anfang dieses Jahrhunderts ein Künstler eingenistet hat.

Die Außenwerke der Burg können aber dennoch besichtigt werden. Der Eindruck ist freundlich, verschlafen, sympathisch.

Diesen Eindruck von Schönburg hatte unser Balduin in der Eltzer Fehde in den dreißiger Jahren nicht, hatten sich die Gemeiner von Schöneck, vier an der Zahl, gegen ihn, für die eigene Freiheit mit denen von Eltz und Konsorten verbündet. Die Schönecker mußten klein beigeben und die Trierer Hoheit anerkennen, verloren dann ihre Selbständigkeit vollständig. Hierbei wird in besonderem Maße »Russenberg«, Rauschenburg oder, wie wir sie eigentlich wieder nennen sollten, Baldenruise, nur wenige Kilometer entfernt, ebenso wie Baldeneltz, einen wesentlichen Beitrag geleistet haben.

Wie auch bei den anderen Gegnern dieser Fehde, werden die Ritter hier nicht vertrieben oder erschlagen, sondern »überzeugt«, anzuerkennen, daß sie nicht mehr (unmittelbar) das Lehen vom Reiche herleiten, sondern jetzt von Balduin, was der Ritter von Schöneck mit Urkunde vom 9. Januar 1354 bestätigen muß. Dieser wichtige Erfolg in den allerletzten Tagen des Lebens unseres Kurfürsten zeigt, daß dieser noch tätig ist, in einer Zeit, in der er bereits 68 Jahre alt war. Der 9. Januar bedeutete für Balduin auch die endgültige Ernte der »Eltzer Fehde« insoweit, als an diesem Tage endlich Kaiser Karl IV. das Reichslehen Eltz dem Erzstift Trier überträgt, der Ritter von Eltz somit trierischer Lehensträger wird.

Boppard

*Die Freiheit, die ich meine ***

So wenig freundlich wie die Gemeiner von Schöneck waren auch die Bürger von Boppard auf unseren Kurfürsten zu sprechen, kam es doch zu einem wilden Aufstand. Hier einmal die Geschichte dieses Bürgerwiderstandes:
Balduins Bruder, König Heinrich, krankte bei der Übernahme des Amtes, erst recht bei der Kaiserkrönung an dem, was für den Niedergang des Kaisertums an sich verantwortlich war, nämlich an den nicht ausreichenden eigenen Mitteln des Reiches. Zunächst war es so, daß er vor seiner Wahl zum König unserem Erzbischof, wie anderen Kurfürsten auch, Versprechungen gemacht hatte, die nunmehr einzulösen waren.
Hieran ging letztlich auch der politische Einfluß des deutschen Kaisertums zugrunde, waren doch gerade die Kurfürsten auf ihren eigenen Vorteil bedacht. Nicht anders Balduin. Am 28. September 1309, also bereits im zweiten Jahr von Balduins Regierungszeit, wies sein Bruder die Bürger der Stadt Boppard und den höchst lukrativen Rheinzoll Oberwesel an, Balduin, seinem Verwalter und Vogt zu gehorchen, da dieser nunmehr die Verwaltung der Stadt erhalten habe. Für die Bürger war dies ein herber Schlag, denn bis dahin waren sie Reichsgut, der deutsche König war immer weit – nunmehr rückte ihnen ein Mann auf den Pelz, der sich schon damals anschickte, energisch seine Rechte wahrzunehmen und zu nutzen. Zunächst erhielt Balduin die Stadt nur zum Pfand für seine Forderungen, so daß das Obereigentum nominell beim Reich blieb, das Erzstift aber Besitzer und Nutznießer wurde.
Die Bopparder bezeichnen noch heute die trierische Regierung als »Zwangsherrschaft«, vielleicht nicht zu Unrecht. Jedenfalls kam es in den folgenden Jahren, wie es kommen mußte, denn die Bopparder beriefen sich auf ihre überkommenen Rechte, wollten diese auch selbst anwenden, versuchten, dem trierischen Amtmann zu verbieten, mehr als drei Knechte mit drei

Bacharach

Schwertern zu halten und vertrieben die Juden, die dem Erzbischof unmittelbar unterstanden. Letztere waren, wie wir erfahren haben, vielleicht nicht aus christlicher Nächstenliebe, so dennoch des gesunden Menschenverstandes wegen von Balduin gegen Übergriffe geschützt worden, soweit es eben ging. Jahrelang hatte Balduin nunmehr zugeschaut, wie sich die Bopparder Stückchen für Stückchen ihre Freiheit zurückeroberten, bis das Maß voll war.

Bezeichnend ist hier wieder, daß unser Kurfürst zunächst zu vermitteln sucht, bevor er mit aller Konsequenz zuschlägt.

So sind die Bürger zu einem Sühnespruch gebeten worden. Am 10. November 1326 wurde die Entscheidung verkündet, die den Boppardern in Einzelheiten Recht gab, die Besitzrechte des Erzbischofs aber bestätigte. Am 23. September 1327 brach er von Trier nach Boppard auf und versuchte, für alle überraschend – auch für uns, da inzwischen Kenner der Schwierigkeiten bei der Erstürmung einer mittelalterlichen Befestigung – einen Angriff auf die bereits in der Römerzeit stark befestigte Stadt. Vorbereitet wurde der Angriff durch schwere Katapulte, die »Bliden«, die wir bei Burg Thurandt und bei Baldeneltz bereits kennengelernt haben. Diese schweren Geräte waren in der Lage, 100 kg-Steinkugeln bis zu vierhundert Meter weit zu schleudern.

Zwei Exemplare dieser Munition konnten wir anläßlich der Ausstellung zum 700sten Geburtstag unseres Kurfürsten vom 1. Juni bis 1. September 1985 im Landesmuseum zu Trier bewundern. Sie stammen aus dieser Belagerung und waren in Boppard in der Oberstraße gefunden worden. Manchen erscheint es sogar möglich, daß bei dieser Gelegenheit zum ersten Mal am Rhein überhaupt Feuergeschütze eingesetzt wurden. Balduin hatte an

Bacharach

der unrühmlichen Belagerung der Reichsstadt Metz bis März 1326 teilgenommen. Hierbei waren Feuergeschütze (erfolglos) angewendet worden. Die Bedeutung dieser Waffen war allerdings eher eine psychologische, denn die anfangs sogar teilweise noch aus Holz bestehenden Rohre waren wenig effektiv. Immerhin löste die Bestürmung der Stadt durch Balduins Truppen Furcht und Schrecken aus. Die Bürger begingen nun einen taktischen Fehler. Sie wagten einen Ausfall, der ihr Verderben sein sollte, denn zurückgeworfen und in die Stadt fliehend, gelang es nicht mehr, die Tore rechtzeitig zu schließen. Ein Teil der Stadt ging in Flammen auf. Boppard mußte sich unterwerfen. 1497 kommt es übrigens wieder zum blutigen Aufstand gegen den trierischen Kurfürsten Johann II., der Boppard nun wirklich unter massivem Einsatz von Feuergeschützen nahezu zerstörte. In einer solchen Stadt konnte sich ein Trierer Amtmann nicht übermäßig sicher fühlen. Deshalb ließ Balduin 1327 eine starke Festung errichten, die wir immer noch bewundern können. Unmittelbar am Rhein gelegen, ursprünglich durch einen tiefen, breiten Graben zur Stadt hin geschützt, mit einer dreibogigen Brücke verbunden, ragt der mächtige, sechs Stockwerke hohe Bergfried, der »original Balduin« ist, aus dem viereckigen Burgkomplex auf. Die Burg hat ihre Wehrhaftigkeit durch Einebnung der

Gräben nur unwesentlich eingebüßt. Im Gebäude selbst befindet sich unter anderem das städtische Museum, in welchem wir allerdings unsere Zeit in Exponaten oder dergleichen nicht wiedergefunden haben. Interessantes Detail am Bergfried sind die einzigartigen Wurfschächte, die unter dem hervorragenden, wie es so schön heißt, auskragenden Rundbogenfries ganz oben in der Höhe erkennbar sind. Hier konnten sich die trierischen Amtmänner wohl, zumindest sicher fühlen. Das Reichspfand wurde bis zum Ende unseres Staates nicht eingelöst, Boppard blieb trierisch.

Lehensburg Boppard
Königshof

Ritter Heinrich von Boppard der Ältere spielt in der Organisation dessen, was sich anschickt Kurstaat zu werden, unter Balduin eine wichtige Rolle. Er ist Burggraf in Sterrenberg, dazu auch noch, ungewöhnlich genug, da rechtlich nicht absetzbar, mit dem vererbbaren Amt versehen. Umsonst gab es das aber nicht. Balduin erhielt dafür dessen Anteil am Lehensrecht auf Burg Tannenberg. 1331 wird Heinrich mit der Burg Königshof vor den Toren der Stadt Boppard belehnt. Dieses große und hohe Gebäude befand sich dort, wo heute der Remigiusplatz ist. Reste, oder auch nur Reminiszenzen, sind keine mehr vorhanden. Die hochinteressante Lehensburg ist ausradiert.

Rheinböllen
Die Autobahnabfahrt

Von Boppard aus kurven wir auf die Höhen oberhalb des Rheines, um, die A 61 benutzend, in den südlicheren Teil des Landkreises zu gelangen. In Rheinböllen hat eine pfalzgräfliche Burg gestanden, die Rupprecht am 12. Dezember 1352 Balduin zur Hälfte abtrat. Noch 1542 soll der Ort als »Veste« bezeichnet worden sein. Zu sehen ist aber gar nichts, es ist wirklich alles wegradiert.

Kreis Birkenfeld

Birkenfeld
Die Hauptstadt des Fürstentums *

Die Klassizismusbauten im Kern des Städtchens, insbesondere das Landratsamt, erinnern an die Zeit, als der Ort Hauptstadt eines selbständigen »Fürstentums« war und vom Großherzog von Oldenburg im Neuen Schloß regiert wurde (1817–1937). Vor dessen Erbauung befand sich die Residenz der Sponheimer und deren Nachfolger in unserer mittelalterlichen Burg auf dem Bergrücken. Von dem dortigen Residenzschloß ist nur noch der Torbau mit einem auf 1592 datierten Treppenturm vorhanden, wo sich auch eine Informationstafel befindet. Das Aussehen der Burg bzw. des späteren Schlosses vor dem Abbruch von 1806 ist hier sehr schön dargestellt. Einer der beiden Flankierungstürme ist jetzt als Aussichtsturm aufgestockt. Vom Burggraben, dem Abschnittsgraben, ist mit Phantasie auch noch einiges zu sehen. Darüber hinaus befindet sich hier aber nichts Mittelalterliches mehr. Erinnern wir uns, daß unser Kurfürst zehn Jahre nach der durch Loretta von Sponheim erlittenen Schlappe die Geldverlegenheiten des Grafen Johann ausnutzte und Birkenfeld als Lehensburg erhält, und zwar am 19. September 1338. Dies sind fast genau zehn Jahre nach der Gefangenschaft auf der Starkenburg. Um die Geschichte der Gefangennahme zu erzählen, müssen wir einen Abstecher nach Frauenberg machen.

Wer aber meint, von Birkenfeld aus an der Nahe entlang *Frauenberg* erreichen zu können, irrt. Wir hätten einmal mehr auf die Karte vertrauen sollen und nicht auf den zweifelhaften Spürsinn. Bei der Gelegenheit sei die Generalkarte 1 : 200 000 empfohlen, die sich sogar bei den Feldwegen als zuverlässig erwies. Nicht immer reichte die Genauigkeit aus, so bei entlegenen Burgen, wie Rauschenburg oder Waldeck, dennoch ist sie – mit dieser Maßgabe – ein zuverlässiger Partner.

Also fahren wir über Sonnenberg nach Frauenberg in das wunderschöne Nahetal. Leider stört in luftiger Höhe ein Ausläufer oder Vorbote der massiven Beton-Straßenbauwerke,

Birkenfeld

Frauenberg

welche wir in Idar-Oberstein noch zu besichtigen die zweifelhafte Freude haben werden. Die Frauenburg liegt auf halber Höhe über der Nahe, etwas abseits, in einem an Romantik nicht mehr zu überbietenden Bachtal.

Eine Informationstafel erklärt am Fuße die Geschichte der Burg, wobei wir uns freuen, daß unser Geheimnis noch nicht offenbart wird. Wir marschieren den Weg aufwärts am Bach entlang und sind erstaunt über die beiden links auftauchenden schweren Doppeltürme, welche die hinter dem tiefen Halsgraben liegende Feindseite schützen. Freude kommt auf über die in allerletzter Zeit vorgenommenen Restaurierungsarbeiten, die, obwohl unsere beiden Besuche im Abstand von nur einem Jahr erfolgten, ganz erhebliche Fortschritte gemacht haben. Aus dem Schutt entstehen auch die beiden nördlichen runden Ecktürme. Wunderschön sind einige Details, so die Kragsteine des südöstlichen Frankierungsturms, der in die Schildmauer integriert ist. Das ist Mittelalter par excellence. Hinzu kommt diese Ruhe. Amerikanische Besucher, die einmal nicht quäken, beweisen, daß von dieser kleinen, wunderschönen Anlage eine Faszination ausgeht, die nicht nur uns den Atem verschlägt und die Sinne weit und offen macht für das, was hier erlebt werden kann.

Kommen wir auf Loretta und Balduin zurück: Die staatliche Informationstafel verrät es nicht, die älteren Kunstführer auch nicht, neuestens aber der Dehio (Handbuch der deutschen Denkmäler Rheinland-Pfalz-Saar), denn von hier aus dürften sich die Geschehnisse um Loretta und die Freiheit der Grafschaft Sponheim zugespitzt, ihren Ausgangspunkt wie ihr Ende gefunden haben.

Wir haben gehört, daß sich Balduin ab 1324 um das Kröver Reich, das die Lande des Kurfürstentums und die Hauptverkehrsachse Mosel auseinanderriß, bemühte, welches dem verstorbenen Schwiegervater der Gräfin Loretta als Reichspfandschaft rechtlich zustand.

Die offensive Territorialpolitik unseres Erzbischofs im Hunsrück, nach dem Tode des Grafen Johann, wurde weiter forciert durch den Bau von Burg Baldenau, die bereits am 16. November 1324 mit Burgmannen besetzt wird. Mitte 1325 kommt der Bau von Burg Balduinseck hinzu. Etwa zur gleichen Zeit muß die erst kürzlich errichtete Winterburg von den Sponheimern abgetreten werden. Loretta wurde aber nicht nur von Balduin bedrängt, der die junge Witwe mit ihren Söhnen ganz offensichtlich schwächlich einschätzte, sondern auch von dem Wildgrafen Friedrich von Kyrburg, Lehensmann unseres Erzbischofs, den sie aber kurzerhand gefangennehmen ließ.

Loretta führte Klage, daß ihre Eigenleute ins Trierische abwanderten. Sie taten dies sicherlich aus wirtschaftlichen Gründen, wie in unserem Zeitalter auch. Sie wanderten aus, drehten der Grafschaft Sponheim den Rücken und gingen in trierische Lande. Diese Turbulenzen und die nun wirklich günstige politische Situation nahm Balduin kurzerhand zum Anlaß, einen weiteren festen Ausgangspunkt für Agressionen zu schaffen. Er erbaute eine Burg mitten auf sponheimisches Gebiet. Mehr noch, er sammelte bei Grimburg ein Heer und war entschlossen, mit der jungen Gräfin kurzen Prozeß zu machen. Auf diplomatischen Druck mußte er sich aber einem Waffenstillstand fügen. Ende Mai oder Anfang Juni 1328 kam es dann zur Gefangennahme auf der Starkenburg und zur Sühne im Vertrag vom 7. Juli 1328, wonach Loretta als eindeutige Siegerin aus dieser Auseinandersetzung hervorging. Balduin hielt sich an die erzwungene Vereinbarung und verfolgte mit Waffengewalt seine Ziele im Hunsrück nicht mehr weiter. Mehr noch, er zahlte ein Lösegeld von 30.000 Pfund Heller überpünktlich und, höchst erstaunlich, seit diesem Zeitpunkt wurden wieder eher freundschaftlich-diplomatische Beziehungen zwischen Sponheim und Trier aufgenommen. Da soll einer sagen, daß hier nicht die Persönlichkeit der jungen Gräfin eine entscheidende Rolle gespielt hätte. Loretta mußte eine Kirchenstrafe zahlen, denn die Gefangennahme eines Erzbischofs bedeutete »automatisch« die Exkommunikation. Sie hatte ferner Eigenleute auszulösen und andere Dinge zu regeln.

Es heißt, sie habe sich von dem restlichen Lösegeld die Frauenburg errichtet, wobei nicht überliefert ist, wo die »Burg bei Birkenfeld« denn nun gestanden hat, von der aus Balduin sich anheischig machte, die Sponheimerin zu unterwerfen. Natürlich konnte man mit 30 000 Pfund Heller leicht eine Burg erbauen, ungelöst ist aber die Frage, wo sich dann die Burg Balduins »nahe Birkenfeld« befand.

Eine solche Anlage sollte nicht spurlos verschwinden, denken wir an die »Geisenburg« bei Brockscheid, die schließlich als die in der Reihe der Burgen König Johanns noch fehlende »Freudenstein« identifiziert werden konnte. Wie dem auch sei, die Frauenburg ist für uns diese Zwingburg, die Balduin mit Beilegung der Zwistigkeiten Loretta übergab, und sie ist damit auf unserer Reise einer der ganz großen Höhepunkte.

Sie ist die »Dreisterne-Burg« nahe Birkenfeld, Anfang und Ende der Auseinandersetzung mit der jungen Gräfin.

Oberstein

Wierich von Dhaun **

Es ist schwierig, in diesem Städtchen den Aufgang zu den Burgen zu finden. Nach einer kleinen Odyssee haben wir die Schloßstraße entdeckt, gelangen dann steil am Fels hoch zum »Neuen Schloß«. Den Blick an den Porphyrfelsen hinunter nach Idar-Oberstein wenden wir schnell wieder, denn die Stadt hat sich selbst – mit Verlaub – einbetoniert. Versöhnlicher ist das, was an Bauarbeiten dem Neuen Schloß zugewendet wird. Der mächtige, zum Berg hin angelegte Halsgraben und drei schwere Rundtürme schützen die Kernburg, die immer noch Wohnbauten des 14. Jahrhunderts aufweist. Die Restaurierungsarbeiten dauern noch an, als wir die Burg aufsuchen. Hier geht das Herz auf, wie schön zu erkennen, daß nicht nur Beton als einziges Baumaterial in Idar-Oberstein Verwendung findet. Links von uns liegt, ebenfalls auf einer vorspringenden, gegen das Nahetal gerichteten Felsnase, ein runder Bergfried, der als Aussichtspunkt beliebt ist. Bevor wir uns über die Lehensverhältnisse und die Finger, die Kurtrier

hier im Spiel hatte, Gedanken machen, spazieren wir nach »Bosselstein«.
Durch einen gepflegten Wald gelangen wir auf diesen schroffen Felsen hoch über Idar-Oberstein, auf dem das »Alte Schloß«, die »Burg Bosselstein« liegt, eine Miniaturburg mit Bergfried und Fundamenten des Burghauses, Burggraben, zwei Abschnittswällen, wie aus dem Märchenbuch. Vom runden Bergfried aus hat man einen guten Blick zum »Neuen Schloß«. Informationstafeln sind vorhanden. Das Neue Schloß soll 1336 zum ersten Mal erwähnt worden sein, die kleine Burg 1192. Unsere Burg hier wurde bereits 1197 trierische Lehensburg. Die Herren vom Stein haben eine höchst verwickelte Familiengeschichte hinterlassen. Der uns bekannte Wierich gründete die höher gelegene neue Burg, während diese hier immer noch »Bosselstein« hieß. Zu differenzieren, welcher Lehensrevers nun auf das »Neue Schloß« oder »Bosselstein« entfällt, gelingt uns einfach nicht, damit scheinen aber auch die Historiker ihre Probleme zu haben.
Immerhin ist interessant, daß Wierich von Dhaun, Herr von Stein, genannt Oberstein, am 20. Oktober 1323 erklärt, daß er seine Burg »mit dem ganzen Berg und Thal und der Wohnung unten, Loch genannt«, als trierisches Lehen besitze und den Erzbischof aufnehmen und unterstützen wolle gegen jedermann, außer seinen Miterben. Gehen wir also angesichts dieser Dualität davon aus, daß Balduin Obereigentum an beiden Burgen besaß. Das Lehen erledigte sich übrigens erst kurz vor Toresschluß, 1766, als es von Kurtrier eingezogen wurde. Wir schauen doch noch einmal auf die Stadtautobahn hinunter. Die Sage von den beiden zerstrittenen Brüdern, von denen einer diesen Felsen hier hinuntergestürzt wird, ist bekannt. Würde der zweite Bruder es ihm nachgetan haben, wenn er die jetzige Betonwüste gesehen hätte?

Wildenburg
Die vergebliche Stadtgründung *

Von Idar-Oberstein aus fahren wir die »Deutsche Edelsteinstraße«, den Idarbach entlang, an einer Reihe von Edelsteinschleifereien vorbei und wieder in den Hunsrück hinein. Über Kemp-

Oberstein

feld gelangen wir zu dem charakteristisch aufragenden Burgberg, abseits von Dörfern oder Ortschaften, inmitten eines schönen Waldgebietes. Die mittelalterliche Burg machte sich die Lage einer keltischen Fliehburg zunutze. Wir erklimmen noch zwei riesige keltische Umfassungsmauern, die monumental einen Bergrist schützen. Auf dem Felsgipfel daneben thront unsere mittelalterliche Burg. Von weitem ist der »Bergfried« zu sehen, der sich aber als neuzeitlicher Aussichtsturm entpuppt.

Der Hunsrückverein kaufte die ehemalige Revierförsterei auf und machte eine gepflegte Anlage daraus. Warum allerdings der Turm nicht den mittelalterlichen Fundamentresten entsprechend aufgebaut wurde, erscheint uns rätselhaft. So vermittelt er lediglich den falschen Eindruck einer Rekonstruktion. Mittelalterlich sind noch die Außenmauern. Auf der Burg selbst befand sich nur ein Burghaus, geschützt von zwei tiefen, beeindruckenden, in das harte Basaltgestein geschlagenen Gräben, von denen einer mittelalterlich, der andere keltisch ist. Zu Füßen der Burg befinden sich einige neu errichtete Gebäude, die sich harmonisch einfügen, und eine endlich einmal ausreichende Informationstafel, die die Ausgrabungsergebnisse auch zeichnerisch darstellt. Anschauenswert ist die Rekonstruktion der keltischen Wallmauer, die etwas versteckt im Wald gesucht werden sollte. Geplant war die Errichtung einer Stadt zu Füßen der Burg, dort, wo sich nun ein Wildgehege mit Restaurant befindet. Die ganze Anlage ist gepflegt, das wiedererrichtete äußere Tor vermittelt einen schönen Eindruck von der Burg, die Wildgraf Friedrich von Kyrburg am 7. April 1330 unserem Erzbischof zu Lehen aufträgt, nämlich »unser nuwe Hus Wildenburg, daz wir begriffen und gebuwet han uf unserm eigenen Werk uf

Wildenburg

Schadeborg bi kempfelt«. Grund und Anlaß für die Übertragung dieser wichtigen wildgräflichen Burg war die »Schmittburger Fehde«, in der Balduin erst nach erheblichen Anstrengungen Sieger blieb.

Nur äußerst ungern übereignete der Wildgraf die Wildenburg, er meint sogar später selbst, er und seine eheliche Hausfrau seien »gedrängelt« worden, daß sie die Veste Wildenburg zu »Lehen machen mußten«. Nun, Politik ist die Kunst des Möglichen, Balduin verstand diese Kunst.

Auf dem Rückweg zur Nahe sollte man Herrstein nicht nur passieren. So wie die »Stadt Wildenburg« hätte werden können, präsentiert sich heute noch im wunderschönen Mittelalter dieses kleine »Städtchen«, dessen Burg übrigens zur Sicherheit für die Rückzahlung einer Schuld von 4 400 kl. Gulden unserem Erzbischof, wenn auch nur auf kurze Zeit, übergeben wurde.

Kreis Bad-Kreuznach

Hof Iben
Die Templer

Ein Hof am Appelbach im Kreis Bad Kreuznach, vielleicht fünfzehn Kilometer südlich der damaligen Hauptstraße der Vorderen Grafschaft Sponheims, vier Häuser, 32 Einwohner, von Fürfeld zweieinhalb Kilometer entfernt. Die von Waldeck besaßen in Iben eine Burg und nannten sich Waldeck von Ueben. Im 13. Jahrhundert ging die Kirche mit dem dazugehörigen Besitz an den Templerorden über. Damals existierte hier ein Konvent. Mit der Aufhebung des Ordens 1312 durch Papst Clemens ging der Besitz anscheinend nicht, wie in der Aufhebungsurkunde vorgesehen, an den Johanniterorden über, sondern kam in die Hände der in der Nachbarschaft begüterten Raugrafen.

Iben

Wie alle Niederlassungen der Ritterorden war Iben gleichzeitig Kloster und Burg. Der Hof »zu den Eiden« liegt in der fruchtbaren, von bewaldeten Abhängen gesäumten Senke des der Nahe zufließenden Appelbaches, südlich der alten Poststraße Alzey-Meisenheim, die einige Meter weiter westlich den Bach auf einer Brücke überschreitet und dann auf die nordwärts in Richtung Kreuznach führende Straße stößt. Die günstige Verkehrslage fällt also zusammen mit einer ebenso strategisch günstigen Position, denn sowohl die Brücke, als auch der östliche Talhang, den die Straße in ziemlich steilen Windungen hinaufklettert, ließen sich leicht zu Verteidigungsstellen ausbauen. Noch vor 1897 verkehrte hier täglich der Postwagen.

Spazieren wir um den landwirtschaftlichen Hof herum. Hier ist immer noch, wenn auch nur andeutungsweise, zu erkennen, daß der Hof von einem Wassergraben umzogen und befestigt war. Er ist in der trierischen Urkunde vom 8. September 1342 als »veste« bezeichnet.

Das Burghaus ist noch vorhanden, aber stark verbaut, wie so vieles, mit Ausnahme des höchst sehenswerten Chores der Burgkapelle. Wenn auch in einem andereren Stil erbaut, so erinnert dieses Kleinod dennoch an die Matthiaskapelle der Oberburg in Kobern. Der Chor ist fast vollständig erhalten und befindet sich in staatlichem Eigentum. Von Interesse sind insbesondere die schön gearbeiteten Kapitelle dieser Burgkapelle, die um 1240 errichtet worden ist. Die Templer befanden sich damals offensichtlich in allerbesten finanziellen Verhältnissen, denn die hier beschäftigten Baumeister – möglicherweise Naumburger Steinmetze – verstanden ihr Handwerk.

Aus unserer Urkundensammlung ersehen wir, daß es Balduin gelang, eine Reihe sponheimischer und pfälzischer Burgen an sich zu ziehen, auch Iben. Der Raugraf Ruprecht von Altbamberg erhält von Balduin unter anderem 600 Pfund Heller, »umb die vorgenannte vesten zu Iben zu vollembuwene und zu beszerne«.

Winterburg
Der Griff nach Mainz *

Graf Johann von Sponheim war eine der wichtigsten Figuren des Hunsrücks der damaligen Zeit. Balduin ist es bereits 1325 gelungen, Haus und Befestigung der Winterburg zu erwerben und den Grafen Johann als seinen Lehensmann bezüglich dieser Burg zu verpflichten. Die Burg lag im Erzbistum Mainz, welches bis zum 5. Juni 1320 von Balduins väterlichem Freund, Peter von Aspelt, geführt wurde. Der wichtigen Rolle wegen, die der »Eichspalter« Peter zu Beginn der Karriere unseres Erzbischofs spielte, ist er nicht zu Unrecht auf dem Baldúindenkmal in Trier mit seinem Konterfei verewigt worden. Das Mainzer Kapitel wählt nach Peters Tod Balduin zum Erzbischof von Mainz, der das Amt aber nach Einspruch des Papstes an Matthias von Bucheck abgibt. Balduin wird übrigens zum zweiten Male im September 1328 zum Erzbischof gewählt, ein Vertrauensbeweis in die Person unseres Kurfürsten sondergleichen. Außerdem wurde ihm auch noch die Administration der Bistümer Speyer und Worms übertragen, wenn auch nur zeitweise. Dieser Machtzuwachs mußte auf Widerstand stoßen, reichte die Erzdiözese Mainz doch bis Erfurt in Thüringen! Balduin selbst, den man schließlich gerufen hatte, der sich nicht beworben hatte, erklärte hierzu, daß er die Verwaltung von Mainz und Speyer »nicht aus Ehrgeiz, sondern mit der besten Absicht« übernommen habe. Dieses wörtliche Zitat unseres großen Kurfürsten stammt aus dem Oktober 1334.

Die Winterburg ist von Bad Kreuznach aus über Burg Sponhein, am Ellerbachtal aufwärts, mitten im Hunsrück zu erreichen. Die kleine Anlage befindet sich oberhalb des Ba-

Winterburg

ches, wieder idyllisch gelegen. Heute dient sie als Schullandheim. Am Eingangstor ist eine Schrifttafel angebracht die des Zitierends wert ist:
»Im Neuen Altes bewahren. Diese Mauer wurde von Mainzer Schülern und Lehrern aus den Steinen der untergegangenen Dörfer Eckweiler und Pferdsfeld errichtet anno 1985.«
Man sollte sich aber nicht von der Vorburg und dem Landschulheim blenden lassen, sondern an der äußeren Wehrmauer entlang, den schlechten Weg weiter, den Bergrücken zum Tale hin verfolgen. Dort erst tut sich hinter einem mächtigen Halsgraben die Hauptburg auf. Sie ist allerdings völlig verwildert. Reste des dicken Bergfrieds sind freilich gut auszumachen. Weiter nach Süden hin, auf einem kurzen Plateau, stand vielleicht ein Burghaus, dann erscheint ein weiterer Graben, dahinter, am südlichen Ende, offensichtlich eine breite Schildmauer, die die Burg zum Tal hin schützte. Schon diese Reste lohnen die Anfahrt.

St. Johannisberg
*Die Dauner Fehde (I) ***

Wir fahren weiter die Nahe hinauf, von Sobernheim in Richtung Kirn. Wenige Kilometer zuvor biegen wir rechts auf die Höhe ab, auf derem steil abfallenden Felsen die ehemalige Stiftskirche weithin zu sehen ist. 1340 erbaute Balduin auf einer Höhe zwischen Johannisberg und Dhaun eine Burg. Sie war wichtiger militärischer Stützpunkt in der lang andauernden, heftig geführten »Dhauner Fehde« (1337–1342). Unbedingt sehenswert, deshalb von uns mit zwei Sternchen versehen, ist die Stiftskirche mit den Grabmälern der Wild- und Rheingrafen aus dem 14. Jahrhundert. Das mittelalterlich anmutende Ambiente des ganzen Dörfchens mitsamt dem »Dorfbackes« ist höchst erholsam. Die Burg selbst übertrug Balduin übrigens nach Beendigung der Auseinandersetzung dem Wildgrafen Johann von Dhaun am 7. Juli 1342 zu Lehen, verzichtete also auf die Besetzung der Burg mit eigenen kurtrierischen Burgmannen – wohl aus politischen Gründen.
Von unserer Burg selbst kündet nur noch die Flurbezeichnung »An der Burg«, außerhalb des Dorfes. Im Gelände selbst ist nichts mehr auszumachen, schließlich ist die Burg bereits 1355, ein Jahr nach Balduins Tod, von Rheingraf Johann, dessen Grabstein wir in der Stiftskirche finden, zerstört worden.
Ihr Sinn hatte sich erfüllt, war sie doch lediglich als militärische Trutzburg errichtet worden.

Burg Rotenberg
Die Dhauner Fehde (II)

Soviel sei vor dem Besuch der Schmittburg verraten: Rotenberg war eine Burg der fünf gegnerischen Grafen beim Kampf um die Schmittburg, der eigentlichen Wiege der Geschlechter der Wild-, Rau-, Sponheimer und Veldenzischen Grafen. Im Zuge der Auseinandersetzungen – bei denen Wildgraf Johann von Dhaun vergeblich versuchte, die Schlüsselstellung der Schmittburg für diesen Teil des Hunsrücks wiederzuerlangen – gewann Burg Rotenberg strategische Bedeutung. Die Burg mußte aber nach Beendigung der Auseinandersetzungen Balduin übereignet werden, während Johann sie lediglich als Lehen auf Zeit erhält.
»Rosenberg zu dune« ist als in der Nähe von Dhaun beschrieben, was beileibe nicht leicht aufzufinden ist. Wir sind sehr stolz darauf, dies mit Hilfe eines Geländewagens doch noch geschafft zu haben: Der Burgberg,

wenn man ihn gefunden hat, sehr leicht als solcher zu erkennen (aber erst danach), liegt ungefähr zwei oder drei Kilometer unterhalb des Schlosses Dhaun zum Kellenbachtal hin.
Irritieren lassen darf man sich nicht von dem »Vesten haus Brunkenstein«, welches in der Nähe liegend, aber unterhalb im Tal in Ruinen noch vorhanden ist. Wir müssen noch ein Stück weiterfahren, um dann den Burgberg zu finden, erkennbar an dem zum Berge hin immer noch vorhandenen Abschnittsgraben. Obenauf ist eine Wanderhütte errichtet, die ein Schild »Rotenberg« trägt; jetzt sind wir sicher. Die noch 1329 als »neues Haus« bezeichnete Burg des Wildgrafen endet 1481 nach einem Brand. Das unterhalb gelegene Tal erhielt von Kaiser Ludwig 1330 die Freiheitsrechte der Stadt Frankfurt, blieb aber augenscheinlich wirtschaftlich etwas zurück. Mauerreste sind keine mehr erkennbar. Das Schloß Dhaun mit seinen wuchtigen Ruinen ist zu Recht Ausflugsziel und zum Teil wiederhergestellt. Wir picknicken unter der »Freiheitslinde«, die 1798 nach der Besetzung (Befreiung?) durch die französischen Revolutionstruppen gepflanzt wurde. Sehr schön ist auch der Eingang, der Vorbau des zweiten Tores von 1526, dessen Pechnase durch ein aufwendiges Ehewappen des Wild- und Rheingrafen Philipp und seiner Gemahlin Antonie von Neuf Châtel verziert ist.
Den neuzeitlich gestalteten Bau der Heimvolkshochschule könnte man sich etwas reservierter vorstellen. Alles in allem: ein sehr schönes Erlebnis. Nicht unerwähnt bleiben darf die Tatsache, daß uns Burgenbesuchern die Verbandsgemeindeverwaltung Kirn-Land in sehr freundlicher Weise hilfreich war.
Wir hätten ansonsten den Standort der Burg Rotenberg nicht gefunden. Doch wieder zurück zu unserer Dhauner Fehde: Der Hartnäckigkeit, mit trierischer Feder würde man schreiben Starrsinnigkeit, des Wildgrafen Johann war es zu verdanken, daß sich der Krieg von 1337 bis 1342 hinzog und Johann zunächst nicht bezwungen werden konnte. Im Gegenteil, er sicherte seine Burg durch die Errichtung von Brunkenstein und Rotenberg ab. Nördlich von Dhaun wurde das Gebiet von der Schmittburg, in den Händen unseres Kurfürsten, beherrscht, südlich war dem aber nicht so. Aus diesen Gründen war der Bau von Johannisberg und einer weiteren Burg, Martinstein, östlich davon, notwendig. Balduin hatte sich mit dem Erzbischof Heinrich von Mainz, seinem Verbündeten, geeinigt, daß Martinstein von den Mainzern, Johannisberg von den Trierern unterhalten werden sollte. Man einigte sich persönlich, wie in einer Urkunde bezeugt, die »in dem here for dune« gefertigt wurde, und zwar am Maria-Magdalena-Abend des Jahres 1340 (für Nichtchristen: 21. Juli). Weiterhin wurde vereinbart, daß eine dritte Burg nahe bei Dhaun ohne Verzug errichtet werden sollte. Die Verbündeten einigten sich auch über die Kosten, typisch für Balduin. An jede dieser drei Burgen sollten 15 Pfund Heller und wenn es nötig sei, auch noch mehr verbaut werden. Diese dritte Burg wurde so nahe an Burg Dhaun, der sogenannten Geierslay, in der Weise errichtet, daß die feindliche Burg Dhaun nicht nur einsehbar, sondern auch mit Wurfgeschützen (Blieden) angegriffen werden konnte. Der Befehlshaber dort war Walter von Lupfenfeld. Das war also 1340. Erinnern wir uns an die nur drei Jahre zurückliegende »Eltzer Fehde«, in der nach dem gleichen Strickmuster, nämlich der Errichtung von Trutzburgen, erfolgreich vorgegangen worden war.
Nach Niederwerfung des Wildgrafen und der Burg Dhaun versprach Bal-

duin im Gegenzug gegen den gänzlichen Verzicht des Wildgrafen, die Schmittburg betreffend, also das Hauptziel, die Burg Geierslay niederzubrechen. Wir gehen angesichts der sprichwörtlichen Vertragstreue unseres Kurfürsten davon aus, daß dies dann auch tatsächlich, wohl noch 1342, geschehen sein mag.

Burg Heinzenberg
Die Dhauner Fehde (IV)

Wir haben schon gesagt, daß der Norden vor der Burg Dhaun, den Simmerbach hoch, von den Trierern und Verbündeten beherrscht wurde. Im Zuge gegen den Wildgrafen Johann gewann Balduin noch im Januar 1342 den Ritter Johann von Heinzenberg als Lehnsmann, der bereits am 20. Juli 1311 seine Burg zu Lehen aufgetragen hatte. Der Bau befand sich bereits 1278 im Eigentum des Erzstiftes und wurde 1395 sogar völlig eingezogen. Das kleine Dörfchen liegt sehr romantisch. Auf Anhieb ist keine Burg zu sehen. Wir machen uns deshalb auf die Suche. Auch jetzt gilt wieder das übliche Vorgehen: Suche nach einer Karte (»Wanderwege«) vor dem Gemeindehaus oder dergleichen. Nach Fehlanzeige auskundschaften der Straßennamen, auch hier Fehlanzeige. Da ein Einheimischer sich nicht auftreiben läßt, schätzen wir die Topographie der umliegenden Berge mit »fachmännischem Blick« ab, um bald schon eine tiefe Einkerbung des Berghanges, zu dessen Füßen das Dorf liegt, zu entdecken: Klarer Fall von Burggraben. Alsdann ist die Burg auch im Grün der Wälder relativ leicht zu entdecken. Die Überreste sind leider wieder nicht gesichert, dennoch finden wir eine rudimentäre Schildmauer mit einer Dicke von mehr als zwei Metern und einer Höhe von ca. drei Metern. Immerhin hat man die Büsche auf dem Burgplateau entfernt, so daß der Bereich begangen werden kann. Zur Sicherung der Mauerreste sollte aber dennoch etwas getan werden.

Schmittburg
Die Dhauner Fehde (V) ***

Von Heinzenberg aus geht es über Kellenbach durch den kleinen Soonwald, »Lützel-Soon«, über Bruschied und Schneppenbach zur Schmittburg. Ein Abenteuer, welches nur mit einem geländegängigen Fahrzeug oder auf Schusters Rappen zu machen ist. Die Anlage öffnet sich uns auf halber Höhe liegend, umflossen vom Hahnenbach. Schon von außen ist sie ein richtiger »Geheimtip« für Burgenfreunde. Wunderschön in den Fundamenten, teilweise auch ordentlich wiederaufgebaut sind Oberburg wie Unterburg, der Burggraben ist zu sehen, die eigenartige Felstreppe zur Oberburg, der dicke schwere Burgfried, rund und massiv in hervorragend gesicherten Fundamenten, auch der Palas, der ebenfalls sehr ordentlich gesichert wurde. Besonderen Spaß macht das »Wandeln« auf dem Burghof vor dem Brunnen auf mittelalterlichem Pflaster, welches in einem hübschen Muster gelegt worden war. Einige Jungen des Bundes der Deutschen Pfadfinderinnen und Pfadfinder, die sich um die Ruine bemühen, erteilen bereitwillig Auskunft. Dort ist auch endlich mal ein ansprechend illustriertes Heft mit Informationen über die Geschichte dieser wichtigen kurtrierischen Sperrburg zu erwerben. Besondere Freude kommt auf, wenn die nur wenige Jahre alten Fotografien mit dem derzeitigen Zustand verglichen werden. Hier hat sich ungeheuer viel getan.

Die Burg war einmal Zentrum der Adelsgeschlechter des Hunsrücks, insbesondere für die Nachfahren der

Schmittburg

»Emichonen«, die Wild- und Rheingrafen wie für die Grafen von Veldenz, deren Erbgräfin Anna für die Wittelsbacher eine Ur-Ur-Ur...Großmutter ist. Die Burg lag zur Grenze des Bistums Mainz und Kurpfalz. Wer sie besaß, konnte unmittelbaren Einfluß auf Handel, Wandel und Politik in diesem großen Raume nehmen. Wer wußte das besser als unser Kurfürst! Dieser Zankapfel war Balduin zugefallen, durch den glücklichen Umstand nämlich, daß er gegen Zahlung von vierhundert Pfund Heller von Wildgraf Heinrich die Schmittburg empfing, sie als Lehen für Heinrich und seine Erben zurückgab. Heinrich hatte aber keinen unmittelbaren Nachkommen. Die wildgräfliche Burg sollte also in trierischen Besitz übergehen, ohne daß dem nächsten Verwandten Friedrich die Lehensfolge vorbehalten gewesen wäre.

Für diesen eine höchst unerquickliche Situation, die er mit Gewalt zu ändern versuchte. Noch zu Heinrichs Lebzeiten rückte er vor und besetzte einen Teil der Schmittburg. Durch dieses Vorgehen sah sich Balduin herausgefordert und eroberte die Burg zurück. Nunmehr starb Heinrich Ende 1328, wie es kommen mußte, kinderlos. Balduin wollte die Schmittburg als erledigtes Lehen einziehen, es kam zur zweiten Fehde. Denn der Wunsch, die auch wegen ihrer Erträgnisse wichtige Schmittburg zurückzuerlangen, war immer noch wach. Wildgraf Friedrich rückte auf die Schmittburg zu, die aber tapfer verteidigt wurde. Balduin holte zum Gegenschlag aus und zerstörte die von uns bereits aufgesuchte Burg Dill. Es kam wiederum zu einem (wie sich zeigen wird) brüchigen Frieden am 25. April 1329. Der dann aber wieder ausbrechende Krieg, die dritte Schmittburger oder Dhauner Fehde, dauerte fünf Jahre, von 1337 bis 1342. Balduin leitete die Kriegshandlungen nicht vom erzbischöflichen Palast zu Trier aus, sondern hielt sich ausweislich recht hoher Hausrechnungen mehrere Monate des Jahres 1341 mitsamt Gefolge auf der Burg auf.

Im Zuge der Auseinandersetzung wurden die Burgen Johannisberg, Martinstein, Rotenberg und Geierslay

errichtet oder ausgebaut. Die Entscheidung fiel aber an der Saar, bei der Burg Velsberg. Diese war von dem Wildgrafen erobert, und von diesem Stützpunkt aus fiel er in trierisches Gebiet ein. Balduin bereinigte dieses Problem durch einen kurz entschlossenen Feldzug, wie »ein aus dem Schlafe erwachender Löwe«, indem er selbst den Zug anführte. Es kam zum Waffenstillstand. Auch die Festung Dhaun konnte sich nur noch bis Ende Januar bzw. Anfang Februar 1342 halten. In unserem Reise-Dominikus lesen wir:
»Der Wildgraf, gänzlich erschöpft und von Furcht endlich übermannt, brachte es über sich, selbst nach Trier zu gehen und sich im erzbischöflichen Palast der Gnade Balduins zu ergeben. Dieser übte tapferen Feinden gegenüber in hochherzigem Sinne leicht und gern Gnade«.
Die Gnade sah so aus, daß Wildgraf Johann auf die Schmittburg und die Hinterlassenschaft des Wildgrafen Heinrich insgesamt verzichten, auch den Brunkenstein abbrechen mußte.
Die Schmittburg blieb kurtrierischer Besitz, mehr noch, Balduin machte die Burg zum Mittelpunkt eines kurtrierischen Amtes. Es folgte, der Bedeutung als südöstlicher Eckpfeiler der kurtrierischen Interessen angemessen, ein erheblicher Ausbau bis zu neun Burghäusern als Sitz der neugeworbenen Ritter. Besonders mit dieser Burg ist das Geschlecht der Nachkommen des

Schmittburg

damals noch wildgräflichen Burggrafen Giselbert von Schmittburg verbunden. Die Schenke von Schmittburg spielen im Kurstaat bis zu seinem Ende, fast fünfhundert Jahre lang, eine wichtige Rolle. So etwa besetzten sie die Amtmannsstelle in ununterbrochener Folge von 1462 bis 1589. Der letzte Amtmann, Christoph Diel, der im dortigen Amtshaus residierte, mußte 1762 vor den Franzosen fliehen, während seine Ehefrau Maria Josepha dort noch 1798 verstarb. Der Räuberhauptmann Schinderhannes quartierte sich noch kurzzeitig ein, dann war die stolze Burg nur noch Steinbruch für die umliegenden Orte.

Naumburg
Das Oberamt

Fahren wir den Hahnenbach, von der Schmittburg kommend, wieder hinunter – die Strecke ist übrigens ein reines Vergnügen – durch Kirn zur Nahe, diese aufwärts bis Bärenbach. Das Gelände, auf dem die Burg ehemals stand, ist wenigstens mit einer Tafel gekennzeichnet, die sogar die stolzen Gebäude vor der Zerstörung zeigt. Gepflegt wird die Anlage nicht, unerbittlich nimmt der Wald sich wieder, was ihm im 12. Jahrhundert genommen wurde. Leider sind selbst die spärlichen Mauerreste, die wir aufspüren, nicht gesichert. Immerhin ist noch der große Graben gut zu erkennen und ein in den Fels geschlagener weiterer Burggraben. Letzterer wurde von einer steinernen Brücke mit drei Bögen überspannt, wie auf einem Ölgemälde aus dem 17. Jahrhundert zu sehen ist.
Dahinter lag die »Neuenburg«, die Neugründung zu der unweit gelegenen Kyrburg, damals noch sehr gut erhalten, bis 1803 die Franzosen das alte Spiel wieder spielten.

Die dritte Reise

Saarland, Regierungsbezirk Rheinhessen bis Bayern

Siegel des Trierer Erzbischofs Balduin von Luxemburg (1307–1354)

Kreis Merzig-Wadern

Montclair

*Die Belagerung ****

Wir beginnen unsere Rundreise im Saarland und besuchen den Kreis Merzig-Wadern, dort gleich mit einem Höhepunkt, einem der kriegerischsten Ereignisse in Balduins Leben.
Wir fahren von Merzig über die B 51 die Saar hinunter in Richtung Mettlach, biegen vor dem Eintauchen in das Tal links über einen ausgebauten Feldweg in Richtung St. Gangolf ab. Nach ungefähr zwei Kilometern sollte, besser gesagt muß das Fahrzeug abgestellt werden, und zwar dort, wo der Weg dann weiter zur katholischen Kirche führt. Vielleicht sollte man dort einen kleinen Abstecher auf den Friedhof machen, wegen einer Säule aus dem 12. Jahrhundert, sicherlich von Burg Montclair. Auch wir halten es so, stellen das Fahrzeug auf einem Parkplatz mitten im Wald ab, vor dem nicht mehr geteerten und mit einer Schranke gesperrten Weg, und machen uns auf Schusters Rappen auf, um Montclair zu erobern. Um es vorweg zu sagen, bei jedem unserer Besuche empfanden wir diesen Weg und das, was wir dann auch fanden, als zu den schönsten und aufregendsten Erlebnissen zählend, die wir auf unseren Balduinfahrten machten. Man sollte sich aber auf eine halbe Stunde Fußmarsch allein für den Hinweg vorbereiten, denn zum Hetzen ist hier weder Zeit noch Ort.
Überraschenderweise schien Montclair bis Mitte 1993 ein »Geheimtip« zu sein, denn selbst bei allerbestem Wetter, auch an Sonntagen, begegneten wir nur wenigen Besuchern, was den Reiz dieses, wie wir sehen werden, auch archäologischen Spazierganges noch verstärkte. Dornröschen ist jetzt aufgewacht. Nach einer fünf Millionen teuren Sanierung der Burg ist sie das Ziel einer breiteren Öffentlichkeit.
Den klappernden Picknickkoffer nachschleppend, machen wir uns über den wunderschönen Waldweg auf, der dann auf dem langgestreckten, fünf Kilometer langen und 330 Meter breiten Bergrücken durch eine herrliche Wald-, Fluß- und Felslandschaft führt.
Was war im Winter 1350 geschehen? Auf dem »Hellen Berg«, der uneinnehmbar erscheinen mußte, herrschte ein »Jakob«, stolz und unruhig mit und auf seiner Burg, die schon vor dem Jahre 1000 erwähnt wurde. Nicht Graf, schlichter Freiherr war er, dessen Familie bereits seit dem 13. Jahrhundert von Trier lehensabhängig war. Balduin gegenüber bekennt Jakob von Montclair bereits am 24. Oktober 1321 Lehensmann zu sein. Jakob nutzte die Grenzlage zu Lothringen und Luxemburg zu Eigenmächtigkeiten, denen Balduin, wie es so seine Art war, lange zuschaute, indes nicht tatenlos. 1344 mußte sich Jakob des Erzbischofs Gnade unterwerfen. Es kam zu einem umfänglichen Vertrag, damit trierische Rechte geschützt seien, wonach Jakob insbesondere darauf verzichtete, Zoll (oder entgeltliches Geleit) über oder unter Montclair auf der Saar zu erheben. Dies war auch der springende Punkt. Die Lage dieser Burg war und ist nämlich dazu angelegt, die große Saarschleife, Natur-Attraktion des ganzen Landkreises und schönster Teil der Saar überhaupt, zu sperren und Zoll zu erheben. Jakob gab aber nicht auf. Er brach den Vertrag von 1346, indem er sich der Hilfe mächtiger Herren versicherte und ein geheimes Bündnis schloß. Mit dem Herrn von Dagstuhl nämlich, der versprach, mit

dreißig Rittern gegen Balduin zu Dienst zu sein, auch mit der Stadt Trier, die kräftig gegen den Landesherren intrigierte. Balduin erfuhr von diesem Geheimvertrag und forderte Jakob auf, sich im erzbischöflichen Palast in Trier zu stellen. Dies geschah auch, aber ohne Ergebnis, denn Jakobs Sohn, der bezeichnenderweise ebenfalls Jakob heißt, überzog trierisches Eigentum sengend und brennend. Im Winter 1350 schickte Balduin den Fehdebrief und erhielt 49 Absagebriefe. Balduin bereitete den Feldzug vor.

Alsdann begann am 2. Mai 1351 eine der schwierigsten militärischen Operationen, die unser Kurfürst in seiner Regierungszeit zu bestehen hatte. Wir wissen, daß Balduin seine Ritter nicht planlos gegen die starken Mauern der als uneinnehmbar berüchtigten Burg auf dem nach drei Seiten steil zur Saar hin abfallenden Bergrücken hetzte. Dieser nur 330 Meter breite Bergrücken war dazu auch noch von mehreren Abschnittsgräben gesichert, die wir auf unserem Wege zur Burg noch passieren werden. Wie wir bereits bei den beiden anderen großen Fehden, Eltz und Schmittburg, erfahren haben, baute Balduin zunächst zum Schutz der Belagerungstruppen vor Ausfällen die Burg Gryneck, und zwar »an dem äußersten Graben nach Mettlach«.

Diese Stelle aufzuspüren ist nun unsere Aufgabe, die wir mit Eifer wahrnehmen. Jede Absenkung im Wege wird sofort registriert. Des Rätsels Lösung scheint aber recht einfach, wenn wir den relativ steilen Anstieg des Weges und einen leichten Linksknick um eine Geländekuppe herum näher betrachten.

Hier ist ein tiefer Graben und, gegen Montclair, auf der Anhöhe das Erdwerk eines Baus und die Lage eines verschütteten Turms zu erkennen. Wir stehen auf Gryneck? Eine Sichtverbindung zur Burg besteht nicht, auch dürfte von hier aus die (sichere) Be-

Montclair

schießung der Burg mit Katapulten (denken wir an die Maximaldistanz von 400 Metern) nicht möglich gewesen sein. Gryneck war Stützpunkt, gegebenenfalls Auffangstelle für zurückweichende Belagerungstruppen bei einem Ausfall. Tief unten liegt die Saarschleife, der »Hamm«, dort, wo oberhalb des Steilabfalls der Cloef der bekannte Aussichtspunkt aufragt. In Orscholz befand sich eine weitere Burg, die zur Belagerung von Montclair genutzt wurde, Saarstein oder Saareck. Auch diese Burg haben wir gefunden, dazu aber später.

Der tiefe Burggraben, ungefähr vierhundert Meter vor Neu-Montclair, und dann der Burghügel, eine Anschüttung mit einem ovalen Graben, Beweis für eine mittelalterliche Befestigungsanlage, alles nach der Aufspürung im zugewachsenen Wald freudig entdeckt, ist aber zunächst eine Fehleinschätzung: Skiva heißt der mittelalterliche Burgberg, der ursprünglich einen Holzturm mit Palisaden trug.

Skiva ist die älteste Burg. Ein Zusammenhang mit Balduin ist nicht sicher. Unser Kurfürst ließ zur Belagerung von Montclair tatsächlich vier Burgen erbauen: Gryneck, Saarstein, Bodewoich und N. N. Die Örtlichkeit bietet sich an, indes soll Gryneck bei St. Gangolf gelegen haben.

Da mit Jakob von Montclair und seinem gleichnamigen Sohn durch Vergleiche nichts zu erreichen war, und die Lage sich 1350 zugespitzt hatte, begann unser Kurfürst am 2. Mai 1351 von Gryneck und Saarstein aus mit der Belagerung der Burg. Die trierischen Truppen wurden von Hartard von Schönecken geführt, Besitzer der gleichnamigen Burg, heute immer noch eindrucksvolle Ruine an der Nims, wenige Kilometer vor Prüm. Trier erlangt erst etwa einhundertundfünfzig Jahre später Besitz an dieser Burg im Land der reichsunmittelbaren Abtei Prüm, wie Schönberg (jetzt Belgien) auch Sitz eines Amtmannes. Balduin hatte sich bereits sehr um die Fürstabtei bemüht, es kam bei der Burg Mürlenbach (der möglichen Geburtsburg Kaiser Karls des Großen!) sogar zu einer militärischen Auseinandersetzung, mußte aber letztlich nachgeben. Die Fürstabtei blieb selbständig. Die Unierung fand erst 1576 statt. Danach war der trierische Erzbischof gleichzeitig Administrator von Prüm und des reichen, 119 Besitzungen umfassenden Benediktinerklosters. Jakob III. von Eltz (1567–1581), ein schwieriger Kurfürst in zugegebenermaßen schwierigen Zeiten, hat durch diese reiche Erbschaft seine Staatsfinanzen fürs erste sanieren können. Jakob III. war übrigens Rektor der Universität in Trier, überzeugter Katholik und verkörperter Geist der Gegenreformation. Kehren wir aber zu den beiden den Geist des freien Rittertums verkörpernden, hartnäckigen »Jakoben«, denen von Montclair, zurück.

Die Burg wurde eingeschnürt und von jeglicher Lebensmittelversorgung abgeschnitten. Balduin wußte, daß Jakob in der Vorburg eine Quelle nutzen konnte. Um die Sache schnell zu beenden, beschloß er anzugreifen, ließ Katapulte und Widder auffahren und begann – entgegen der Weisheit, daß solche Burgen im Sturm selten zu nehmen sind – die Festung zu berennen. Jakob verteidigte sich mit seinen Männern hart und erfolgreich. Der Angriff wurde abgewehrt. Bei diesem erfolglosen Versuch, die Burg zu brechen, wurde der getreue Hartard von einem Stein getroffen und durch einen Pfeil am Arm verwundet. Dennoch trieb er seine Männer, diese Verwundungen mißachtend, vorwärts und brach dann in sengender Hitze erstickend zusammen. Mit seinem Tod war der erste Versuch, die Burg zu er-

Montclair

stürmen, fehlgeschlagen. Der treue Lehensmann wurde in St. Matthias zu Trier prächtig zu Grabe getragen.
Ein Steinplatte in der dortigen Abteikirche kann noch heute als sein Grabmal identifiziert werden. An die Stelle des Herrn von Schöneck trat jetzt der Graf von Veldenz, der sich darauf beschränkte, Montclair auszuhungern. Balduin selbst reiste nach Koblenz, Anfang November nach Trier. Er beschloß aber dann, einen erneuten Vorstoß vorzunehmen. Ob er sich auf das klassische Vorbild Alexanders des Großen bei Tyros stützte oder auf die näherliegenden Beispiele seiner Zeitgenossen sei dahingestellt, jedenfalls befahl er, einen Fels, auf dem sich der Hauptturm der Vorveste befindet, zu unterminieren. Bergleute trieben einen Gang in den Fels, der dann mit Holz, Pech und Schwefel versorgt und angezündet wurde. Das glühende Gestein dehnte sich aus und tat seine Wirkung. Es sprengte – was schon Hannibal bei der Überquerung der Alpen zur Herstellung von Wegen im Fels wußte – das Gestein, und just zu dem Zeitpunkt, als die Besatzung frühstückte, brachen krachend der Fels und der dort befindliche Turm zusammen. Jakobs Männer mußten sich von diesem Teil der Vorburg zurückziehen und konnten – dies war das Schlimmste für sie – nun nicht mehr zu der dort befindlichen Quelle gelangen. Unter ungeheuren Anstrengungen gruben die Belagerten nun ihrerseits von der Hauptburg aus einen unterirdischen Gang zu der Stelle, wo sich die Quelle befand, um an das rettende Naß zu gelangen. Sie hatten Erfolg. Die Quelle konnte abgeleitet werden.
Balduins Männer hatten dies bemerkt und versuchten, diesen Graben oder Gang zu besetzen, indem sie vom Felsen herabkletterten, Leitern befestigten und ihrerseits einen Durchgang gruben. Es kam zu einer erbitterten, blutreichen Auseinandersetzung mit dem Ergebnis, daß dieser Zugang zur Quelle verschüttet wurde.
Jakob und Sohn gaben immer noch nicht auf. Sie vertrauten beide auf die Stärke ihrer Burg, die sich bis dato tatsächlich als unbezwingbar erwiesen hatte. So blieb es auch weitere acht Monate lang. Dann brach der Winter herein, weder für die Belagerten, die aber trocken saßen, noch für die Truppen Balduins, die in Zelten hockten, eine angenehme Zeit. Balduin, auch schon im hohen Alter von 65 Jahren, drohte an diesem hartnäckigen Jakob von Montclair zu scheitern. Letzterer hoffte immer noch auf Entsatz durch seinen Ritterbund, den Balduin durch geschickte Diplomatie aber weitgehend neutralisiert hatte. Unserem Kurfürsten riß nun endgültig der Geduldsfaden, und er tat etwas, was höchst ungewöhnlich war, denn Fehdegegner wurden nie als Kriegsverbrecher behandelt, sondern als ritterliche Kontrahenten, die nach Beendigung der Auseinandersetzung, aus denen Balduin meist als Sieger hervorgegangen war, sogar mit Lehensbesitz versorgt wurden. Hier griff Balduin zu einem ungewöhnlichen Mittel: Auf einer gut von der Burg einsehbaren Höhe ließ er einen Galgen errichten. Das brach die Widerstandskraft der Belagerten. Es kam zu Verhandlungen, und diese sind wieder charakteristisch für die »Kriege« dieser Zeit. Balduin gestattete unter der Bedingung, daß die Burg innerhalb von zwölf Tagen übergeben werde, wenn Jakob keine Hilfe durch ein Entsatzheer erhalte, den Einkauf von Wein und Lebensmitteln. Gerade von ersterem werden die abgekämpften Kriegsknechte des Herrn Jakob Gebrauch gemacht haben. Hilfe kam nicht, und so wurde die Burg am Tage nach St. Thomas, also am 22. Dezember 1351, Balduin übergeben.

Höchstpersönlich »uff den heiligen Christtag sange er selbst das heilig Amd der Mess vor dem selbigen Schloß in seinem Gezelde«. Dem feierlichen Gottesdienst schloß sich ein festliches Mahl für die trierischen Männer an.
Die Burg wurde teilweise zerstört und das Burgtor, offensichtlich eine schöne Steinmetzarbeit, in den Palast nach Trier gebracht, wo es 1526 noch aufbewahrt wurde. Wir hätten uns dieses Baustück natürlich gerne angeschaut, aber das Tor ist leider verschwunden.
Nachzutragen ist noch, daß es zu einer Versöhnung oder Integration der Familie Montclair, wie etwa bei der Ritterfamilie von Eltz, nicht kam – im Gegenteil, der Geist Jakobs wurde tradiert. Auch die Nachfolger unseres Erzbischofs hatten noch Ärger mit dieser freiherrlichen Familie.
Soweit also die spannende Geschichte der Eroberung der Burg Montclair, erzählt auf dem Wege dorthin. Plötzlich steht sie vor uns, mit ihren Rundtürmen, dem zwölf Meter breiten Graben, mit der immer noch vorhandenen Zugbrücke, die trapezförmige, nicht zu große, übersichtliche und in einem überraschend guten Zustand befindliche Anlage, die kürzlich auch noch saniert wurde. Aber Vorsicht, bei unserem Besuch dachten wir auch, dies sei die zerstörte und von den Erben wiederaufgebaute, uneinnehmbare Festung des Jakob von Montclair. Weit gefehlt! Der Neffe unseres Jakob baute erst 77 Jahre später – die Ruinen der alten Burg als Steinbruch benutzend – diese neue Burg, vor der wir nun stehen. Mißtrauisch wären wir nach der Schilderung der Belagerung sowieso geworden, denn die jetzige Burg Montclair liegt nicht auf dem steilen Felsengrat, sondern westlich davon an einen Felshang angelehnt.
Noch König Friedrich Wilhelm IV. hatte für die Sicherung der schönen gotischen Anlage gesorgt, und die Familie von Boch aus Mettlach kümmert sich ebenfalls mit vorbildlichem historischen Impetus.

Montclair

Jetzt stehen wir also vor der sanierten Ruine. Wir sind ausnahmsweise etwas zwiespältig, denn einerseits dienen An- und Einbauten der Nutzung, denn jetzt kann die Burg wieder betreten werden. Andererseits stört die Erschließung eines mittelalterlichen Gebäudes mittels ausgiebiger Verwendung von modernen schwarzen Metallgittern und Stahlbeton doch ganz erheblich.
Wir laufen auf den beiden wuchtigen Flankierungstürmen umher und genießen den Blick zur Saarschleife. Ist ja auch ganz schön. Noch schöner ist aber die Entdeckung eines kleinen, sehr feinen Burgmuseums im Turmkeller. Seit langer Zeit finden wir zum ersten Male eine ausgezeichnete Darstellung der Geschichte, auch von »unserer Montclair«, bestens erklärt und mit Zeichnungen versehen und sogar mit einem schönen Modell.

Nach Stärkung von Leib und Seele, nunmehr mit den kartographischen Gegebenheiten bestens vertraut, suchen wir weiter unser Alt-Montclair.
Jakobs Burg liegt dahinter, also weiter dem Bergrücken nach Westen entlang. Der unbequemste Weg ist der schönste, nämlich der auf dem Rist entlang, über Stein und Felsbrocken stolpernd, bis sich ein riesiger Burggraben auftut.
Alsdann entdecken wir auf der gegenüberliegenden Seite versteckte, sehr rudimentäre Mauern. Wir stehen jetzt endlich vor der uneinnehmbaren, damals nur auf einem schmalen Fußweg erreichbaren Burg. Wenn wir den Hang erstiegen haben, erkennen wir Fundamentreste, die offensichtlich ergraben, dann aber ihrem Schicksal überlassen wurden. Aus dem »Dehio« erfahren wir von romanischen Torbögen, Säulen und verzierten Kapitellen, von denen aber überhaupt nichts mehr »in loco« zu finden ist. Auch hier wären Sicherungsarbeiten erforderlich. Klettern wir weiter nach Westen, stoßen wir auf einen weiteren Halsgraben und entdecken dort auch noch Mauerreste, die wohl zum Torbau zu rechnen sein könnten.
Die Quintessenz ist also, daß Montclair und Gryneck bei schönem Wetter einen Tagesausflug wert sind. Versorgen sollte man sich aber mit einem Picknickkorb, denn der Weg ist lang.

Burg Saarstein
Saareck

Nach Mettlach zurückgekehrt, überschreiten wir die Saar, die sich dort gerade aus der zerklüfteten Flußschleife herausdrängt, und fahren über Keuchingen den Berg hinauf in Richtung Freudenburg, Saarburg.
Saarstein oder Saareck wird in Urkunden, die nur kurz nach den dramatischen Ereignissen der Eroberung von Montclair ausgestellt wurden, erwähnt, um den 25. November 1439, als bestätigt wird, daß der Turm der (alten) Burg Saarstein noch vorhanden sei »gegenüber dem Hamm, der Saarstein oder Saareck genannt ist«. Also, nichts wie hin, auf die Suche nach diesem Turm, vielleicht auch nach mehr. Die Burg zerfiel wegen offensichtlicher Bedeutungslosigkeit, nachdem der Fels »verbaut« worden war – einzig zum Zwecke der Belagerung von Jakobs schwerer Festung.
Um es gleich vorwegzunehmen, zum Aussichtspunkt Cloef und der dort befindlichen Übersichtskarte bedarf es nicht der Anstrengung, auch wenn der Blick entschädigt. Die dort errichtete Kurklinik zerschneidet auch das Wanderwegenetz. Verzeichnet ist Saarstein nirgendwo – außer in der sehr schönen Karte im kleinen Burgmuseum. Danach war die Burg auf einer Bergzunge über der Saar angelegt, dort, wo der Wellerbach einmündet, fast 300 Meter über N. N. Wir haben sie gefunden, nach langen Irrwegen, und wurden entschädigt durch eine herrliche Landschaft.
Der kürzeste Weg zu diesem Schutthaufen, der des romantischen Ambientes wegen den Besuch unbedingt lohnt, ist folgender: Von Keuchingen aus geht es den Berg hinauf bis zur Kreuzung Orscholz. Dort biegt man links ab und befindet sich nach schätzungsweise fünfhundert Metern auf einem »Waldparkplatz«. Von dort geht es zu Fuß weiter, immer oberhalb des Baches bleibend, in Richtung Saar. Nach (fast genau) eintausend Metern stoßen wir auf unverkennbare Spuren. Hinter einem Burggraben erhebt sich, durch eine kleine Holzbrücke und Stufen erschlossen, ein kleiner Hügel, den zu erklimmen sich lohnt. Oben angekommen, findet man eine zerfallene kleine Burganlage, deren Grundriß anhand der Trümmer aber noch recht gut zu rekonstruieren ist.

An der höchsten Stelle stand der rechteckige, vorerwähnte Turm, nach Norden, zur bergseitigen Angriffsseite hin, den Eingang beschützend. Es folgte eine Trennmauer, einige rechteckige Gebäudereste und die Außenmauer. Das ist alles noch recht ordentlich zu erkennen. Wir empfanden die von dieser Stelle ausgehende Bedrohung der Jakobsburg Montclair, die den gegenüberliegenden Bergrücken eindeutig als eine der größten deutschen Burgen dominierte, als eindrucksvoll erlebbar.

Bübingen
Die doppelte Ruine *

Wir verlassen Orscholz über die B 406 in den nord-westlichsten Zipfel des Landkreises Merzig-Wadern, ehemals mitten im alten Kreis Saarburg gelegen, und fahren nach Nennig in der Gemeinde Perl. Es liegt dem luxemburgischen Remich an der Mosel gegenüber.
Die Ruinen des ehemaligen Schlosses sind leicht auszumachen. Wir stöbern einen jungen Mann auf, mit dessen Erlaubnis wir uns auf das Grundstück begeben. Zu erkennen ist die Lage der ehemaligen mittelalterlichen Wasserburg immer noch, obwohl der hangseitige Weiher ausgetrocknet ist. Rechts und links (nördlich und südlich) sind die Flankiertürme, Dreivierteltürme, bis zum ersten Stockwerk noch in Ruinen vorhanden. Die vierseitigen Mauern ragen noch stolz auf, verfallen aber immer mehr. Von diesem Standpunkt aus kann auch der mittelalterliche Teil der Wasserburg noch besichtigt werden. Es ist der nördliche Dreiviertelturm, in dem sich eine Kapelle befunden hat.

Bübingen

Wir werden im Inneren des Schlosses geführt, leider ist alles ruinös. Die »Vesten« Bübingen ist wahrscheinlich 1340 von dem Propst Gobelin zu Luxemburg erbaut worden. Das Obereigentum stand dem (nunmehr) Herzog von Luxemburg, dem damaligen König Karl IV, Sohn Johanns des Blinden, zu, der zugunsten von Balduin hierauf verzichtete und das Obereigentum an Trier abtrat, wodurch Gobelin nach der Urkunde vom 18. September 1346 Lehensmann von Trier mit dieser Burg wurde. Völlig zerstört wurde die Anlage durch den Marschall Crecy, wir haben von diesem unfreundlichen Herrn bereits bei Burg Waldeck (Der vergebliche Fußfall) gehört. Dies war 1669. Die Zerstörung war so vollständig, daß das Schloß in völlig neuem Stil wieder aufgebaut werden mußte, und zwar in der zweiten Hälfte des 18. Jahrhunderts, denn von dem mittelalterlichen Bau blieb nur der beschriebene Nordturm und die dortige Kapelle übrig.
Dieser schloßartige Neubau ist dann im letzten Kriege wieder stark beschädigt, aber nicht zerstört worden, denn die beiden wunderschönen Außentürme am ehemaligen Wassergraben waren noch bei Kriegsende vorhanden, wenn auch beschädigt.
Die Türme hat man erst später gesprengt. Die Gründe waren an Ort und Stelle nicht zu erfahren. Vor einiger Zeit soll sich jemand für den Komplex interessiert haben, er soll sogar Aufrißzeichnungen erstellt und den Untergrund untersucht haben. Dabei ist festgestellt worden, daß der Bau

auf Eichenstämmen ruht. Es handelt sich dabei sicherlich noch um die mittelalterlichen Fundamente, die aber jetzt nicht mehr genügend standfest sind.
Von Wiederaufbauträumen ist deshalb Abstand genommen worden. Dies ist ein Jammer, vergleicht man die noch in den »Kunstdenkmälern des Kreises Saarburg« vorhandene Fotografie der Rückfront mit den beiden sehr schönen Türmen. Bei dem Ergebnis der zweiten Zerstörung, Crecy und Hitler können sich die Hand reichen, wird es hier wohl endgültig verbleiben.
Mit dieser traurigen Einsicht beenden wir unseren Ausflug in den östlichen Teil des Landkreises, nicht ohne einen kleinen, lohnenden Abstecher ins nahe Frankreich zu unternehmen.

Sierck-les-Bains
Frankreich, Frankreich *

Mit dem alten Herzogtum Lothringen legte sich Balduin an, als er Montclair nahm. Klage führte er aber auch gegen die Herzogin-Witwe Marie von Blois bezüglich der Burg Sierck an der Mosel, die er als Lehensburg betrachtet und einzieht, nachdem Marie nicht binnen Jahresfrist nach dem Tode ihres Mannes um das Lehen gebeten hatte. Schon am 13. November 1334 hatte Herzog Rudolph von Lothringen bestätigt, daß er die Burg als Lehensmann besitze, so wie Siersburg und Montclair (teilweise). Der trierische Einfluß war nicht von Dauer. Schließlich hatten die lothringischen Herzöge hier bereits im 11. Jahrhundert die Burg im Besitz und hielten sie bis 1661.

Sierck-les-Bains

Sierck-les-Bains

»Circum castellum« war schon 1131 dem trierischen Zugriff ausgesetzt. Der »Teufel von Metz«, Albero, Graf von Montreuil, von 1131 bis 1152 Erzbischof von Trier, wir haben ihn schon gewürdigt, überfiel die Burg. Der anwesende Herzog Simon I. schlug ihn aber zurück. Die mittelalterliche Burganlage, immer verteidigungsfähiger Sitz einer Ritterfamilie, wurde später in eine echte »Veste« rein militärischer Art umgewandelt. So bietet der jetzige, immer noch bemerkenswerte Zustand das Schulbeispiel für die Umwandlung einer mittelalterlichen Burg in den Fortifikationsstil des 17. Jahrhunderts durch Vauban. Aber nicht nur deshalb sollte der Balduinreisende Sierck aufsuchen. Nur wenige hundert Meter hinter der Grenze öffnet sich plötzlich Frankreich – in der Sprache, der Art der Menschen, dem Essen. Erstaunlich ist, daß eine künstliche Grenze – denn kein Fluß stört die Kommunikation – die Kulturkreise so nachhaltig prägt. Natürlich kommen wir mit Deutsch weiter, keine Frage, aber alles ist plötzlich anders, französisch.

Fast hätten wir ihn vergessen, den neununddreißigsten Erzbischof und Kurfürsten, Jakob I. von Sierck (1439–1456). Nach dem folgenden Zitat aus den »Taten der Trierer« lassen wir diesen Herrn, der übrigens 1454 die Trierer Universität gründete, wieder verschwinden: »Jakob war äußerst verschlagen in allen Geschäften, so daß niemand ihn überlisten, aber auch niemand ihm trauen konnte... Er bekam auch Privilegien vom Papst, gegen das Erzstift. Was er wollte, erlangte er durch Geld.« Sein Wappen ist in der Kirche gepflegt vorhanden, auch ein Hinweis auf ihn selbst.

Hausbach

Das Hofgut der Warsberger

Am 10. Dezember des Jahres 1330 wird die Lehensburg Hausbach als »castrum et fortalicium« bezeugt. Wir finden das kleine Dörfchen von Mettlach aus östlich, in der Nähe von Britten. Zunächst suchen wir vergeblich, dann weiß doch noch eine alte Dame Bescheid: Der Name des Dorfes leite sich von einem Hof her, der im Tal an dem Seffersbach lag. Dieser Hof habe einmal denen von Schwarzenberg gehört. Sie selbst habe noch vor dem endgültigen Abriß eines Hofgebäudes die Deckenbalken – schöne Eichenbalken – bewundert. Jetzt sei aber nichts mehr vorhanden. Nur die Bezeichnung »Im Hof« habe sich erhalten. Der ehemalige Pastor des Ortes habe Unterlagen gesammelt, nach dessen Tod sei aber nichts mehr greifbar.
Wir wissen aus den Untersuchungen Hollsteins, daß aus einer Grabung vor dem Mühlenberg das Teilstück einer Wasserrinne geborgen wurde. Diese ist von ihm untersucht worden und auf »Frühjahr 1306 n. Chr.« datiert worden. Nun, dies ist schon etwas, weiteres zu finden gelingt uns aber nicht.

Rappweiler

Waidmannsheim

Johann von Rappweiler, Ritter, somit dem niederen Adel zugehörend und von Trier desto mehr abhängig, bekannte am 8. März 1330, trierischer Lehensmann zu sein, mit seiner dort gelegenen Burg Rappwilre. Das Rittergeschlecht führte ein blaues Wappen mit einem gekrönten, aufrechtstehenden, silbernen Löwen, schräg über dem Löwen liegt eine rote Barre (Streifen).
Von seinem stolzen Rittersitz ist nichts mehr vorhanden. Die Burg wurde 1350 zerstört und nie mehr aufgebaut. Trotzdem suchen wir das Dörfchen auf, von Britten aus die Landesstraße am Wildfreigehege vorbeifahrend. In der Nähe des Gasthofs Waidmannsheim heißt die Flur immer noch »Burg«. Angesichts des nahe vorbeifließenden Baches stand hier wohl eine Wasserburg.

Weiskirchen

Parkplatzwüste

Von Rappweiler aus fahren wir weiter nach Osten an den Hausbach nach Weiskirchen. Dort befand sich eine Burg der Herren von Brücken aus Trier. Die Burg ist am 26. März 1340 als Lehen des Johann von Weiskirchen beurkundet. Wir suchen und suchen und finden nichts von der Wasserburg, die noch 1576 bezeugt wird als alte und neue Burg.
Nach vergeblichem Suchen nach einer »Burgstraße«, die, wie es sich gehört, just gegenüber der Burgschänke ins Tal führt, lassen wir uns in einem hübschen Restaurant nieder, das in der Nähe eines riesigen Parkplatzes liegt. Da springt es uns auch schon in die Augen: Eine sehr schöne Wandzeichnung von einer Wasserburg, etwas heruntergekommen, aber immer noch

von Zinnen gekrönt – das muß sie sein.
Wir rennen bei dem Wirt offene Türen ein. Er bringt ein Album mit Unterlagen über diese romantische Wasserburg und erzählt von ihrem unromantischen Schicksal. Nach dem Kriege wurde dort eine Gerberei betrieben. Das Gebäude war baufällig. Mit Trauer in der Stimme berichtet er, daß dieses historische Gebäude für 70 000 Mark von der Gemeinde angeboten wurde. Der Wirt des »Hofhauses« bereut es noch heute, damals nicht zugegriffen zu haben. Die Gemeinde (wir raufen uns die Haare) legte die Burg nunmehr nieder und – das ist ja nun das Allerschlimmste – ebnete alles fein ein, verwandelte die Fläche in eine Asphaltwüste, um einen Parkplatz, richtig: einen Parkplatz dort anzulegen. Uns bleibt also leider nur noch eine Fotografie der Zeichnung und tiefes Bedauern. Immerhin erhalten wir, hierauf ist Verlaß, den nicht immer aufzufindenden Informationsprospekt »aus der Geschichte der Gemeinde Weiskirchen«, der aber das tragische Schicksal »unserer Burg« verschweigt.
So verschwand das mit Sicherheit älteste und bedeutendste Kulturgut der kleinen Gemeinde.

Burg Dagstuhl

*Der Heimatverein **

Von Weiskirchen über Wadern zum Schloß Dagstuhl, unterhalb des Burgberges gelegen, von dort den Berghang hinauf zur Ruine. Wir dürfen das Fahrzeug rechtzeitig vor dem Burgberg abstellen, um zu Fuß auf dem Bergrücken nach Norden zu wandern. Der Weg ist sehr schön ausgezeichnet. Er entpuppt sich als biologischer Lehrpfad, auf dem die Bäume durch Schilder näher gekennzeichnet sind, sogar mit ihren botanischen Namen. Über einen ersten Graben nähern wir uns der Vorburg. Sie ist auch als solche gekennzeichnet. Es folgt ein zweiter, tiefer Halsgraben. Wir können die Ruine östlich betreten. Ausgrabungsarbeiten sind angelaufen. Von den beiden südlichen Dreivierteltürmen ist noch einer über vier Stockwerke hoch aufragend vorhanden. Der ehemalige Zugang, ein Brückenwerk über den breiten Graben, wird freigelegt. Sehr schön ist das mittelalterliche Pflaster des Weges wieder ans Tageslicht gebracht worden, man bemüht sich hier wenigstens.
Wir erfahren später im liebevoll geführten Heimatmuseum in Wadern, daß man den westlichen Turm noch gerade vor dem Abriß retten konnte, daß die Durchführung der Freilegungsarbeiten auf behördliche Schwierigkeiten stößt und, daß es »nicht am Geld liegt«. Wir fragen uns, woran denn sonst, vielleicht an gutem Willen, diese Initiative zu unterstützen? Wir sind auf unserer Rundreise schon öfter auf die Behördenmeinung gestoßen, der wir widersprochen haben, dem Erdreich möglichst keine Geheimnisse zu entlocken, sondern lieber alles schön verludern zu lassen, wie es seit Jahrhunderten geschehen ist. Wir fragen uns, für wen denn das Erdreich den Konservator spielen soll, wenn unsere Generation doch den geistigen Hintergrund, das Interesse

Dagstuhl

Dagstuhl

und auch die Geldmittel aufzubringen in der Lage ist, ungeborgene Schätze wieder ans Tageslicht zu bringen? Alles gegen »Raubgräberei« und für seriöse Erforschung und Sicherung unserer eigenen Historie. Also können wir nur hoffen, daß es in Dagstuhl weitergeht, wenigstens scheint ein Schicksal wie in Weiskirchen hier auszubleiben.
Die Lokalitäten sind jeweils sehr informativ gekennzeichnet. Ein Besuch der Burgruine lohnt auch aus diesem Grunde.
Dies gilt auch für das kleine Heimatmuseum in Wadern, in welchem noch einige Details der Burg gezeigt werden. Die Burg wurde 1280 von dem auf Grimburg residierenden trierischen Amtmann Ritter Boemund von Saarbrücken erbaut, gegen die Stammburg des mächtigen Geschlechtes derer von Schwarzenburg. Der Name Dagstuhl stammt vielleicht von dem Aussehen des Bergrückens, einem Dachstuhl ähnlich. Wir freuen uns, daß es in dem kleinen Heimatmuseum (endlich einmal wieder und selten genug) ausreichendes Informationsmaterial gibt.

Lockweiler
Die Motte

Im Waderner Heimatmuseum erhalten wir einen Tip, wo die Burg Lockweiler gefunden werden könnte. Zunächst haben uns zwei ältere Damen einmal zur Schwarzenburg, dann zur Burg Dagstuhl schicken wollen und dann, auf gezieltes Fragen hin, die Stelle genannt, wo die »alte Burg«, eine Motte, gestanden hat. Mit etwas Phantasie (sehr viel Phantasie) ist tatsächlich mitten in der Wiese ein kreisförmiger Graben neben dem Bachlauf zu erkennen.
Balduin hatte am 18. Mai 1314 dem Wilhelm von Schwarzenberg, einem Trier eher feindlich gesonnenen Freiherrn, die Erlaubnis erteilt, in Lockweiler, unterhalb der Burg Schwarzenberg, ein »Haus mit zwei steinernen Seiten und zwei Fachwänden« zu bauen.
Es dürfe aber nicht weiter befestigt werden, und die vorhandenen Gräben sollten nicht erweitert oder vertieft werden.
Gräben sind natürlich bei einer Motte, also einem Erdhügel, auf dem sich das Haus befindet, sehr wichtig. Dem wirtschaftlichen Niedergang der Freiherrn von Schwarzenberg ist es zu verdanken, daß Balduin weiter vordringen und sich der Herrschaft bemächtigen kann, denn bereits 1343 verzichten Johann und Nikolaus von Schwarzenberg auf ihre Burgen zugunsten unseres Erzbischofs und weisen ihre eigenen Lehensleute an, Balduin als ihren Herrn anzuerkennen.
1467 wird die Burg Motte als Ruine bezeichnet.
Die Suche gestaltete sich schwierig, insbesondere die Differenzierung zur Schwarzenburg: Balduinreisende halten sich in Lockweiler, selbst von Dagstuhl kommend, rechts, fahren über die Prims und orientieren sich dann an der vor ihnen liegenden Wiese, empfehlenswerter Weise mit einem einheimischen Führer, denn an Ausgrabungsarbeiten konnte man sich hier noch erinnern.

Schwarzenberg
*Der Konkurs der Freiherrn **

Über Lockweiler liegt die Schwarzenburg. Die Reste aufzufinden kommt einer Odyssee gleich, denn irgendwie wurden wir immer wieder entweder falsch geschickt oder wir haben es falsch verstanden. Wer uns aber bis jetzt zur Wiese gefolgt ist, auf der sich die Burg Motte Lockweiler befand, hat den richtigen Ansatz. Nicht zu benutzen ist die »Schwarzenbergstraße« in Lockweiler, die in die Irre führt.
Richtig ist es, in Richtung »Altland« über die Prims zu fahren. Dann geht es weiter »Zur alten Burg«, am ehemaligen Mottenhügel vorbei, hinein in die Berge. Links befindet sich ein See, über dem sich der Burgberg erhebt, der von unten durch eine Kapelle sichtbar ist. Dann geht es – jetzt aber nur noch mit dem Geländewagen oder auf Schusters Rappen – beim Hubertuskreuz weiter, über den Bach hinweg, den Berg hinauf. Wir stehen dann plötzlich – dort, wo der Weg nicht weiterführt – vor einem wirklich tiefen Halsgraben, der den Burgberg abtrennt, eine recht kleine, übersichtliche, gemütlich zu nennende Anlage. Mauerreste sind noch vorhanden und warten darauf, gesichert zu werden. Dort, wo sich der Bergfried oder das Wohnhaus-Palasgebäude befand, steht nunmehr eine nach dem Kriege wiederhergerichtete, 1837 erbaute Kapelle.

Schwarzenberg

Die Stammburg der Freiherrenfamilie von Schwarzenberg mußte aus rein wirtschaftlichen Gründen aufgegeben und an unseren hierauf nur wartenden Erzbischof Balduin verkauft werden. Herzergreifend schildert Nikolaus von Schwarzenberg 1343, daß er am Hungertuch nage und den »Buckel voller Schulden« habe. Für Balduin ein weiterer Machtzuwachs. Die Burg war noch 1600 bewohnt, wurde auch nicht zerstört, sondern zerfiel. Die armen Schwarzenberger starben im 17. Jahrhundert aus.

Büschfeld
Die Reichsbahn

Nach der Anzahl der Erwähnungen der Burg »Bussevelt«, beginnend mit der Beurkundung des Ritters Johann von Chambley am 21. Januar 1339 und seiner Hausfrau Beatrix, daß er Lehensmann unseres Erzbischofs sei, war das Schicksal dieser Burg bewegt. Wir sind es auch, erfahren wir doch in Büschfeld, das von Schwarzenberg aus südöstlich, primsabwärts gelegen ist, daß die Burg beim Bau der Eisenbahnlinie abgerissen und für die Nachkommenden verloren ist. Der Wirt eines Gasthauses zeigt uns noch eine Fotografie: Arbeiter mit »Hawill« (Spitzhacke) auf den Resten des Turmes stehend wie weiland englische Kolonialherren auf der Flinte lehnend neben einem Elefanten.
An Ort und Stelle befindet sich ein freier Platz mit Bänken und einem Wappenstein, den wir aber nicht identifizieren konnten. Wir werden es wahrscheinlich noch erleben, daß die Bahnstrecke nach Wadern endgültig eingestellt wird. Dann haben wir eine Bahntrasse, die besichtigt werden kann. Damit ist unsere Rundreise im Landkreis Merzig-Wadern beendet.

Kreis St. Wendel, Saarlouis, Saarpfalzkreis

St. Wendel
Die kurfürstliche Amtsstadt

Wir beginnen unsere Rundreise auf dem Schloßplatz in der Kreisstadt. Bei schönem Wetter läßt es sich hier, dem Brunnen gegenüber, in einer Kneipe »Zur Motte«, angenehm verweilen – freilich ohne unsere Burg, die hier stand und im 17. Jahrhundert zerstört wurde. Leider sind auch von der Stadtmauer nur noch, jetzt wenigstens ansatzweise restaurierte Reste vorhanden. Sie wurde 1332, nach der Verleihung der Stadtrechte, auf Betreiben unseres Erzbischofs erbaut. Burg und Herrschaftsgebiet wurden von Balduin 1328 erworben. St. Wendel war Sitz eines Unteramtes, immer aber Exklave.
Gleichzeitig mit St. Wendel verkauft Graf Johann von Saarbrücken im Jahre 1328 auch den Berg Spyemont, wobei Balduin sehr gut weiß, daß von diesem Berg aus die Ortschaft unmittelbar bedroht werden kann. Der neue Lehensmann Johann (bei der Gelegenheit haben wir wieder festgestellt, daß dies der offensichtlich beliebteste Name in unserem Zeitalter war, es gibt »Hunderte Johänner«, auf die wir gestoßen sind) muß sich deshalb besonderer Bindungen wegen Spyemont unterwerfen, obwohl der Berg zum Zeitpunkt des Ankaufs noch gar nicht befestigt war, offensichtlich hierzu aber ein Recht bestand. Das Mißtrauen des Erzbischofs war berechtigt, denn der südlich von St. Wendel gelegene Berg ist dann tatsächlich befestigt worden. Bevor wir den Burgberg aufsuchen, versuchen wir, uns anhand eines in der Nähe des Schloßplatzes aufgestellten Tableaus zu orientieren. In Oberlinxweiler können wir eine Burgstraße finden. Von dort aus geht es nur noch mit dem Geländewagen weiter zum Berggipfel.
Nach einem steilen Anstieg finden wir immerhin noch Spuren im Gelände: einen Halsgraben und die Stelle, an der einmal eine kleinere Anlage gestanden hat. Von einer Vorburg oder weiteren Verteidigungsanlagen ist nichts mehr zu sehen, außer dem charakteristischen Halsgraben, auf dessen Auffinden wir mitten im Wald schon recht stolz sind.

Liebenburg
Der vergebliche Brunnenbau *

Von der Liebenburg, nördlich von St. Wendel, haben wir zwei Nachrichten aus Balduins Zeit. Ritter Heinrich von Ley verkauft seinen Anteil an der Burg am 18. Januar 1333 und bezieht sogar die Burgleute und die Eigenleute in den Verkauf mit ein. Nikolaus, Vogt von Hunolstein, wird am 28. September 1348 zum Amtmann auf Balduins Teil an der Veste Liebenburg ernannt. Vergegenwärtigen wir uns die Karte des trierischen Territoriums um das Jahr 1350, so sehen wir, daß Balduin

Liebenburg

eine Anbindung zwischen dem Sprengel St. Wendel versuchte, der es aber bis zum Ende unseres Kurfürstentums blieb, vielleicht über Theley zum Amt Grimburg hin. Die Burg aufzufinden ist relativ einfach, weil sie leider von einem Aussichtsturm verunziert wird, der mit einer stählernen Außentreppe versehen, natürlich sehr praktisch ist, aber überhaupt nichts mit dem ursprünglichen Bergfried zu tun hat. Erfreulich ist, daß die im Gelände versteckten Mauern der Burg gesichert wurden und man sich, hier ist der Turm doch wieder von Nutzen, von oben über den Grundriß ein sehr gutes Bild machen kann. Nicht besichtigen konnten wir leider den tief in das Gestein getriebenen Brunnen, denn die Erbauer stießen trotz ihrer mühevollen Arbeit nicht auf Grundwasser. Der Schacht wurde deshalb als Zisterne genutzt.

Bei dieser Gelegenheit erinnern wir an die besondere Technik des Mittelalters, genügend Sauerstoff zur Schachtsohle zu befördern, um den Arbeitern das Atmen zu ermöglichen. Sauerstoffpumpen waren noch nicht erfunden, deshalb bediente man sich der Hilfe des Feuers und eines zu diesem Zweck angelegten Kamines. Durch die erwärmte und durch den Kamin nach oben entweichende Luft entstand ein Sog, der frische Luft nach unten zog, die dann, erwärmt, wieder nach oben entwich. So funktionierte die Frischluftversorgung der armen Knochenarbeiter in den oft einhundert Meter tiefen Brunnen.

Beim Anfahren der Burg sollte man als Tip beherzigen: Die Burg liegt zwar in der Gemeinde Mannborn, hier wiederum im Ortsteil Eisweiler. Die Anfahrt sollte man dennoch nicht von hieraus nehmen, sondern von Hofeld-Mauschbach aus. Dort sollte man nicht die Straße »Zum Schloßberg« benutzen, sondern die »Zur alten Burg«.

Nohfelden

Der wahnsinnige Herzog *

Die vierte und letzte Burg im Kreis St. Wendel zu besuchen ist ein Vergnügen, weil wir sie schon so oft, je nach Himmelsrichtung rechts oder links haben liegenlassen. Als die Autobahn Trier-Kusel noch nicht ganz fertiggestellt war, hatte jeder autobahnbenutzende, eilige Fernreisende noch wenige Kilometer auf der Bundesstraße zurückzulegen. Dann tauchte immer wieder dieser wunderschöne, runde Bergfried auf, der den kleinen Ort beherrscht. Der eindrucksvolle Halsgraben, der die Burganlage von dem weiteren Fels brutal abtrennt, wird von einer »Dorfstraße« genutzt, die mitten hindurch führt. Wir suchen uns eine abzweigende Straße vor einem Hotel, um dort zu übernachten. So haben wir genügend Zeit, uns die kleine Anlage in Ruhe anzuschauen.

Den Originaleingang zur Burg wiederherzustellen hat man leider unterlassen, dafür sind aber die Außenmauern und Fundamentreste gesichert. Auch der Ziehbrunnen ist wiederhergestellt worden, und das eine oder andere Detail wird noch restauriert. Insgesamt ein gepflegter, erfreulicher Eindruck, der natürlich von dem hochaufragenden, schweren, runden Bergfried bestimmt wird. Auch hier steht der Turm an der gefährdetsten Seite zum Halsgraben hingewandt. Ein schweres Schloß verwehrt den Zutritt, der aber grundsätzlich wohl möglich ist, durch die leider wieder ebenerdig eingebrochene Öffnung. Die Burg ist mit dem schrecklichen Schicksal des Herzogs Kaspar von Pfalz-Zweibrücken-Veldenz verbunden, der hier 37 Jahre lang festgehalten wurde. Er soll dem Wahnsinn verfallen gewesen sein, so daß sein jüngerer Bruder für sicheren Aufenthalt sorgte. Eine »wahnsinnig« spannende Geschichte, die der historischen Ent-

Nohfelden

deckung harrt. Das Geheimnis um einen anderen Kaspar, das Findelkind Hauser, ist dank Genanalyse seit neuestem gelüftet, denn danach war er kein Erbprinz von Baden. Unser Kaspar war – wie so oft, aber besonders tragisch – Opfer des Testamentes eines unentschlossenen Vaters. Herzog Ludwig der Schwarze hatte verfügt, seine beiden Söhne sollten »in brüderlicher Liebe und Treue« gemeinsam das Herzogtum Pfalz-Zweibrücken-Veldenz regieren. Herzog Alexander nahm aber 1490 seinen Bruder in der Burg Kirkel bei Homburg gefangen und setzte ihn fest. Er blieb, bis er in Nohfelden als Siebzigjähriger (endlich) starb. Die Gründe für die Gefangennahme sind völlig ungeklärt – vielleicht die Geisteskrankheit des Bruders oder die Machtgier Alexanders »des Lahmen«, wozu letzterer aber eigentlich nicht neigte.
Abends, vor dem Zubettgehen, gedenken wir dieses armen Menschen, denn das ausgeschenkte Bier ist wie allenthalben im Saarland vorzüglich. Wir hoffen, daß »interessierte Kreise« diese schöne, kleine, sicherlich auch im finanziellen Rahmen überschaubare Burganlage weiter restaurieren und pflegen. Vielleicht wäre auch die Anregung angebracht, ein Schild, so teuer kann das doch nun wirklich nicht sein, mit den wichtigsten Daten der Burg, auch zum Gedächtnis an den armen, wahnsinnigen Herzog, anzubringen, vielleicht auch einen Hinweis auf »unseren« ehemaligen Lehensbesitz, den 1336 Wilhelm von Nohfelden als solchen unserem Erzbischof gegenüber anerkennt.

Siersburg

Der Prozeß von Benmelin *

Im Landkreis Saarlouis befinden wir uns im Zentrum der damaligen Interessengegensätze zwischen dem trierischen Erzstift und jenen des Herzogs von Lothringen. Diese Probleme hatte bereits Jakob von Montclair ausgenützt, wie wir erfahren durften. 1333 kam es zum Rechtsstreit zwischen Balduin und dem Herzog Rudolf von Lothringen, der nicht anerkennen wollte, daß die Burg Siersberg trierisches Eigentum sei. Weiterer Gegenstand der Klage war damals schon Montclair, wo der Herzog ebenfalls Trierer Rechte nicht anerkennen wollte. Am 17. Januar 1333 ließ Balduin zur Vorbereitung der rechtlichen Auseinandersetzung die Aussagen von damals noch lebenden

Siersburg

Siersburg

Zeugen beurkunden, sozusagen ein Beweissicherungsverfahren, wonach der Herzog von Lothringen Siersberg mit Zubehör zu Lehen von Erzbischof Boemund (1286–1299) erhalten hatte. Mit diesen Eidesstattlichen Versicherungen erschien Balduin mit großem Gefolge am Gerichtsstand, einem Ort, genannt Benmelin, bei Merzig. Wir haben eine wunderschöne Beschreibung des Prozeßverlaufes, die Feststellung des Gerichtes unter freiem Himmel, das Auftreten des trierischen Rechtsanwalts, der in lateinischer und deutscher Sprache die Ladung verlas. Es folgt die dreimalige öffentliche Aufforderung, der Herzog möge sich verantworten. Als niemand erschien, wurde die Klage »überlaut und in deutscher Zunge« verlesen. Die Klage wurde für schlüssig erachtet, und es erging ein »Versäumnisurteil« gegen den Herzog. In diesem wurde eine Einspruchsfrist von 14 Tagen eingeräumt, binnen derer er sich verantworten könne, ansonsten wurde Balduin das Recht zugesprochen, die »Zwangsvollstreckung« selbst durchzuführen. Hindere ihn jemand daran und entstehe ein Schaden, so habe dies der Herzog zu ersetzen. Balduin wurde dennoch aufgefordert zu warten, bis die Sonne beginne, sich gegen Abend zu neigen, erst dann wurde das Urteil festgestellt, beurkundet und von vielen Zeugen besiegelt.
Der Erzbischof zögerte nicht lange, sondern machte sofort Anstalten, das ihm zustehende Recht zu ergreifen. Es kam dann dennoch zu einer Vermittlung, bei der Balduin in allen rechtlich zweifelhaften Punkten nachgab, der Herzog seinerseits die Rechte des Erzstiftes anerkannte. Alsdann konnten am 13. November 1334 die Verträge abgeschlossen werden, wonach der Herzog bestätigte, daß er dem Erzbischof das Obereigentum an einer Reihe von Burgen und Städten, darunter auch Siersberg, übertragen und dafür als trierisches Lehen zurückempfangen habe.
Von Saarlouis aus ist Siersberg, nordwestlich gelegen, leicht zu erreichen. Die recht große Anlage stammt aus dem 11. Jahrhundert. Nach einem kleinen Spaziergang den Berg hinauf taucht zunächst ein Halsgraben auf, dahinter die hohen Wehrmauern und der quadratische Bergfried. Die Mauern sind gesichert, alles ist eckig, keine Rundungen, nur stumpfe Winkel. Der Eingang, im Graben zwischen der Hauptburg und der Vorburg, ist mo-

dern rekonstruiert, aber sehr schön anzusehen. Vom Burgberg aus hat man einen guten Blick in das umliegende Saarland, bis nach Saarbrücken.
Große, sehr schöne Kiefern bewachen den ehemaligen Zwinger.

Schloß Motte
Der Niedergang der deutschen Landwirtschaft

Auf der Landesstraße zwischen Primsweiler und Lebach übersieht man leicht die anliegende Einfahrt zum »Hofgut Motte«. Falls man sich verfahren hat, so wie wir wieder einmal, führt, wie so oft, ein Blick auf die Straßennamen auf die richtige Fährte. Hier heißt die Straße von Lebach aus »Mottenstraße«, die dann westlich des Ortes in die richtige Richtung weist. Eine von alten, wunderschönen Buchenbäumen umsäumte Auffahrt führt zu dem leider vernachlässigten Gebäude. Nach der Allee stoßen wir auf das aus gelben Sandsteinquadern errichtete ehemalige Torhaus des Wasserschlosses, das um 1709 neu erbaut worden war. Dieses Torhaus, als einziges wesentliches Relikt, vermittelt auch heute noch ohne weiteres den Eindruck eines verwunschenen, im Dornröschenschlaf befindlichen, herrschaftlichen Schlosses derer von Hagen. Auch die Lage weist ohne Schwierigkeiten darauf hin, daß die

Motte

Motte, also der künstlich geschaffene Berghügel, im Tal von saftigen Wiesen umflossen war. Auch wenn von der mittelalterlichen Burganlage nichts mehr vorhanden ist, lohnt sich der Ausflug in eine andere Welt.
Wir erinnern uns, daß am 1. Mai 1332 die bereits neun Jahre zuvor erwähnte, neue Burg als trierische Lehensburg von den Rittern Nikolaus und Johann von Hagen anerkannt wird, mit der ausdrücklichen Verpflichtung, daß »noch ennsulen laszen gescheen unsers wizzens keiner hande schaden uz derselben vesten«.
Einen »Fuß in der Tür« hatte unser Erzbischof also schon, als er am 3. November 1334 dem Herzog von Lothringen alle Rechte an der Burg Motte nach dem Manngericht von Benmelin bei Merzig, wir hatten schon davon die Rede, abjagte.

Hohenburg
Die hohe Politik *

Im Saar-Pfalz-Kreis werden wir auf unserer Reise weitere Burgen aufzuspüren versuchen, die geographisch natürlicherweise dem Einfluß des lothringischen Herzogs unterstanden, die Balduin jedoch durch geschickte Personalpolitik an sich zu ziehen oder dort zumindest Einfluß zu gewinnen versuchte. Wir beginnen im Norden des Landkreises mit der Universitätsstadt Homburg und einem empfehlenswerten Schloßberghotel.
Friedrich von Homburg war ein für Balduin nicht unwichtiges Mitglied des Trierer Domkapitels, welches schließlich nicht nur Wahlgremium, sondern auch mit eigenen Rechten und Gütern versehener Partner, manchmal sogar Gegner des Erzbischofs war. Balduin versah geschickt die jeweils zu vergebenden Posten mit Männern seiner Wahl, so auch mit Friedrich. Mit diesem kam auch ein

Homburg

Landfrieden am 22. September 1333 zustande, der als »Lauterer Landfriede« von Balduin ins Leben gerufen und auch verteidigt wurde, ein Bündnis zum Schutze gegen Räuber, Raubritter und sonstiges Gesindel.
Angesichts dieses guten Verhältnisses wundert es nicht, daß die Grafen Friedrich und Konrad von Homburg am 26. März 1328 unserem Erzbischof eine Befestigung unterhalb ihrer Burg verkaufen und für 600 Pfund Heller als Lehen zurückempfangen. Von der Burg selbst erhält Balduin von der Gräfin Mechthild von Homburg am 28. Mai 1343 ein Viertel.
Der Besuch der Hohenburg lohnt. Der Schloßpark ist bis zu dem bereits erwähnten Restaurant zu befahren, wir passieren einen großen Graben mit den Festungswerken Vaubans. Die vom großen Teller schön übersichtlich einsehbare, mittelalterliche Burganlage wird wieder ans Tageslicht gebracht und ist in letzter Zeit vorbildlich in allen ausgegrabenen und vorsichtig restaurierten Teilen mit Schildern bezeichnet.
Die gepflegte Ausgrabung ist zum Kulturpark der Stadt Homburg geworden. Besonders gut erhalten ist von der mittelalterlichen Burganlage noch das Kellergewölbe, in welches wir auch hineinklettern. Dies ist ein schöner Auftakt für unsere Fahrt durch den Saar-Pfalz-Kreis, die uns nunmehr zur Blies führt.

Lemberg
Die attraktive Toilette *

Wir fahren jetzt in den letzten der rheinland-pfälzischen Landkreise.
Lemberg liegt im Kreis Pirmasens, im Pfälzer Wald, einer Ferienlandschaft par excellence. So wundert es auch nicht, daß für den Geschichtsreisenden auch mal etwas getan wurde.
In Lemberg widmen wir uns, bevor wir zur gut ausgeschilderten Burgruine hinauffahren, der Dorfchronik, die, illustriert mit Wappen, Ansicht der unzerstörten Burg und dem neuen Stolz, der Bürgerhalle, am Dorfplatz angebracht ist.
Hier erfahren wir die Geschichte, wonach Graf Heinrich I. von Zweibrücken im Jahre 1198 die Burg errichtete, nachdem er die beiden Berge Gutinberc und Ruprechtisberc gekauft hatte, wobei er auch auf beiden Bergen jeweils eine Burg erbaute.
Wir lesen, daß die Burg anfangs eine echte Vogteiburg war. Umgeben von den angrenzenden Territorien und isoliert von den anderen Landesteilen der Zweibrücker Grafen bildete sie samt dem dazugehörigen Bezirk mit seinen Waldungen, Weilern und Höfen eine Vogtei der Grafen. Wegen ihrer exponierten Lage als Grenz- und Wehrburg wurde die Löwenburg nicht von den Grafen bewohnt, sondern beherbergte die Vögte, denen die Burghut und Verwaltung der Vogtei übertragen wurde. Diese Vögte besaßen Polizeigewalt, beaufsichtigten die Fronarbeit und übten die niedere Gerichtsbarkeit selbständig aus.
Das ist die Zeit, in der Balduin seinen Einfluß nach Süden geltend macht und das »castrum« Lemberg am 24. August 1334 den Grafen Simon und Eberhard von Zweibrücken-Bitsch gegen 1000 Pfund Heller und Lehnshingabe abgewinnt und darüber hinaus noch die beiden weiteren Burgen Medelsheim und Lorentzen, die wir

im Anschluß besuchen werden. Dies alles geschieht in einer Zeit, in der Balduin fast alles zu gelingen scheint, indem er nach Abschluß des Kaiserslauterer Landfriedens (22. September 1333) außen- wie innenpolitisch seine Überlegenheit den Konkurrenten gegenüber nicht rigoros ausspielt, aber zur Geltung bringt. Also, fahren wir hinauf.

Wir stellen das Fahrzeug auf einem ausgebauten Parkplatz ab, folgen einem Vogelschutzlehrpfad um den Berg herum, passieren die Ruinen der ehemaligen Toranlage und befinden uns innerhalb der den gesamten Berg umfassenden Vorburg. Hier auch die Toilette, die uns besonders auffiel, weil steinerne Details der ehemaligen Burg aus nicht nachvollziehbaren Gründen gerade dort eingemauert wurden, dazu noch in ein Gebäude, welches an einer anderen, weniger exponierten Stelle sicherlich mehr Sinn gemacht hätte, als unmittelbar vor den wenigen noch vorhandenen Mauerresten der Hauptburg.

Deren Zugang ist allerdings ordentlich restauriert. Der Treppentorso ist erhalten, ebenso die in den roten Sandsteinfels gehauenen vier Felskammern und ein tonnengewölbter Keller.

Letzterer wird als Burgschänke genutzt. Insgesamt ist die Anlage gepflegt. Es macht Freude, vom Gipfelpunkt aus weit in den Pfälzer Wald zu

Lemberg

schauen. Das Ende erzählt uns die Chronik:

Wohlausgestattet und eingerichtet nach innen und außen, so präsentierte sich das gräfliche Burgschloß noch zu Beginn des Dreißigjährigen Krieges, der zum Schicksal des Schlosses werden sollte.

Als 1636 kaiserliche Reiterscharen des Generals Gallas von Weißenburg her ins Amt Lemberg einfielen, wurde das stolze Grafenschloß ausgeplündert und in Schutt und Asche gelegt. Die Burgruine wurde nie wieder aufgebaut.

Medelsheim

Der Grabstein einer Burg

Die Fahrt von Lemberg nach Medelsheim bereitet Freude, denn die Landschaft ist angenehm, die Straßen wenig befahren. Die wirtschaftlichen Nachteile dieses Gebietes äußern sich für den Besucher in den Ferien nervenschonend. Allerdings fahren wir nunmehr in touristisch nicht erschlossenes Gebiet, weshalb die rechtzeitige Ausschau nach einem Hotel empfehlenswert ist. Wir mußten in unmittelbarer Nähe unseres Zieles von unserem tragbaren Nothotel Gebrauch machen und verbrachten auf einem Campingplatz, in eher beengten Verhältnissen, eine traute Nacht. Da wir uns aber besonderer Beziehung zu unserem Stadtpatron Petrus rühmen, waren auch frugale Nächte immer von besonderem Reiz, wie dieses Mal auch.

In Medelsheim selbst ist die Burg des Grafen Walram von Zweibrücken, die er am 6. April 1334 gegen Abschluß eines Lehensvertrages und 4000 Pfund Heller, zusammen mit Stauf, Balduin übertrug, nicht zu finden.

Aus dem Reiseführer entnehmen wir, daß über deren Geschicke kaum etwas bekannt war, daß sie letztmals

1576 genannt und damals noch erhalten und bewohnt war, dann aber einfach verschwand, auf Nimmerwiedersehen, ohne daß ein Grund hierfür erkennbar geworden wäre. Wir finden inmitten des Dorfes vor der Pfarrkirche einen Stein mit der Inschrift:
»Hier stand einst Burg Medelsheim, das alte Meltis, der erste Wohnsitz des heiligen Pyrminius in diesem Lande, dessen Apostel er war«.
Dieser »Grabstein« wurde damals schon als irreführend bezeichnet, denn dort stand eben keine Burg.
Da wir aber auch nach Anfragen nicht schlauer werden und den Pastor nicht finden, lassen wir es dabei bewenden.

Lorentzen
Die Säkularisation **

Die finanziellen Nöte des Grafen Friedrich von Saarweden ausnutzend, griff Balduin am 5. August 1334 noch weiter nach Süden, indem er sich die Burg St. Lorentzen auftragen ließ.
Der kleine Ort liegt in Frankreich an der »Eichel«, einem Flüßchen, welches wenige Kilometer weiter in die Saar einmündet. Zu erreichen ist Lorentzen über die B 919 von Saargemünd aus oder per Hausboot über den Saar-Kanal, der so gut wie keinen Verkehr aufweist.
Die ehemalige Wasserburg ist umgeben von einem herrschaftlichen Ambiente. Eine Auffahrt, die sich sehen lassen kann, rechts und links schwere Bäume, ein breiter Weg. Eine Bewohnerin erzählt, die Burg sei Anfang des 19. Jahrhunderts in Teilen versteigert worden. Ihre Familie habe eines der Häuser erworben. Noch jetzt wohnen mehrere Familien in der noch immer stolzen Anlage, die ein von zwei starken Türmen beflanktes Tor aufweist, welches innen eine hölzerne Treppe zu bieten hat, die möglicherweise aus »unserem« Jahrhundert stammt. Dieses Burgtor soll einer saarländischen Familie gehören. Vom Augenschein her ist etwas für die Gebäude getan worden, aber Patina hat schließlich auch noch ihren Reiz, und frisch renoviert ist auch nicht schön.
Das Dörfchen selbst ist ganz hübsch lothringisch, fast schon elsässisch, mit der Straße mitten durchs Dorf. Rechts und links sind die Häuser von dem weiten Platz getrennt, mitten drin fehlt nur noch das Kriegerdenkmal, das sich hier aber an der Kirche befindet.

Lorentzen

Lorentzen

Moncel
Die Pfadfinder

Also, diese – nach Stierberg bei Bayreuth – südlichste »trierische Burg« hat es immer noch in sich: Wir finden keine Spur von ihr. Wir wissen, daß sie am 26. Mai 1345 unserem Kurfürsten aufgetragen wurde und »prope Vic« in Frankreich liegen soll. Wir machen von Lorentzen aus einen kleinen Umweg, indem wir zunächst nach Süden fahren und Lützelstein, auf gut französisch La Petite-Pierre, aufsuchen, um dort zu übernachten. Wer das Dörfchen und die veldenzische Burg noch nicht kennt, dem wird unverzüglich Nachahmung empfohlen.
Es ist ein »lauschiges Plätzchen« und eignet sich besonders gut als Refugium für frisch Verliebte. Am nächsten Morgen dann die veldenzische Gründung Phalsbourg, Sarrebourg auf der Route Nationale 55 in Richtung Chateau-Salin, aber südöstlich, dann noch wenige Kilometer nach Moncel sur Seille, vielleicht zehn Kilometer von Vic entfernt.
Das, was in Lorentzen noch kein Problem war, hier wird es zu einem solchen: die Verständigung. Um hier in Moncel den Wirt der einzigen Kneipe befragen zu können, mangelt es uns an den einfachsten Redewendungen, also trösten wir uns mit einer Flasche vin rouge ordinaire.
Wir fahren noch ein paarmal in und um das Dorf herum. Jedes Straßenschild wird beäugt, auf lehensrechtliche Relevanz abgeklopft und abgehakt. Schade, gerade hier im Ausland wäre ein Sucherfolg schon höchst willkommen gewesen. Wir können hiermit aber nicht dienen.

Landkreis Mainz-Bingen, Alzey-Worms

Stahleck
*Die friedliche Tätigkeit Balduins ***

Die Bereisung des dritten rheinland-pfälzischen Regierungsbezirkes, Rheinhessen-Pfalz, führt uns in den Kreis Mainz-Bingen, weil wir wieder vom Norden beginnend nach Süden reisen wollen.

Burg Stahleck begegnet uns in der Biographie unseres »großen Kurfürsten« bei drei Gelegenheiten.

Hier gibt es eine wunderschöne Pergamenturkunde mit einem Siegel des Königs an rot-goldenen Seidenfäden vom 17. Dezember 1314, in der Ludwig der Bayer unserem Erzbischof und dessen Neffen, König Johann von Böhmen, die Burg Stahleck, weiter Stahlburg und Braunshorn und auch die Stadt Bacharach zu Unterpfand übergibt, weil er anläßlich seiner Königswahl in Frankfurt und der Krönung in Aachen bei den beiden hohe Schulden machen mußte.

Die Bacharach beherrschende Burg taucht dann wieder im Jahre 1328 auf. Die Burg dient als Sicherheit für die Verpflichtungen Balduins der jungen Gräfin Loretta von Sponheim gegenüber, um aus deren Haft freigelassen zu werden.

Auch dieser Vertrag ist noch vorhanden. Er konnte 1985 anläßlich der vorzüglichen Ausstellung im Landesmuseum zu Trier eingesehen werden.

Wenn die ganze Affäre schon eine Zumutung war, so erst recht die Forderung und Vereinbarung einer Sicherheit für die Zahlung des Lösegeldes in Höhe von immerhin 30 000 Pfund Heller, die Balduin aber innerhalb kürzester Frist aufbrachte. Der Wert dieses Pfandobjektes, nämlich die Burgen Stahlberg, Stahleck und Braunshorn, wurde mit 11 000 Pfund Heller festgestellt – so langsam erhalten wir ein Gefühl für die wirtschaftlichen Werte der damaligen Vereinbarung.

Was da verpfändet, unterverpfändet und wieder weiterverpfändet wurde, regelte Balduin dann am 12. Dezember 1352 mit Ruprecht dem Ältesten, Pfalzgrafen bei Rhein und Herzog in Bayern dahingehend, daß dieser bekennt, Stahleck dem Erzbischof übereignet und von ihm dann als Lehen empfangen zu haben.

In diesen Tagen verbringt Balduin sein vorletztes Weihnachtsfest, nunmehr die Rechtsverhältnisse und Besitzverhältnisse regelnd. In die Jahre 1352 und 1353 fallen eine ganze Reihe von Lehensbestätigungen, ein untrügliches Zeichen der friedvollen Kontinuität seiner Politik. Stahleck fiel später an die Pfalzgrafschaft zurück, wie so

Stahleck

viele andere von Balduin errungene Positionen, weil die trierischen Nachfolger auf dem Bischofsstuhl eben nicht das Format erreichen, das zu erhalten und auszubauen, was er erreicht hatte.
Die Burg selbst ist wert, besucht zu werden, auch wenn sie zur Jugendherberge umfunktioniert wurde.
Dennoch, von einigen Details abgesehen, die uns verschrecken (müssen denn unbedingt Glasbausteine an diesem Ort vermauert werden?), scheint der Gesamteindruck des stämmigen Wehrbaus sicherlich mit dem vergleichbar, was einmal war: Der wiederhergestellte, in den Fels getriebene Halsgraben stellt sich als Wassergraben dar, da er auf dem Bergrücken so eingehauen wurde, daß sich dort Wasser sammeln kann und dann mittels eines Überlaufs wieder abfließt.
Dieser auf dem Bergrist befindliche Halsgraben ist eigentlich das schönste Detail dieser Burg, wobei die wiederaufgebauten, aber nicht als Rekonstruktion zu verstehenden Gebäude, die der Jugendherberge dienen, sich immerhin einfügen und das wenigstens ansatzweise wiedergutmachen, was der »Sonnenkönig« 1689 mit einer hinreichenden Ladung Pulver zerstörte.
Dies gilt auch für den Bergfried, der frei hinter der Schildmauer steht, der allerdings auch leider nicht mehr in der ursprünglichen Stärke hochgemauert wurde. Das von den Franzosen veranstaltete Feuerwerk hatte zur Folge, daß die berühmte Wernerkapelle, die in Bacharach selbst besichtigt werden muß, rücksichtslos durch herabfliegendes Mauerwerk malträtiert wurde.
Diese sehenswerte Kapelle hat übrigens nichts, wie wir alle spontan meinen würden, mit unserem Kurfürsten Werner von Falkenstein (1388–1418) zu tun, der sich im Rheinland einen Namen machte, weil er in Oberwesel

Stahleck

brutal Feuergeschütze einsetzte, nein, diesem eher rücksichtslosen Territorialpolitiker wurde diese Kapelle nicht nachgenannt, sondern einem »Volksheiligen« namens Werner.

Stadecken

Die Dorferneuerung *

Von der strategischen Lage am nächsten Mainz zugewandt, lernen wir auf der Fahrt dorthin eine völlig andere Landschaft kennen. Durch die rauhe Eifel, den dunklen Hunsrück und die engen Flußtäler von Mosel und Rhein geprägt, erfreut sich unser Auge an der weiträumigen, großzügigen Landschaft der Rheinebene. Wie könnte es anders sein, noch heute ist die Wasserburg, mitten im Dorf gelegen, leicht auszumachen und aufzufinden an der Porzstraße am Burggraben.
Hinter Bauernhäusern verborgen liegen die immer noch reizvollen, aber

gut sichtbaren Ruinen der Burg, die zwar nicht mächtig war, aber sicherlich über beachtliche Mauern verfügte. Natürlich haben wir versucht – wiederum (inzwischen schwindet schon das Unrechtsbewußtsein) mittels Verwirklichung des Tatbestandes des Hausfriedensbruches –, in die Gärten hinter den Mauern zu gelangen, um den Mauerresten möglichst nahe zu sein. Auch hier ist es wieder gelungen.
Dreimal besuchten wir diese Burg. Zunächst befriedigten die Fotografien nicht. Beim zweiten Mal war das Wetter auch nicht optimal, doch uns fiel auf, daß die Menschen außerordentlich freundlich waren und, im Gegensatz zu manchem Korb, den wir uns andernorts holten, auf Fragen sehr bemüht versuchten, uns weiterzuhelfen.
Wir hatten uns auf dieser Reise immer wieder vorgenommen, an Ort und Stelle nach der Tradition zu graben, gezielt Informationen über dieses eine Objekt, diese Burg, einzuholen, was mancherorts beim Bürgermeister gelang. Hier wurden wir beim Vorsitzenden des Heimatvereins fündig, der unseren neugierigen Fragen standhielt. Zunächst wurden wir hin und her geschickt, bis wir endlich Näheres über die Burg erfuhren.
Sie lag im Schnittpunkt der ost-westlichen Straße, die Mainz mit Kreuznach verband. Am Übergang über das Flüßchen Selz lag die alte Zollstelle,

Stadecken

Stadecken

die »elftausend Mägde«, die von der Burg aus leicht zu sichern war. Die Örtlichkeit selbst war nach damaligen militärischen Gesichtspunkten vorzüglich zur Anlage einer Burg geeignet, denn Burg und Dorf liegen im Mündungswinkel des Saybaches. Die Örtlichkeit bot sich also zur Anlage einer Wasser- oder Niederburg an.
Nach Osten hin war die Burg von mindestens vier Grabensystemen geschützt. Man brauchte nur den Landsporn zwischen den Flüßchen zu durchstechen, um Burg und Dorf gegen jeden Angriff zu schützen. Fronbauern führten die Arbeit aus. Neunmal wurde der Rücken durchstochen, dadurch entstanden zwei künstliche, von der Natur schon vorgezeichnete Hügel. Erhebliche Mittel hat die Gemeinde in den vergangenen Jahren zur Dorferneuerung aufgewandt. Überall neues Pflaster, saubere Gehwege. Allerdings fehlte eine Zuwegung zu den immerhin noch stolzen Resten der Burg.

Wöllstein
Das kommunale Schwimmbad

Kriminalistischer Spürsinn und Hartnäckigkeit waren hier gefordert. Unsere Reiseliteratur erwähnt zwar Wöllstein, wie üblich mit irgendwelchen Pfarrkirchen – sowieso das Lieblingsthema der beiden Handbücher, die wir immer mit uns führten. Unser »Reisebalduineum« läßt es mit dem Hinweis auf 1323, Juni 23 dahingehend bewenden, daß der Lehensmann, Wildgraf Friederich von Kyrburg »burch und hus« aufträgt. Also, nichts wie hinein, in den Ort, einmal rundgefahren, keine »Burgstraße« gefunden und direkt zur Verbandsgemeindeverwaltung. Dort ist man freundlich und bemüht. Wir kramen mit einem Bediensteten im Gemeindearchiv herum und finden einige Hinweise zu »burch und hus zu Wellestein«.

Um das Jahr 1313 war Wellestein im Besitz der Wildgrafen, die es als Lehen des Klosters St. Maximin bei Trier übernommen hatten und eine Wasserburg erbauten. Am 25. Mai 1327 wird die Burg dem vorerwähnten Wildgrafen und nicht dem konkurrierenden Wildgrafen Heinrich von Schmidtburg zugesprochen. Auch den ehemaligen Standort konnten wir ermitteln. Bei der Anlage des Schwimmbades und des Sportgeländes wurden die alten Grundmauern des ehemaligen Schlosses freigelegt, und dabei wurde festgestellt, daß sich die Ausdehnung der einstigen Wasserburg in einer Länge und Breite von je 100 Metern erstreckte und somit eine Fläche von einem Hektar einnahm. In einer Teilungsurkunde aus dem Jahr 1375 wurden sogar die Räumlichkeiten der Burg aufgezählt:

»Das neue Haus, die beiden Türme, der alte Saal, der Spinngaden, die Küche, die Kapelle, der lange Stall, das Mühlhaus, das Mehlhaus und andere Gebäude in Burg und Vorburg«.

Das Schloß kommt gegen Ende des 16. Jahrhunderts in Verfall und wurde 1689, wir wagen nicht zu zweifeln von wem, zerstört.

Dabei ist es geblieben. Die Restaurierung oder Sicherung der aufgefundenen Reste wurde nicht vorgenommen. Überhaupt scheint uns jetzt, als würde es schon zum x-ten Mal vorkommen, daß Schwimmbäder Burgen fressen. Ganz eigenartig, wie kommunale Eigentümer und Bauherren, dies scheint uns durchgängig, eher mit einem Defizit an Geschichtsbewußtsein bewaffnet sind als Private, die im Zweifel über geringere wirtschaftliche Mittel verfügen.

Tannenberg

*Die Wiederauferstehung ***

Wir verlassen den Kreis Alzey-Worms zu einem Abstecher nach Hessen, um zur Burg Tannenberg zu gelangen.

Gleich zu Beginn mußten wir uns von einem Irrtum hinsichtlich der Lage der Burg befreien. In unserem »Reisebalduineum« (Berns, Burgenpolitik und Herrschaft des Erzbischofs Balduin von Trier) wird Tannenberg mit einem Fragezeichen versehen und in den Schnittpunkt der Bundesstraßen 274 und 260, mitten in die Grafschaft Katzenelnbogen positioniert, also in den Rhein-Lahn-Kreis. Wir schließen uns jedoch der Ortsbezeichnung an, die sich aus dem Katalog zur Ausstellung in Trier ergibt, also der Zeichnung, die von Dr. Mötsch gefertigt wurde. Danach liegt die Burg rechtsrheinisch, nordöstlich von Worms.

Die Anfahrt erfolgt durch Seeheim. In der Ortsmitte geht es rechts in Richtung »Lufthansa« weiter, wobei zuvor eine Mahlzeit, beispielsweise im Gast-

Tannenberg

Tannenberg

haus »Zum Löwen-Haus«, zu empfehlen ist, aus zweierlei Gründen.
Zum einen ist das Innenleben des kleinen historischen Fachwerkhauses von 1799 erlebenswert, zum anderen erwartet den Balduin-Reisenden bei der Eroberung der Burg eine nicht zu unterschätzende körperliche Anstrengung.
Außerdem kann dort auch die Anfahrt erfragt werden, denn ausgeschildert ist nichts. Von einem Parkplatz aus geht es dann ungefähr fünfzehn Minuten durch einen Wald den alten Burgweg steil hinauf. Plötzlich steht man vor der Burg, stolpert fast hinein.
Je nachdem von welcher Seite man hineingelangt, zwei Zuwegungen sind möglich, raten wir zunächst einmal unbedingt an, die noch nicht ausgegrabene Vorburg und den Halsgraben zu besichtigen, alsdann das wunderschöne Beispiel der erfolgreichen Ausgrabung einer untergegangenen mittelalterlichen Burg zu bewundern.
Schöne Sicherungsarbeiten der Fundamente, wiederhergestellter Eindruck des damaligen Zwingers, Zisterne oder Brunnen, ordentliche Schilder, so die Bezeichnung des ältesten Gebäudes, des »Münzenberger Baus« von 1332 und die Geschichte der Burg auf einer Sandsteinstele in Stichworten, bekrönt von einer Ansicht des Zustandes dieses prächtigen Wehrbaus vor der Zerstörung durch ein Landfriedensheer im Juli 1399.
Wir träumen inmitten dieses unverfälschten Mittelalters, haken unsere Phantasie an Details fest, wie einer schweren Steinkugel eines mittelalterlichen Geschützes, erklettern den im Fundament restaurierten Bergfried und stellen uns das Leben auf dieser Burg vor.
Wieder erwacht »Klein-Schliemann« in uns in der Vorstellung, daß schließlich die Tannenburg erst 1232 erbaut und somit nur eine kurze Zeit Bestand hatte, und, das Schönste natürlich, sie steht mit Balduin in Verbindung.
Burg und veste nimmt zu einem Anteil der Ritter Heinrich Beyer der Jüngere von Boppard, überträgt einen Anteil an Balduin und erhält diesen zu Lehen zurück, als Gegenleistung für die Beteiligung am Erbburggrafenamt Sternberg (der Leser war mit uns schon dort gewesen).

Donnersbergkreis, Kaiserslautern, Kusel

Bolanden
Die versunkene Wasserburg

Die am 22. April 1332 als Lehensburg beurkundete Burg scheint leicht auszumachen zu sein. Kein Herumfahren, kein Herumfragen, keine staunenden, mundoffenen Einwohner.
Ohne lange zu schauen, fixieren wir uns auf die großzügige Anlage, die zum Dorf und Tal hin mit mächtigen Außenmauern aufwartet. Wir fahren so weit wie möglich durch die Weinbergswege heran, lassen das Fahrzeug auf dem Gängelstockweg stehen und benutzen dann einen Weinbergspfad. Atemlos auf der Bergeshöhe angekommen, ist das große Oval der Burgruine Neubolanden mit seinen zum Teil erhaltenen Ringmauern noch schön zu erkennen, die Reste, die nach 1689 noch verblieben sind.
Gepflegt wird diese Vergangenheit allerdings nicht, vielmehr wird die dem Tal abgewandte Seite durch die Landwirtschaft immer mehr der Topographie angeglichen, so daß von Gräben, geschweige denn Wällen hier nicht mehr viel zu erkennen ist.
Erst später werden wir gewahr, daß wir einer Verwechslung aufgesessen sind, denn »unsere« Lehensburg Altbolanden war eine Wasserburg, die östlich des Bolanderhofes schon Anfang des 12. Jahrhunderts Sitz des Ministerialengeschlechtes war. Altbolanden soll schon im 14. Jahrhundert Ruine gewesen sein, wurde aber immerhin noch 1386, nach dem Tode des letzten Bolanders, als Kurpfalz verpfändet.
Obwohl von der Burg keine Spur mehr geblieben ist, erscheint uns das Dorf als geschichtsträchtiger Ort, an dem es sich lohnt zu verweilen, ein Picknick zu veranstalten und den dortigen Wein zu goutieren.

Stauf
Der Bauernkrieg *

Als zweite Burg im Donnersbergkreis suchen wir Stauf auf, die in der Nähe von Eisenberg gelegen und dermaßen gut ausgeschildert ist, daß wir eine imposante Burganlage erwarten. Das Dörfchen liegt wunderschön auf dem Berg mit einem herrlichen Ausblick in das Eisbachtal
Der in das Tal hinausragende Burgberg selbst ist über einen Umweg um die Vorburg herum zu finden. Der sich als Zugang anbietende Torweg führt in den von der evangelischen Kirche als Jugendheim genutzten Gebäudekomplex. Von dort kann man – trotz Verbotsschild oder nach Genehmigung, die beiden Möglichkeiten stellen sich ja allenthalben für einen Burgenbesucher – die wuchtigen, rechteckigen Außenmauern der Vorburg besichtigen, den aufgetürmten, schweren, roten Sandstein.
Durch einen talseitigen Halsgraben gelangen wir zu einem nahezu kreisrunden Bergkegel, auf dem die Hauptburg gestanden hat. Vorhanden ist aber nur noch das Mauerwerk des etwa zwei Meter breiten Eingangstores. In Brusthöhe sind noch Steinhauerarbeiten zu erkennen, die Einlagelöcher für den Verschlußbalken des Tores. Dies ist aber nahezu alles. Von der Spitze des Bergkegels hat man einen herrlicher Blick über die Landschaft, wobei einige verbliebene Steine der Burg zu einem Theaterrund zusammengetragen wurden.
Sicherlich würden Ausgrabungsarbeiten zumindest die Umfassungs-

mauern wieder auferstehen lassen, aber hieran besteht offensichtlich kein Interesse. Immerhin ist die Geschichte der Burg in einer erzernen Tafel dargestellt, denn so uninteressant ist es ja nun doch nicht zu erfahren, daß bereits um das Jahr 1000 die Gaugrafen des Wormsgaues hier ihren Sitz nahmen. Zum ersten Mal auf unseren Reisen werden wir hier mit den furchtbaren Ereignissen des Luther-Zeitalters konfrontiert, als die Bauern auch dieses Landstriches vergeblich versuchten, sich der Adelsdespotie zu entledigen. 1525 wurde die Burg ein Opfer der Flammen.
Wir schlendern noch etwas im Dörfchen umher, steigen auf den neuerbauten, mittelalterlich anmutenden Turm oberhalb der Burganlage und grüßen die auf einer Hauswand »malerisch« verewigte Landgräfin Agnes, gedenken des Zeitgenossen unseres Kurfürsten, Graf Walram von Zweibrücken, der einen Anteil an der Burg am 28. November 1324 auftrug und zu Lehen empfing. Eine Tasse Kaffee ist in einem die reizvolle Lage des Dorfes nutzenden Restaurant auch noch angezeigt, alsdann geht es weiter nach Westen, über Enkenbach-Alsenborn zur Burg Wartenberg, wie wir meinen.

Wartenberg
Das Kriegerdenkmal

Die Gemeinde Wartenberg-Rohrbach liegt unmittelbar an der stark befahrenen B 40. Die Suche nach unserer Burg scheint problemlos zu werden. An einem an der Hauptstraße gelegenen Haus ist eine sehr schöne Darstellung der Burg als Wandgemälde zu erblicken.
Trotzdem wird es schwierig. Wir überlassen es auch hier dem Leser, den Weg selbst zu finden, wobei wir jetzt schon einschränken müssen, daß es auch hier mit dem Geländewagen leichter ist, an das Ziel der Reise zu gelangen. Nun, der Burgberg selbst ist unmittelbar über dem Dörfchen gelegen.
Die Anlage wurde bereits 1522 zerstört und nicht wiederaufgebaut. Sicherlich sind die Baumaterialien im Dorf verwandt worden. Zu besichtigen ist aber immerhin, ähnlich Stauf,

Stauf

Wartenberg

ein im Wald versteckter Halsgraben und ein nahezu kreisrunder Burgberg, dem es gut anstünde, wenn wenigstens das eine oder andere Fragment der Umfassungsmauer freigelegt werden würde.
Mehr Sorgfalt wurde der Einrichtung eines Kriegerdenkmals direkt am Fuße des Burgberges gewidmet. Ob die Darstellung an der Hauswand mit der Wirklichkeit kurz vor der Zerstörung der Burg übereinstimmt oder der durchaus nicht unbegabten Phantasie eines Malermeisters entsprang, konnten wir nicht in Erfahrung bringen. Wir freuen uns aber über das Interesse.
Nachzutragen ist die Urkunde vom 15. September 1337, in der ein Namensvetter unseres Kurfürsten, nämlich der trierische Bürger Baldewin von Bernkastel das Haus, gelegen auf dem Berge, genannt Voyls, zu Lehen erhält. Was Balduin von Bernkastel hier zu suchen hatte, konnten wir aber nicht herausfinden.

Schallodenbach
Odenbach

Am 26. September 1341, im Jahre des Bündnisses des Kaisers und auch unseres Kurfürsten mit König Philipp VI. von Frankreich, wenige Tage zuvor als »bester Freund« bestätigt, erhält ein Ritter Baldemar von Odenbach »hus und veste« in Odenbach zu Lehen.
Diese Burg hatte er mit Unterstützung Balduins auf seinem vormaligen Eigentum erst neu erbaut und überträgt sie, offensichtlich in der gleichen Situation wie auch heute so viele Bauherren nach Errichtung (Geldmangel), seinem Geldgeber. In Betracht kommt eine ehemalige Wasserburg der Grafen von Veldenz, der sogenannte Weiherturm in dem Dörfchen Odenbach an der Glan.
Zu unserer großen Freude ist immer noch eine acht Meter hohe, aus mächtigen Buckelquadern gefertigte Seite des spätromanischen Bergfrieds der Wasserburg zu besichtigen. Wie diese kommt aber auch Schallodenbach im Landkreis Kaiserslautern als jene Burg in Frage, um die wir uns gerade bemühen.
Da in der vorbezeichneten Urkunde das Kloster Otterberg erwähnt wird, welches von Schallodenbach vielleicht zehn Kilometer entfernt liegt, entscheiden wir uns für diesen Ort. Ohne unseren Tip findet auch der besonders engagierte Leser die Burg nie.

Wir fahren im Dorf bis zur Kirche, dort rechts ab in die »Schloßstraße«, ohne daß ein Schloß weit und breit zu erkennen wäre. Dort parken wir und fragen. Das Haus »Schloßstraße 4« ist unsere Burg. Jawohl, unter sorgsam, erst kürzlich aufgebrachtem Verputz verbirgt sich ein ganzes Stockwerk der ehemaligen Burg.
Sicherlich hätte es dem Haus und auch den neuzeitlichen Wohnansprüchen durchaus gut angestanden und wäre vereinbar gewesen, wenn das vorhandene mittelalterliche Mauerwerk sichtbar gehalten worden wäre. Wer hat schon die Ehre, in einem mittelalterlichen Adelssitz zu wohnen?
Ein alter, fast zahnloser, aber dafür umso kenntnisreicherer Herr berichtet, daß der Turm früher noch drei Stockwerke hoch vorhanden gewesen war, wenn auch ruinös.
Dann wurde das jetzt noch stehende (alte) Schulhaus gegenüber der Kirche errichtet, und dazu legten die Spitzhacken das 1804 auf Abbruch bereits versteigerte Gebäude bis auf das Erdgeschoß nieder.
Dieses war dann bis vor kurzer Zeit immer noch sichtbar, ist aber danach mit diesem Allerweltsverputz zugekleistert worden.
Die Wasserburg wurde gegen Ende des 12. Jahrhunderts angelegt. Die Straßenbezeichnung ist die letzte Reminiszenz an den bis zur französischen Revolution dort bestehenden Amtssitz der Sickinger. Das Schloß wurde dann 1804 auf Abbruch versteigert.

Glan-Münchweiler
Mönchweiler?

Wo nun der »burgliche buw« Münchweiler stand, den Philipp von Neu-Bamberg, seines Zeichens Raugraf, am 11. November 1344 von Balduin zu Lehen erhielt, mußten wir auch erst erkunden, denn da gibt es ein »Mönchweiler« in der Nähe unserer Burg Wartenberg, aber auch ein Glan-Münchweiler im Kreis Kusel.
Für letzteren haben wir uns entschieden.
Das ansehnliche Dorf ist von der Bundesautobahn A62 nördlich von Ramstein aus leicht zu erreichen, wo der spätklassizistische Saalbau der evangelischen Pfarrkirche auffällt.
Glan-Münchweiler war von 1503 bis zur französischen Revolution reichsunmittelbarer Sitz der Herren von der Leyen. Von unserer Burg fanden wir aber leider nicht die geringste Spur, auch Nachfragen half hier überhaupt nichts.

Landkreis Bad Dürkheim

Altleiningen
Die Vergewaltigung *

Unsere Reise führt uns nunmehr in den Kreis Bad Dürkheim, südwestlich von Grünstadt, ganz leicht nach der Autobahnausfahrt Wattenheim zu erreichen.

Idyllisch gelegen, eine Burgruine, die aus der Entfernung heraus noch relativ intakt erscheint, auf einer Bergzunge über dem Eckbachtal und einem weiteren Zufluß, der von der Haitschmühle kommt.

Von dort aus hat man auch den schönsten Blick auf die zwischen 1110 und 1120 auf dem Taubenberg errichtete, großzügige Anlage.

Auch hier wüteten die Bauern, wonach die Burg im 16./17. Jahrhundert aber schloßartig wieder aufgebaut wurde, mit angeblich so vielen Fenstern wie das Jahr Tage hat.

Tatsächlich sollen noch 157 zu erkennen sein – unverbürgt, denn wir haben nicht nachgezählt.

Der Blick von unten ist der schönste. Ärger wich der Freude, nachdem wir den Wagen vor dem mächtigen Halsgraben abgestellt hatten und über die ehemalige Zugbrücke in das Innere der Burg gingen. Dort stellten wir fest,

Altleiningen

Altleiningen

daß wieder Architekten und Bauherren Vandalismus getrieben haben, diesmal besonders schlimm: Im Burggraben befindet sich ein ausgedehntes Schwimmbad. Die Gebäude, die 1690 zerstört und danach als Steinbruch benutzt wurden, sind neu errichtet und zu einem Schullandheim um- und ausgebaut worden. Aber wie!

Unser Reiseführer bezeichnet den Umbau als »recht willkürlich restauriert«. In Anbetracht dessen, was man mit etwas Sorgfalt ohne Mehrkosten hätte machen können, erscheint uns die Erinnerung an das ostgermanische Volk, das 455 in Rom hauste, durchaus als angemessene Metapher zu der hier verbrochenen »Architekturleistung«.

Immerhin sind zum Süden hin, also gleich rechts vom Eingang, noch Fenster und Kaminreste aus dem 13. Jahrhundert zu sehen, die auch gepflegt werden.

Ebenso fiel uns ein Wappenfragment auf, welches nahe dieser Stätte einge-

mauert wurde, eine am Fuße noch drei Meter dicke Schildmauer und Steinmetzzeichen in der Nähe des Brunnens aus dem 13. Jahrhundert.
Die Burg Altleiningen war vom 29. März 1335 an zur Hälfte trierisches Lehen.
Eine vor dem verunstalteten Halsgraben gelegene Übersichtskarte lädt zu einer Drei-Burgen-Wanderung über markierte Wege ein, immerhin etwas.

Wachenheim
*Wachenheim? **

Wie schon mehrfach, letztlich bei Odenbach, kommen uns Zweifel, welche Burg am 29. September 1336 Ritter Gerhard von Wachenheim zu Lehen gegeben wird. Da gibt es die Burg der Ritter von Wachenheim im Kreise Alzey-Worms, etwas mehr als zehn Kilometer nördlich von Grünstadt: 14., also »unser« Jahrhundert pur!
Innerhalb einer wehrhaften Umfassungsmauer steht der mächtigste der rheinischen Wohntürme mit sieben Stockwerken, die über einen halbrunden Treppenturm mit einem steinernen Kegeldach zu erreichen sind. So sahen die Wohnburgen unserer Ritter damals aus. Dieses Bauwerk ist in seiner Authentizität schlichtweg begeisternd.
Es befindet sich in einem privaten Hofgut, darf aber auf freundlichen Hinweis hin von allen Seiten bestaunt werden – aber, es ist nicht »unsere Burg«.
Leider, denn das, was man aus dem ehemals stolzen, geradezu majestätischen Bergfried der Wachtenburg in Wachenheim bei Bad Dürkheim gemacht hat, erinnert, diesmal in einer anderen Variante, wieder an die Kulturrenitenz, die wir in Altleiningen erleben durften.
Die westlich der Stadt auf der Höhe gelegene Anlage ist leicht mit dem Fahrzeug zu erreichen. Der unmittelbar hinter dem Halsgraben hoch aufragende, aus Buckelquadern geformte, trutzige, rechteckige, schwere Bergfried ist nur zu einer Hälfte erhal-

Wachenheim

ten, zur Wehrseite hin, so daß irgend jemand auf die Idee verfiel, die zum Rhein zeigende zerstörte Seite des Turmes mit einem fürchterlichen Stahlgestell zu verbauen, um die Höhe des Turmes als Aussichtsplattform nutzen zu können. Dieser schreckliche, industrieartige Anblick verschandelt natürlich die mittelalterliche Anlage, die ansonsten, zum Teil zur Zeit restauriert, durchaus einen ansehnlichen Eindruck macht, woran der dort tätige Heimatverein seinen Anteil haben wird.
Zu erkennen ist bei einem Spaziergang um das Burgareal herum die interessante Mauerverbindung von der Westseite der Burg zur Stadt im Tal, wo ein Rundturm, der in der Schloßgasse steht, vollständig wiederhergestellt ist und genutzt wird.
Die Lokalisierung der Burg wird in unserem »Reisebalduineum« anders vorgenommen als im Katalog zur Ausstellung, letztere weist die Burg hier, in Wachenheim an der Weinstraße aus.
So aber auch Dominikus – in dem schon erwähnten, einzigartigen und spannenden Werk »Baldewin von Lützelburg, Erzbischof und Kurfürst von Trier, ein Zeitbild aus der ersten Hälfte des 14. Jahrhunderts«, Koblenz 1862 –, der schreibt, daß unser Erzbischof mit dem Pfalzgrafen Rudolf einen Vertrag abgeschlossen habe, wonach dieser »Schloß und Dorf Wachenheim bei Düringheim im Speyergau nebst einer Jahresrente von 500 Pfund Heller dem Erzbischof und seiner Kirche auftragen und als Lehen zurückempfangen sollte«. Kaiser Ludwig bestätigte diesen Vertrag.
Der Ausflug an die Weinstraße lohnt, nicht des Stahlgerüstes wegen, doch wegen des Weines und der deftigen Mahlzeiten in urgemütlichen Gaststätten, die sofort Ferienstimmung verbreiten, wovon wir uns gerne anstecken ließen.

Stierberg
Der Prager Hilfszug

Unsere letzte Reise führt uns weitab von den Kurlanden, aber mitten hinein in die weitläufige Interessensphäre des Reiches und der Familie unseres Kurfürsten. Die unstete, aber nicht minder hochinteressante Biographie des Ruhmes des Bruders unseres Kurfürsten, Heinrich, hatten wir auf unseren Reisen bereits mehrfach angerissen. Nach dessen Tod, am 29. Juni 1312, inmitten der Romfahrt zur Aufrichtung eines wahrhaft kaiserlichen römischen Reiches herausgerissen aus dem Leben, trat der Sohn Johann das Erbe der Grafschaft Luxemburg an, nachdem er bereits 1310 in das Königreich Böhmen eingeheiratet hatte. Aber er hatte nicht nur ein Königreich erhalten, sondern auch eine achtzehnjährige Elisabeth, deren »gewinnende Schönheit und die prachtvolle selbstgefertigte Kleidung«, also deren ausnehmende Geschicklichkeit, dermaßen bewundert wurden, daß sie sogar schriftlich verewigt und uns überliefert worden ist.
Trotz seines rastlosen Umherreisens brachte Johann mit ihr sieben Kinder zustande, von denen Balduin das dritte, nämlich den am 14. Mai 1316 in Prag geborenen Wenzel zu seiner Taufe am 30. Mai in Prag begleitete, die der Mainzer Erzbischof Peter Aspelt, der »Eichspalter« in der Domkirche vornahm. Beide Kurfürsten ahnten wohl nicht, daß sie den bedeutenden, späteren Kaiser Karl IV. auf dem Arm halten konnten. Der Besuch so weit im Osten des Deutschen Reiches hatte allerdings nicht den Zweck, bei einer Taufe anwesend zu sein. Balduin war mit ursprünglich 1000 Rittern und Reisigen von Trier aus aufgebrochen, hatte 600 davon König Ludwig überlassen und zog dann mit Erzbischof Peter von Nürnberg nach Prag, mit den restlichen 400 Mann. Johann war

Stierberg

schon wieder einmal nicht mehr Herr der Lage in seinem eigenen Königreich. Ein böhmischer Adeliger, ein Oberstlandmarschall Heinrich von Lipa, wandte sich bedrohlich gegen die Fremdlinge aus der westlichen Ecke des Reiches.

So war es natürlicherweise für Balduin ein officium nobile, dem Brudersohn unter die Arme zu greifen, nicht das letzte Mal, wie wir wissen.

In Prag selbst mußte sich Balduin dann entschließen, seine gesamte militärische Macht zu sammeln, denn König Ludwig verlangte Hilfe gegen Herzog Friedrich von Österreich. Die Mehrheit der Kurfürsten, auch der unsrige, hatte eineinhalb Jahre zuvor Ludwig zum Römischen König gewählt, die Minderheit Friedrich von Österreich.

Beide Könige suchten ihren Anspruch mit Kriegsgewalt durchzusetzen, beide versicherten sich ihrer eigenen Anhängerschaft, um den Krieg bald beenden zu können. Balduin seinerseits gewann den mächtigen Landgrafen Ulrich von Leuchtenberg, der unserem Kurfürsten einen Stützpunkt auf halbem Wege zwischen Trier und Prag gegen Lehen veräußert.

Für 100 Pfund Heller trug Ulrich die Burg Stierberg, zwischen Nürnberg und Bayreuth, bei Betzenstein gelegen, auf, inklusive sieben benannter Dörfer mit ihrem Zubehör an Wäldern, Wiesen und Äckern, bebautem und unbebautem Land.

Die Stützpunktfunktion, die damals natürlicherweise nur für einen Luxemburger, weniger für Balduins Nachfolger von Interesse sein konnte, geht mit dem Tode unseres Kurfürsten verloren. Die Burg verliert für das Erzstift jeden Sinn und wird von Balduins Nachfolger Boemund II. am 5. Januar 1356 wieder aufgegeben.

Wir finden Stierberg von Nürnberg aus die A 9 in Richtung Bayreuth fahrend, nach etwa dreißig Kilometern, westlich von Betzenstein. Das kleine Dorf scheint sich seit dem Mittelalter kaum verändert zu haben.

Die Burg selbst liegt auf schroffen hohen Felsbrocken im Wald versteckt. Zunächst reckt sich auf dem spärlich ausgeschilderten Anweg ein kleiner, aber uneinnehmbarer Wachturm empor, der sorgfältig restauriert wurde.

Er ist heute, wie früher, ohne Leiter nicht zu erreichen. Mehr als zwei oder drei Kriegsknechten konnte er sicherlich keinen Raum bieten. Die Burg selbst liegt auf einem vis-à-vis befindlichen, höheren schroffen Felsklotz – besser gesagt, sie befand sich ehemals dort, denn von den früheren Anlagen ist erst nach genauerem Hinsehen ein stärkeres Mauerfragment zum steil abstürzenden Tal zu erkennen.

Dieses immer noch mächtige Mauerstück läßt uns aber immerhin die Tatsache erahnen, daß diese Burg nicht zu den kleinen, unbedeutenden Anlagen gehörte. Der Standort ist – bis auf die Wasserversorgung – insofern

ideal, als die natürlichen Gegebenheiten des Felsens zur Verteidigung leicht genutzt werden konnten.
Das Stierberger Land ist Ferienland. Man bemüht sich um Gäste und Gastlichkeit, die wir in Betzenstein nach der langen Anfahrt genießen. Dies ist die richtige Landschaft für Wanderer, wir können anraten, nach der Besichtigung unserer Burg noch zu verweilen. Hier, weit entfernt von unserem Kurfürstentum, fällt die durchaus differente, wie wir meinen bessere »Brauereikultur« auf, etwa an der Einrichtung der Gaststätten. Hier findet man noch blankgescheuerte Wirtshaustische, kein dünnes Plastikfurnier, ordentliche Bänke und Stühle, die ihren Namen verdienen, insbesondere keine Neon-Transparente über der Theke – kurzum, die durchschnittliche Ausstattung ist freundlicher, als wir sie manches Mal und zu oft bei uns angetroffen haben.
Daß hier in Franken der eigene Stil eher zu Hause ist als bei uns, wo man zum Beweise der »Gemütlichkeit« lieber »krachledert« als sich der eigenen moselländischen Tradition, etwa auch der Speisen, zuzuwenden, spielt natürlich eine nicht unwesentliche Rolle. Aus unserem »Dominikus« erfahren wir dann vom Ende und Höhepunkt des Zuges nach Prag.
Balduin zog an der Spitze der trierischen Streitmacht, die noch verstärkt worden war, zusammen mit Johann, der allerdings nicht übermäßig viel beisteuern konnte, nach Südwesten. Esslingen, heute vor den Toren von Stuttgart gelegen, stand mit seiner Bürgerschaft auf seiten Ludwigs und wurde deshalb von »Gegen-König« Friedrich berannt. Dieser hatte bereits den Vorort Pliensau mit einer dazugehörigen Neckarinsel erobert und versuchte, den Neckar abzuleiten, um einfacher in die Stadt zu gelangen. Die beiden Heere näherten sich und wurden nur noch durch den Fluß getrennt. Beide Parteien bereiteten die Entscheidungsschlacht vor, wozu auf beiden Seiten der Ritterschlag gehörte.
Balduin gürtete den 20jährigen König Johann mit dem Ritterschwert und legte seine eigene Bewaffnung an. Auf diese legte unser Kurfürst, so ist überliefert, selbst großen Wert. Er wird also so ausgesehen haben, wie er im Bilderzyklus »Kaiser Heinrichs Romfahrt« zeitgenössisch dargestellt wur-

Stierberg

de, nämlich kräftig dreinschlagend, daß das Blut spritzte, wie etwa auf Bild 22 unten, mit einem vollvisierten Stechhelm, Kettenhemd, Schild und Gewand mit dem trierischen roten Kreuz auf silbernem oder weißem Untergrund und einem augenscheinlich außerordentlich scharfen Schwert, das gerade den Stechhelm seines Gegners so durchschlägt, daß der Kopf gespalten wird.
Die Szene selbst ist mit einem handschriftlichen Vermerk unseres Kurfürsten versehen, in dem er berichtigt, daß er keinen Stechhelm getragen und einen Rappen geritten habe:
»Sine pileo, equus niger.«
Die Szene selbst spielt in Rom, wo sich sein Bruder Heinrich nur mit Mühe kurze Zeit halten konnte und das auch erst nach wochenlangen Straßenkämpfen. Selbst in die Schlacht eingreifen mußte Balduin vor Esslingen, im Gegensatz zu König Johann in seiner neuen Ritterwürde, wohl nicht? Jedenfalls ist hierüber nichts überliefert. An einem Sonntag zur Vesperstunde des 19. September 1316 hatten sich gegenseitige Beschimpfungen der Knechte beim Tränken der Pferde im Neckar zur handgreiflichen Auseinandersetzung ausgeweitet. Das Geschehen eskalierte zu einer Reiterschlacht, die sich eher als Wasserschlacht darstellte, denn das Fußvolk mußte zuschauen, wie die Ritter sich auf ihren Pferden im Fluß attackierten und zerschlugen. Bis zum Sonnenuntergang waren 1700 Menschen umgekommen, 1500 Streitgenossen gefallen, eine Entscheidung aber nicht herbeigeführt. Immerhin war Esslingen entsetzt, beide Könige verließen die Gegend, wobei Ludwig schon am darauffolgenden Tage nach Heilbronn marschierte. Balduin ritt nach Westen, nach Trier und Johann nach Luxemburg, wo er sich bedeutend lieber aufhielt als im unruhigen, garstigen Böhmen.

Ende gut – alles gut?

Hier in Trier beenden wir nunmehr unsere Reisen, die uns zu 150 Stätten des Wirkens des größten Trierer Kurfürsten und Erzbischofs geführt haben.

Wenn wir groß sagen, meinen wir das Wesen und die Taten dieses kleinen, schlanken, kurzsichtigen Luxemburger Grafensohnes. Wir haben uns in den Trierer Dom begeben, dem ältesten Gotteshaus auf deutschem Boden.

Dort liegt er immer noch und leibhaftig, hier sind wir ihm ganz nahe.

Am 18. Januar des Jahres 1354 kommt er von Koblenz aus zurück. Wir nehmen unseren »Dominikus« zur Hand:

»Die Anstrengung der Reise hatte seine Kräfte erschöpft. Würdig bereitete er sich zum Tode, an den er seit früher Zeit zu denken sich gewöhnt hatte. Er empfing die heilige Wegzehrung und Kraft apostolischen Auftrags Freisprechung von allen Sündenmakeln und gab in der Abenddämmerung des Agnetentages, am 21. Januar 1354 seinen Geist dem Schöpfer zurück.«

Schöner kann dieser ergreifende Augenblick sicherlich nicht geschildert werden. Die Trierer könnten eigentlich dieses Tages gedenken.

Hier, im Westchor des Trierer Domes, wurde er, der über 46 Jahre Erzbischof von Trier war, Kurfürst des Römischen Reiches, Wähler dreier römischer Könige, im Zuge einer großen Trauerfeier am 18. Februar 1354 bestattet. Die schwarz-weiße marmorne Tumba trug auf ihrer Platte die Liegefigur unseres Erzbischofs aus weißem Marmor.

Sie ist ebenso verschwunden wie die als Verzierungen gedachten Statuetten der Trauernden. Tatsächlich befindet sich vor uns in diesem nunmehr schlichten, aber ungeheuer beeindruckenden Grabmal sein Leichnam oder was davon übriggeblieben ist, und zwar in einer Bleilade, die in

Das Grab Balduins im Trierer Dom

einen Holzsarg, der wiederum in einem Sandsteinsarkophag eingeschlossen ist.
Dieses würdevollste Grabdenkmal, welches wir uns überhaupt für diesen großartigsten Mann des trierischen Kurstaates vorstellen können, hatte eine leider verlorengegangene erzgegossene Inschrift, die wie ein Band den oberen Plattenrand bekrönte.
Wir verabschieden uns von Balduin mit dem Zitat, respektive der freien Übersetzung dieser Inschrift, wobei daran zu erinnern ist, daß nach Trierischem Kalender erst am 25. März das neue Jahr (1354) begann:

»Und hier liegt Balduin, Erzbischof von Trier,
hochherzig, gerecht, Licht des Vaterlandes, von feinem Verstand,
aus Luxemburg gebürtig, geliebter Bruder Kaiser Heinrichs VII.,
des Freundes der Gerechtigkeit.
Ein tüchtiger Vater dieser Kirche, für die er, mit Weisheit begabt, gut sorgte,
sie um vieles vermehrte und beinahe 46 Jahre leitete,
in denen ihm wahrhaftig oft heftige Kriege entstanden,
da er selten davon abließ, Räuber und ihre Burgen
durch Belagerung zu bezwingen.
Im Jahre 1353, zwölf Tage vor den Kalenden des Februar,
entledigte er sich seiner fleischlichen Hülle.
Gütiger Christ König, bringe ihn gnädig in den Himmel.

Amen.«